Walter Beltz
Christus und die Christen

WALTER BELTZ

Christus

UND

DIE CHRISTEN

Mythologie der alten Kirchen

Buchverlag Der Morgen Berlin

ISBN 3-371-00263-2

1. AUFLAGE
© BUCHVERLAG DER MORGEN, BERLIN 1990
LIZENZNUMMER: 48
LSV 0225
GESAMTGESTALTUNG: HELMUT MAHNKE
PRINTED IN THE GERMAN DEMOCRATIC REPUBLIC
SATZ, DRUCK UND BUCHBINDEREI: DRUCKHAUS AUFWÄRTS, LEIPZIG III/18/20-2720
BESTELLNUMMER: 695 7668

Einleitung

Eine Mythologie der alten Kirchen – was ist das und was soll das sein? so mag mancher befangene und unbefangene Leser wohl fragen, der sich sicher zu sein glaubt, daß Kirche und Mythen so gut wie nichts verbindet, wohl aber alles trennt, was je einmal Religion und Mythos miteinander verband. Der Wissenschaftspositivismus des vorigen Jahrhunderts und die wissenschaftliche Theologie auch noch unseres Jahrhunderts waren ja bestrebt, nachzuweisen, daß mit dem Christentum und der Kirche die uferlose Mythologie der Antike überwunden worden sei durch das eine Evangelium von Jesus Christus, wie es in dem Neues Testament genannten Teil der Bibel beschrieben war. Aber auch das, so stellte sich beim näheren Hinsehen heraus, war so eindeutig nicht, es spiegelte schon das Selbstverständnis sehr unterschiedlicher christlicher Gruppen wider. Ein christlicher Sklave verstand nicht ohne weiteres Überlegungen, daß seine Vorstellung von Freiheit eine andere war als die, die sein Herr pflegte. Und für die unterjochten Völker Palästinas war das Bild vom Ende der Welt sehr verschieden von dem, das die römischen Beamten und ihre Freunde entworfen hatten. Die ganze bunte Völkerwelt des Imperium Romanum blieb nicht ohne Einfluß auf die ersten Christen und jungen Kirchen, sondern prägte auch sehr nachdrücklich die Vorstellungswelt der ersten christlichen Jahrhunderte. Diese waren nicht in der Lage, die wenigen Erinnerungen an die Lehre Jesu von den vielen Berichten über seine kultische und religiöse Bedeutung zu trennen, sondern schickten sich an, diese Berichte munter aus dem Arsenal ihrer eigenen kulturellen Traditionen aufzufüllen. Eine kirchliche Mythologie will diesen Entstehungsprozeß durch die ersten christlichen Jahrhunderte verfolgen.

Das Wörtlein »kirchlich« ist berechtigt, weil für den wissenschaftlichen Sprachgebrauch zur Kirche auch ihre häretischen Gruppen gehören, die Sekten und Denominationen, die in gegenseitigem Nehmen und Geben die sparsamen mythischen Ansätze im Neuen Testament zu einer antiken Maßstäben entsprechenden Mythologie entwickelten. Kennzeichen des Mythos bleibt dabei, daß in dieser literarischen Gattung die Personage der durchaus sehr immanent menschlich bestimmten Begebenheiten auch sehr transzendenter Natur ist, also Gott, Christus, Engel und Erzengel, Teufel und Geister gemeinhin den Hauptpart spielen, während die Christen sich mit den Nebenrollen begnügen, also als Jünger, Apostel, Heilige und Märtyrer. Sagen, Fabeln und Legenden werden in diese Auswahl nur selten aufgenommen, ihre Fülle würde jeden Rahmen sprengen. Sagen ranken sich ja ohnehin um lokale oder epochale Personen und Begebenheiten und haben immer einen historisch eingrenzbaren Interessentenkreis, und Legenden unterstreichen ja bekanntlich immer einzelne Charakterzüge von Personen, während Mythos und Märchen die universalen Themen der Menschheit behandeln. Das Märchen allerdings beschränkt sich dabei auf die kleine soziale Gruppe, das Haus, die Familie. Der Mythos beansprucht immer universelle Gültigkeit, in ihm liegen historische Abstraktionen größerer Einheiten bewahrt. Das Märchen handelt von gut und böse, der Mythos von sinnvoll und sinnlos.

Die mythopoetische Kraft der Kirchen und christlichen Gruppen war in den ersten Jahrhunderten den stärksten Beeinflussungen ausgesetzt. Sie hat auch die eindrucksvollsten Schöpfungen hervorgebracht. Mit dem Erstarken der kirchlichen Macht zu Ende des Mittelalters war der Prozeß eigentlich abgeschlossen. Die Ursachen für dieses Phänomen liegen in dem geschichtlichen Wachstumsprozeß begründet, den das Christentum in diesen Jahrhunderten durchlaufen mußte und der es in eine kulturelle Symbiose mit den alten Kulturvölkern Vorderasiens, Ägyptens, Griechenlands, Roms und Nordafrikas brachte, zuzüglich den von den Rändern in das Imperium Romanum einsickernden Völkerschaften der Slawen und Germanen.

Das Imperium Romanum befand sich zur Zeit der Wirksamkeit Jesu, von dessen Geburt an unsere Zeitrechnung datiert, auf dem Höhepunkt seiner Macht. Die frühe Kaiserzeit unter Augustus und den Kaisern des ersten Jahrhunderts verfügte noch über die Ressourcen der intakten Sklavenhaltergesellschaft Italiens und Griechenlands und hatte den ärgsten Feind seiner ökonomischen Einheit, die nationalen Widerstandsbewegungen in den einzelnen Provinzen, noch vor sich. Es reichte vom Atlantik bis an den Indischen Ozean, wenn man das Rote Meer als Zugang zum Indik erkennt, von den transalpinischen Gebieten bis an die Grenze der Sahara auf dem afrikanischen Kontinent. Dabei war die Gesellschaftsordnung, die Sklavenhalterordnung, bestimmend in den zentralen Mittelmeergebieten, und nur in den Randprovinzen gab es noch die alten Gentilordnungen als Wirtschaftsfaktoren. Die einzelnen Provinzen des römischen Reiches waren allerdings unterschiedlich reich und für das Gesamtbefinden des Staates von unterschiedlichem Gewicht. Der Verlust der Kornkammer Ägypten war wesentlich bedrohlicher als etwa der Verlust Germaniens.

Was nur mittelbar für das Staatsgefüge bedeutsam war, war aber unmittelbar wichtig für das Christentum, die junge Kirche, nämlich die kulturelle und religiöse Vielfalt der römischen Provinzen, in der sich die Christen bewegten. Dank der zentralistischen Struktur des Reiches, Rom war der Nabel und Mittelpunkt der Welt, und viele Wege führten nach Rom, Poststraßen und Heerstraßen erschlossen das Imperium, und dank der römischen Militärtaktik, die Legionen immer in den ihren Heimatorten entgegengesetzten Landesteilen einzusetzen, gedieh der religiöse und kulturelle Synkretismus, dessen Wurzeln schon in der Panhellenisierung des Alexanderreiches zu suchen sind. Alexander wollte den Orient mit dem Okzident verschmelzen. Was ihm nicht gelang und woran seine Nachfolger ihre Uneinigkeit hinderte, die römische Kaiserzeit beförderte es ohne größeres Zutun und eigenes Programm; die Traditionen des Ostens, zumal die religiösen, drangen bis Rom und an seine Westgrenze vor. Und zu diesen ist auch das Christentum zu zählen.

Die ersten Christen in Jerusalem und Palästina, am Ostrand des Mittelmeeres und des Reiches, lösten sich schnell aus dem Judentum und erklärten ihren Rabbi Jesus zum Messias Israels. Damit trennten sie sich von Judentum und Tempel in Jerusalem und nach dessen Zerstörung im Jahre 70 durch Titus auch von den synagogalen jüdischen Gemeinden. Dabei entwickelten sich Gemeinden sehr unterschiedlicher Gestalt. Die Judenchristen im Osten des Reiches beharrten auf der Einhaltung des jüdischen Gesetzes, weil es für sie undenkbar war, daß der Messias das Gesetz außer Kraft setzen würde. Daneben lebten die von Paulus geprägten Gemeinden, die einer spirituellen Deutung des Gesetzes folgten und im Glauben die Mitte des neuen Kultes sahen, und neben diesen entstanden Gemeinden und Kirchen, die aus spätantiken religiösen Traditionen kamen und ihre Gemeinden und ihren Kult nach ihren Vorstellungen prägten. Diese zunächst sehr kleinen Gemeinden, überschaubar nach der Zahl, leben neben jüdischen, gnostischen und griechischen Mysterienkultvereinen und mit der offiziellen Staats- und Polisreligion. Spannungen gab es schon, zumal Eiferer von allen Seiten immer zu Übergriffen neigten. Es gab einen christlichen wie einen gnostischen und allgemeinantiken Antijudaismus und auch einen aus gleichen Quellen gespeisten Antichristianismus, und natürlich auch eine antipagane Strömung in Judentum und Christentum. Nur zu Pogromen und religiösen Exzessen kam es nicht. Jede dieser Gruppen hatte ihre eigenen religiösen Traditionen und kulturellen Institutionen. Nur das Judentum bildete eine Aus-

nahme. Hier war das eine Gesetz und die festgeschriebene literarische religiöse Tradition für alle Gemeinden bindend. Allerdings
kam es auch dort zu Häresien und Sonderentwicklungen, etwa in
Elephantine in Ägypten oder bei den Falaschen in Äthiopien. Im
Schoße des Jerusalemer Judentums entstand die christliche Kirche.
Sie teilte mit den Juden deren Heilige Schrift, die Bücher des später
von ihr so genannten Alten Testaments. Ihre Organisation glich
auch der einer jüdischen Gemeinschaft, vergleichbar etwa den Esse-
nern vom Roten Meer, die uns die Entdeckung der Bibliothek von
Qumran nahegebracht hat.

Sie war auch ähnlich den antiken Mysterienkultvereinen strukturiert. Man erlangte Zutritt durch die Taufe und pflegte das Kult-
leben durch Begehen eines rituellen Mahles und der gemeinsamen
Erinnerung liturgischer Texte, Worten des Herrn der Kirche, Worten Jesu. Der Widerstand der Juden gegen die Christen entzündete
sich an der Auffassung der Christen von dem Rabbi Jesus als Messias Israels, die die Juden nicht teilen konnten. Deshalb schlossen
die Synagogengemeinden die Christen aus ihrer Mitte aus und nö-
tigten die junge Christenheit, was ihr eigentlich fremd war, sich
nunmehr eine eigene Religion, einen eigenen Gott zu schaffen, der
in sich alles das umfassen mußte, was jeder andere Gott von Rang
für seine Gläubigen bedeutete. Er mußte ein Gott, kein Mensch
sein, durfte nicht gestorben und begraben, sondern mußte ewig
sein und mußte nicht nur den Gesetzen von Raum und Zeit nicht
unterworfen sein, sondern sie auch beherrschen und geschaffen haben. Literarische Zeugnisse dieses Vorganges haben die biblischen
neutestamentlichen Schriften überliefert. Ging es zunächst noch
darum, Jesus als Messias zu erweisen, so sehr bald auch darum, ihn
als Gottessohn zu schildern und als Gott selber. Dabei waren die
einzelnen Gemeinden noch sehr frei in ihren religiösen Grundüber-
zeugungen und im Gebrauch von Texten mit den Überlieferungen
aus den Anfangsjahren ihrer Geschichte. Die weitaus meisten Gemeinden besaßen keinen Gesamttext des Alten Testaments, noch
weniger des Neuen. Der endgültige Kanon der biblischen Bücher
wurde erst 391 festgestellt. Bis dahin herrschte eine religiöse Vielfalt
innerhalb der einzelnen christlichen Gemeinden, wie sie auch sonst
für das römische Reich galt. Sowenig wie ein Isiskult in Rom etwa
einem in Alexandria glich, sie hatten oft nur die Namen gemein,
sowenig glichen sich die Serapäen oder Mithräen im Imperium
Romanum und sowenig auch die christlichen Gemeinden. Vermutlich waren die Verwaltungsstrukturen der christlichen Gemeinden

Ende des 2. Jahrhunderts schon einander ähnlich, und ähneln mochte sich die Handhabung der Sakramente Taufe und Herrenmahl, aber alles andere, vor allem das religiöse Selbstverständnis, war weit entfernt von jeder Gleichförmigkeit. Denn im zweiten Jahrhundert ging die Zahl derjenigen Neuchristen, die aus dem Judentum kamen, drastisch zurück, während die aus anderen antiken Kultvereinen hinzukommende Zahl größer wurde. Dementsprechend wurde auch der alte, messianische Enderwartungen enthaltende Glaube durch einen Glauben an den Erlöser für den einzelnen Menschen ersetzt. Die ersten christlichen Gemeinden entstanden im Schutz der jüdischen Gemeinden, gerieten aber stärker als jene in das Blickfeld des Staates, weil sie nicht wie die Juden eine nationale Gruppe repräsentierten, in der sich Vertreter aller gesellschaftlicher Gruppen trafen, sondern vor allem waren die ersten Christen eine Gruppe von minderberechtigten Bürgern bzw. Sklaven unterschiedlicher Nationalität. Dieses zog den Argwohn der Staatsbehörden auf sich. So sind die ersten Verfolgungen und Strafmaßnahmen gegen die Kirchen nur Einzelmaßnahmen gegen besonders profilierte Christen gewesen. Abkehr vom Christentum verhieß immer Straffreiheit, Beharren auf dem christlichen Glauben bedeutete meistens Tod und Verlust des Vermögens. Grund für die Anklage war zumeist Störung des gesellschaftlichen oder öffentlichen Friedens durch die Verweigerung der Teilnahme am Staatsbzw. Kaiserkult. Beliebte Todesstrafen waren Kreuzigung oder Tod im Kampf mit den wilden Tieren, für hochgestellte Personen wohl auch die Hinrichtung durch das Schwert.

Abgesehen von den Neronischen Verfolgungen, die sich aber vor allem auf Rom beschränkten, regelten die Edikte Trajans und Hadrians den Umgang der Behörden mit den Christen. Nur konkrete Anzeigen sollten verfolgt werden, anonyme Denunziationen und organisierte staatliche Aktionen sollten tunlichst unterbleiben. Die Bevölkerung in den Städten tolerierte diese neuen Religionsgemeinschaften zwar, begegnete ihnen aber zumeist ausgesprochen feindselig und verdächtigte sie der Zauberei und Magie, der Gottlosigkeit und schlimmer Laster, weil die ersten Christen wie die antiken Mysterienkultvereine die Geheimnisse des Glaubens wahrten. Zudem war es bis weit in die Mitte des 2. Jahrhunderts völlig unklar, worin denn nun die eigentliche Mitte des Glaubens der Christen lag. Zu verschieden war der Bildungsstand der Gemeinden, zu verschieden auch ihre Traditionen. Und es ist bis heute nicht sicher, ob die älteste Kirchenordnung der Didache oder die ältesten Ordnungen für das Herrenmahl, die uns aus dem Anfang des 2. Jahrhunderts erhalten sind, auch überall in den einzelnen Kirchen bekannt und angewendet worden sind. Und wenn es in einer der ersten literarischen Fehden zwischen Kelsos und Origines um 180 um eine merkwürdige Geburtsgeschichte Jesu ging, so ist selbst mit der Widerlegung des Kelsus durch Origines nicht bewiesen, daß es nicht doch eine Gemeinde gegeben haben könnte, in der berichtet wurde, daß Jesus aus einer außerehelichen Verbindung eines römischen Soldaten Pantera mit der Maria hervorgegangen war. Wir müssen davon ausgehen, daß in der Dichtung der Völker Traditionen weiterleben, die sich der christlichen Namen bemächtigen, um ihre Stoffe attraktiv zu machen.

Zudem wird der christliche Glaube mit seinen Vorstellungen auch von Philosophen aufgegriffen, die in ihm eine neue Philosophie im Gefolge Platons sahen und mit ihr versuchten, in Auseinandersetzung mit der griechischen und römischen Philosophie eine neue Moraltheologie und Welt- bzw. Logoslehre zu verfassen. Diesen Versuch hatte schon Paulus mit seiner Areopagrede im Kapitel 17 der biblischen Apostelgeschichte unternommen. Die Anfänge der christlichen Theologie und Philosophie sind bei diesen Philosophen zu finden, die man mit dem Ehrennamen der Apologeten versehen hat und in deren Nachfolge immer wieder Versuche unternommen werden, den christlichen Glauben als eine philosophische Weltanschauung aufzufassen oder auch zu bestreiten.

Parallel zu diesem Prozeß der Intellektualisierung verlief ein anderer Vorgang, nämlich die Aufnahme antiker Literaturformen durch christliche Erzähler und das Weiterleben antiker Dichtungen in nur notdürftig vorgenommener Christianisierung. Hier liegen die eigentlichen Quellen der kirchlichen Mythologie. Dazu zählen zuerst natürlich die jüdischen Apokryphen und Apokalypsen, die in der Grundstruktur der antiken Romane erzählt wurden, und dann die Märtyrerakten, jene Lebensgeschichten von Christen, die ihr Leben für ihren Glauben gaben. Hier ist das Modell der antiken Heroenbiographien und Novellen mit den Händen zu greifen. In diesen Texten wiederholen sich die antiken Tropen von Tapferkeit, Edelmut, Treue, Hingabebereitschaft, Liebe auch, und Sterbeszenen. Formal ist diese frühchristliche Literatur von ähnlicher literarischer Qualität wie die übrige Literatur der späten Kaiserzeit.

Zu den großen Leistungen der kirchlichen Mythopoesie gehört auch die christliche Gnosis, durchaus zugehörig jener antiken Religionsmischung aus spätantiker Popularphilosophie, hellenistischen

Mysterienkulten und jüdischen Häresien, wie sie seit dem 1. Jahrhundert v. u. Z. die damalige Ökumene überschwemmt hatte, woraus nur die römischen Staatskulte oder einzelne andere Stadtkulte als konservative erratische Blöcke herausragten. Eine klare Trennung oder Scheidung der Geister in den Gemeinden gab es nicht, weil es keine verbindlichen Normen für Lehre und Kultus gab. In den Kirchen lebte eine sehr bunte Mischung, zumal der Übertritt durch die Taufe nicht den Verzicht auf die eigene traditionelle Frömmigkeit mit Bildern, Hymnen, Magie und Mystik einschloß, sofern dadurch nicht der Unwille anderer Gemeindemitglieder erweckt wurde. Die in Analogie zu antiken Hymnen gedichteten Lieder des Syrers Bardesanes (*ca. 225) wurden in den Kirchen des Ostens gesungen, bis die Einführung der römischen Normen im 4. Jahrhundert ihnen den Garaus machen sollte.

Aber schon vor dem Eingriff Roms gab es Leute, die diesen Hellenisierungsprozeß der Kirchen, die kulturelle Verschmelzung des Evangeliums von Jesus mit antiker Religiosität, zu bekämpfen versuchten. Einer von ihnen und vielleicht der bekannteste war Marcion aus Sinope in der Provinz Pontus, der um das Jahr 140 rigoros versuchte, aus dem ganzen Arsenal im Umlauf befindlicher biblischer Schriften nur noch zwei verbindliche Schriften als grundlegend zu behaupten, ein redigiertes Lukas-Evangelium und die Paulusbriefe. Wie die Gnostiker verwarf er das Alte Testament und die jüdische Frömmigkeit und sah nach seinem Paulus-Verständnis das Heil für den Menschen nur in seinem Glauben an den Erlöser, Christus, den der gute fremde Gott aus Gnade auf die Welt gesandt hat, um dem Wirken des bösen Gottes aus dem Alten Testament das Handwerk zu legen. Marcion verlangte im übrigen von seinen Anhängern die strengste Askese. Die Kirchen in Pontus und Rom schlossen ihn aus und ächteten ihn und seine Kirchen, die sich aber weit bis ins 5. Jahrhundert hielten, bis sie durch die kaiserliche Kirchenpolitik Konstantins ausgerottet wurden. Denn erst durch die Erhebung des Christentums zur römischen Staatsreligion durch die Kaiser Konstantin und vor allem Theodosius im Jahre 380 war es den Kirchen möglich, ihre ideologischen und politischen Gegner mit Hilfe der Staatsmacht zu schlagen. Aber bis zu Konstantins Edikt vom Jahre 313 waren Christen und Kirchen alles andere, nur nicht eines Glaubens und eines Ritus bzw. Kultus. Zu stark waren die unmittelbaren Einwirkungen autochthoner Kulturen, vor allem der einzelnen Provinzialhauptstädte, die im 2. Jahrhundert auch zu kirchlichen Hauptstädten mit dem Sitz eines Bischofs wurden. Unter ihnen nahmen Rom im weströmischen Reichsteil und Byzanz-Konstantinopel im oströmischen Reichsteil bald die führenden Positionen ein. Waren zunächst diese Bischöfe nur Ehrenälteste mit gleichen Rechten wie alle anderen Bischöfe, so leiteten sie doch schon im 3. Jahrhundert daraus weitergreifende Rechte und Machtbefugnisse ab, mit denen sie in die Entwicklung der übrigen Gemeinden und Kirchen einzugreifen versuchten. Streitpunkte waren im 2. Jahrhundert ein einheitlicher Ostertermin wie auch die Frage nach der möglichen Taufe von Ketzern, die ungültig sein sollte, wenn sie nicht nach dem Gesamtverständnis der Kirchen geübt worden sei. Mit dem nordafrikanischen Theologen Cyprian setzte sich aber zu Beginn des 2. Jahrhunderts ein Kirchenbegriff durch, der das Ende der kulturellen und religiösen Vielfalt der einzelnen Kirchen bringen sollte. Zur Kirche zählten nur die Gemeinden, die von Bischöfen geleitet wurden, welche das Lehramt besaßen. Nur in diesen war das Heil zu finden. Mit diesem Anspruch zogen die Kirchen nun gegen alle zu Felde, die sich dieser Zwangsunion nicht beugen wollten, sondern glaubten, kraft der eigenen Geistesbegabung auf dem richtigen Heilsweg zu sein.

Der herausragende Kirchengründer des 3. Jahrhunderts war der aus Persien stammende Mani, der sich anschickte, eine neue Kirche zu gründen, die als der Abschluß der Religionen des Christentums, des Buddhismus und des Zoroastrismus gelten sollte. Mani vertrat eine der Gnosis nahestehende Lehre, wonach die Geschichte nur das Abbild eines ewigen Kampfes zwischen den Mächten des Lichtes und der Finsternis ist, wobei letztere zuletzt unterliegen. Er vertrat für seine Erwählten eine radikalasketische Ethik. Seine Anhänger breiteten sich schnell über die ganze Ökumene aus und waren die erklärten Gegner der Kirchen. Bis ins 4. Jahrhundert hatte der Manichäismus Gebiete im ganzen Imperium Romanum erobert und war bis China vorgedrungen. Selbst der große Kirchenvater Augustinus war in seiner Jugend dieser Kirche zugetan. Mani starb 273 im Gefängnis der Perser, die wie die Kirchen in ihm eine große Gefahr sahen.

Diokletian war der Kaiser, mit dessen Namen sich die größten Christenverfolgungen zu Beginn des 4. Jahrhunderts verbinden, weil er in den Christen die Kräfte vermutete, die die Wiedererrichtung des alten Reiches zu hindern suchten. Konstantin erließ 313 ein Edikt, worin er den Christen die uneingeschränkte Religionsfreiheit garantierte. Mit diesem Edikt beginnt nun die Entwicklung, die aus den freiwilligen Zusammenschlüssen von Christen mit sehr unterschiedlichen Frömmigkeitsweisen, die *eine* römische Reichskirche entstehen ließ, die sich innerhalb eines knappen Jahrhunderts so viel Macht angeeignet hatte, daß sie 380 mit Hilfe des Kaisers Theodosius forderte, daß alle römischen Untertanen das Christentum als die einzige Religion annehmen sollten. Im Gegenzug wurden alle anderen Tempel geschlossen und auch 394 zum letzten Male die Olympiaden durchgeführt. Bischöfe, Mönche und christliche Laien stürmten förmlich die nichtchristlichen Tempel und zerstörten, was sie nicht rauben und plündern konnten. Nur in einzelnen Familien in den Städten und auf den Dörfern erhielten sich die Reste der alten Religionen im verborgenen weiter. Zu den Stätten der Aufbewahrung alter Traditionen und Literatur müssen aber vor allem auch die Gebiete gezählt werden, die von den kirchlichen Hauptkriegsschauplätzen wie Rom, Byzanz, Alexandria und Antiochia weiter entfernt waren, wie etwa Oberägypten, Nordafrika, die Donauprovinzen oder Teile der Provinz Syria.

Diese kaiserliche Kirchenpolitik machte aber nun offenbar, was schon lange und immer das Gesicht der Kirchen in den ersten Jahrhunderten bestimmt hatte, ihre eigentliche Uneinigkeit im Verständnis dessen, wer und was denn Jesus Christus gewesen war und nun sei. Die erste große Auseinandersetzung im 4. Jahrhundert verbindet sich mit dem Namen des Arius, eines alexandrinischen Theologen, der im Hinblick auf die Person Jesu lehrte, daß dieser als Logos (eine Erscheinungsweise Gottes) Gott völlig unähnlich und fremd und nur ein Geschöpf Gottes sei, wenn auch das wichtigste. Wenn er Gott genannt werde, so sei das nur ein Ehrentitel, aber keine Aussage über seine Natur oder Qualität. Dafür fand Arius viele Anhänger, nicht nur aus den Judenchristen, sondern auch aus den Christen, die aus der von dem Neuplatonismus geprägten griechisch-römischen Kulturwelt kamen, denen es einleuchtete, daß Gott als Inbegriff für das höchste Sein keine irdische Entsprechung haben könnte. Der Kaiser versuchte nun, diesen Streit aus der Welt zu schaffen, und zwang 325 ein Konzil in Nicäa, den Arius zu verdammen. Es war ein Pyrrhussieg, denn wenig später lenkte er wieder ein, um den nun erst recht gestörten Reichsfrieden wieder herzustellen.

Das ganze vierte Jahrhundert hindurch stritten sich nun die Bischöfe und Patriarchen um das rechte Verständnis der Person Jesu. Im Für und Wider gegen diesen Nicänum genannten Konsensus bannten sich Kirchen und Synoden, griffen die Kaiser jeweils hier oder dort ein. Und im Schatten dieser christologischen Streitkeiten gedieh die christliche Dichtung, die kirchliche Mythopoesie, aus der sich die kirchliche Dogmatik jeweils nach Bedarf zur Ergänzung der spärlichen Quellen des biblischen Neuen Testaments die Waffen holte. Das kurze Zwischenspiel des Kaisers Julian Apostata, der die antiken Religionen wieder beleben wollte und das kirchliche Drängen nach der Macht zurückwies, bot der endgültigen Lösung noch einen Aufschub. Theodosius setzte das Dogma aus dem Jahre 325 dann in der Synode von Konstantinopel im Jahre 381 durch, schuf sich damit aber zugleich in den orientalischen Kirchen zahlreiche Feinde, zumal die orientalischen Kirchen sich auch gegen die römische Lehre von der Gottgleichheit des Heiligen Geistes aussprachen. Seit Theodosius war es nun ein Bestreben der kaiserlichen Kirchenpolitik, die von diesem Dogma und Lehrsatz abweichenden Kirchen unter die kaiserliche Botmäßigkeit zu zwingen. Diese Kirchenpolitik war zum Scheitern verurteilt, denn die von den kaiserlichen Theologen als schismatische oder häretische Kirchen bezeichneten Bistümer und Schulen erwiesen sich als unschlagbar. Gelegentlich verbanden sich mit ihnen alte nationale Traditionen wie in Nordafrika, als sich die Donatisten, die für eine rigorose Askese eintraten und einen puritanischen Kirchenbegriff pflegten, mit den Bauern verbündeten, die unter der Ausbeutung der römischen und kaiserlichen Latifundienbesitzer sehr zu leiden hatten. Der große Kirchenvater Augustin stand auf der Seite von Kaiser und Reich, als es um die Frage ging, ob man sie gewähren lassen sollte. Die Donatisten unterlagen und zogen sich in die Dörfer im Atlasgebirge zurück. Ähnlich ging es den Priscillianisten in Spanien, die sich ungeniert der apokryphen Schriften in den Gottesdiensten bedienten und sie höher schätzten als die biblischen Schriften und die Sakramentalisierung der Kirche und des Priesteramtes strikt ablehnten und auf dem altchristlichen Laiendpostolat bestanden. Priscillian mußte mit sechs anderen Häuptern diesen Schritt in Trier mit dem Leben bezahlen. Alle Abweichungen von der Norm religiösen Verhaltens, wie sie die Bischöfe lehrten, wurden als todeswürdige Verbrechen geahndet. Sie waren Majestätsverbrechen, denn der Kaiser beanspruchte die oberste Kirchengewalt.

Im oströmischen Reichsteil hatte die kaiserliche Religionspolitik genausowenig durchgreifenden Erfolg wie in den weströmischen Provinzen. Das Staatskirchenrecht und die staatlichen Rechtsformen entsprechende kirchliche Verwaltungsform schufen zwar formal eine gewisse Gleichförmigkeit der äußeren Strukturen, vermochten aber nicht, eine lehrmäßige oder kultische Einheitlichkeit aller Patriarchate, Bistümer und Gemeinden herzustellen. Christliche Heilige und Märtyrer zogen die Traditionen der alten lokalen Schutzgötter an sich, und die kirchlichen Frömmigkeitsrituale nahmen die alten Riten bedenkenlos auf. Die Vergottung Jesu durch die kirchliche Lehre zog die Vergottung der Kirche und des Klerus nach sich. Nicht nur die Verstorbenen wurden zu Heiligen, sondern schon die lebenden Kleriker und Priester erhielten durch die kirchlichen Weihen jene Qualität, die sie von den nichtgeweihten Laien unterschied. Aus dem gemeinsamen Erinnerungsmahl mit Brot und Wein, das an das letzte Mahl Jesu mit seinen Jüngern erinnerte, wurde das Eucharistie genannte Ritual: Durch die vom Priester zelebrierte Darbringung oder Opferung wurden die Elemente Brot und Wein auf wunderbare Weise in Leib und Blut Jesu verwandelt, denen nunmehr selbst schon kultische Verehrung gebührte. Die großen Liturgien der Ost- und Westkirche, die sich um diesen Kanon missae entwickelten, unterschieden sich bald durch die in ihnen zelebrierten Hymnen und Texte, die aus den verschiedenen nationalen literarischen Traditionen stammten. Die Predigt, einstmals Mitte der Gottesdienste, trat immer mehr zurück. Der Bilderkult, in der Antike übliche Form religiöser Praxis, drang mit dem Reliquienkult überall in die Kirchen ein, und ein Versuch im 7. und 8. Jahrhundert, diese Entwicklung zurückzudrängen, scheiterte an dem erbitterten Widerstand der Kirchen, die in diesen Formen die alten religiösen Lebensgewohnheiten als die richtigen Formen auch der christlichen Kirchen verteidigten. Die Kaiser, die aus durchsichtigen Gründen versucht hatten, diese alten nationalen Traditionen zu brechen, unterlagen den vereinten Anstrengungen der sonst durchaus nicht immer einigen Bischöfe von Ost und West. Das Konzil von Nicäa 787 bedeutete den Sieg der hellenistischen Religionsformen über die aus judenchristlichen Quellen gespeiste Tradition von dem bilderlosen und einfachen Typos der Kirche, wie ihn auch die von Arius geprägten Goten pflegten. Die Kirchen an den Rändern der Ökumene, in Armenien, Georgien, Abessinien oder Ägypten, für die kaiserliche Gewalt aus Rom und Konstantinopel nur schwer erreichbar, nahmen ihre eigene Entwicklung.

Bei alledem gilt es immer zu berücksichtigen, daß mit Beginn des 4. Jahrhunderts die Völkerwanderung in Mitteleuropa die Germanen in Bewegung gesetzt hatte, die von den byzantinischen Kaisern nach Norden abgedrängt wurden und sich nach Britannien, Gallien und schließlich im 5. Jahrhundert auch nach Italien wandten. Diese Völker waren arianischen Glaubens oder pflegten überhaupt ihre alten Kulte. Das weströmische Reich ging in den Teilreichen der Franken, Vandalen, Burgunder und Goten auf, das oströmische Reich konnte sich behaupten, verlor aber seine Stellung als Beherrscher des Mittelmeerraumes, nachdem der Islam im 8. Jahrhundert Palästina, Ägypten und Nordafrika besetzt und die Grenzen bis an die Pyrenäen vorgeschoben hatte. Das Christentum breitete sich unter dem Druck der Muslime über die Alpen nach Mitteleuropa aus und wurde durch die angelsächsische Mission im 8. Jahrhundert bis an die Elbe vorangetrieben. Die weströmische Kirche, allerdings unter der Führung des Bischofs von Rom, der sich den alten kaiserlichen Titel Pontifex Maximus und Papst beigelegt hatte, war nun völlig auf die Unterstützung durch die Frankenreiche angewiesen, nachdem Papst Gregor VI. sich gegen die Kirchenpolitik von Byzanz ausgesprochen hatte, der daraufhin auch Süditalien und Sizilien dem Patriarchen von Konstantinopel unterstellte. So wurde z. B. Karl der Große nach der Unterwerfung des Langobardenreiches unumschränkter Herrscher in Italien, und das Frankenreich umfaßte damit fast ganz Europa, denn seine Ostgrenze bildeten die österreichischen Erblande, im Norden reichte es bis Schleswig, im Westen bis an den Atlantik und im Süden bis nach Nordspanien.

Allen Völkern zwang Karl das römische Christentum auf. Es war eine Mission mit dem Schwert. Die arianischen Kirchen verschwanden unter dieser gewaltsamen Bekehrung. Als Stützpunkte wurden Klöster gegründet, das wirtschaftliche und geistige Rückgrat der christlichen Kolonisierung Europas. Nur im islamisch besetzten Spanien hielt sich der arianische Glauben weiter. Karl der Große erreichte auch, daß in seinem Reiche die Bilderverehrung verboten wurde und die Beschlüsse der Synode von Nicäa 787 verdammt wurden, ohngeachtet der anderen Haltung des Papstes. Im Jahre 800 wurde durch die Kaiserkrönung Karls in Rom faktisch das alte Imperium Romanum gespalten, denn fortan gab es zwei voneinander unabhängige christliche Kaiserreiche und nicht mehr zwei Reichshälften. Während der Regierungszeit der wenigen Nachfolger Karls des Großen errang das Papsttum nunmehr seine das weitere Mittelalter bestimmende Machtposition, in der es sich zum Herrn der Welt ernannte. Und die endgültige Trennung von der Kirche des oströmischen Reiches durch das Schisma von 867 und das endgültige Schisma von 1054 wurde natürlich hauptsächlich von dem Bestreben des Papstes bestimmt, seine Herrschaft auch über die orientalischen Patriarchen auszudehnen. Zankapfel waren nicht nur die christianisierten Slawenvölker und die verschiedenen liturgischen und theologischen Grundsatzfragen, sondern auch das Verhältnis von Klerikern und Laien innerhalb der Kirchen selber, wobei die weströmischen Kirchen durch die rigorose Durchführung des Kirchenrechts mit Klerikerzölibat und Ausweitung der bischöflichen Machtbefugnis die alten orientalischen Kirchen mit ihrer mehr laizistisch und synodal geprägten Struktur, in der sich alte nationale politische und kulturelle Traditionen erhielten, vergeblich zu majorisieren versuchten. Der großen Trennung folgten die kleinen langsam nach. Die alten orientalischen Kirchen lebten unter den islamischen Eroberern ihr eigenes Leben mit einer eigenen Liturgie und einer eigenen Literatur, und mit dem Jahre 1454 standen die muslimischen Türken nach der Eroberung von Konstantinopel vor den Türen Osteuropas und beschränkten den ökumenischen Patriarchen von Konstantinopel auf ein Geringes seines Patriarchats. In Mitteleuropa aber endete die feudale Los-von-Rom-Bewegung, die sich mit den revolutionären frühbürgerlichen Elementen verbunden hatte, in den reformatorischen protestantischen Landeskirchen. Das 16. Jahrhundert machte mehr als alle anderen Jahrhunderte deutlich, in welchen Abhängigkeiten sich die Kirchen entwickelten.

Es versteht sich von selbst, daß diese sehr bewegte Geschichte in der Kunst- und Literaturgeschichte ihre Entsprechungen fand. Dabei findet die Mythologie ihre Quellen an sehr verschiedenen Orten. Am Anfang steht natürlich die Literatur, die von einer Synode im Jahre 391 für kanonisch, das heißt normgerecht, erklärt wurde. Sie bildet das Korpus der neutestamentlichen biblischen Schriften; die vier Evangelien nach Matthäus, Markus, Lukas und Johannes, eine Apostelgeschichte, die wichtigsten Briefe des Paulus und einiger anderer Apostel und als letztes Buch der Bibel die Offenbarung des Johannes. Alle diese Schriften greifen auf Formen zurück, die in der spätantiken Literatur schon entwickelt waren. Die von der Kirche als nicht normgerecht bezeichneten Texte, auch Apokryphen und Pseudepigraphen genannt, lebten aber weiter. Sie waren nur nicht für den liturgischen Gebrauch in den christlichen Gottesdiensten zugelassen, sondern dienten als Unterhaltungsliteratur. In ihr lebten die wichtigsten antiken mythologischen Tropen weiter.

Es gibt mehrere altkirchliche Verzeichnisse dieser Bücher, »von Schriften, welche von Häretikern oder Schismatikern zusammengeschrieben oder bekannt geworden sind, welche die katholische und apostolische Kirche nicht annimmt und die von Katholiken zu meiden sind«, heißt es im Codex Claromontanus, einem neutestamentlichen Handschriftencodex aus dem 6. Jahrhundert. Von den dort erwähnten Schriften sind die meisten spurlos verschwunden, von anderen sind nur Bruchstücke als Zitate bei anderen kirchlichen Autoren enthalten, und nur sehr wenige sind so erhalten, daß es gelingt, von ihnen ein klares Bild zu gewinnen. Viele von ihnen werden in diesem Buche zitiert, auf andere kann nur verwiesen werden. Dazu gehören Evangelien, Apostelgeschichten, Briefe von Aposteln und Testamente alttestamentlicher Heroen, aber auch Werke Tertullians, eines berühmten Theologen, des Origenes und selbst der Physiologus werden dort aufgeführt, daneben aber vor allem die Liste der Namen aller gnostischen Lehrer und aller häretischen Theologen. Dieses ganze Werk bzw. diese ganze Literatur »sei nicht nur zu verwerfen, sondern sei von der ganzen katholischen Kirche ausgeschlossen und mit seinen Verfassern und den Anhängern der Verfasser unter der unlöslichen Fessel des Anathema in Ewigkeit verbannt«. Einen Index librorum prohibitorum, ein Verzeichnis verbotener Bücher, hat die römische Kirche zu ihren großen Zeiten ebenso geführt wie die orthodoxen Kirchen und konnten doch nicht verhindern, daß der Geist dieser Bücher und ihrer Lehre im verborgenen weiter lebte und wirkte. Es gehört zu den großen Leistungen der europäischen Wissenschaft, daß die Akademien in Berlin und Wien sich im Verein mit anderen Akademien im 18. Jahrhundert der Sammlung und Edition dieser Quellen angenommen haben, während es ein Verdienst der römischen Kirche war, die kanonischen Quellen auch editorisch beispielgebend zu betreuen.

Hinsichtlich der Formen dieser Literatur ist aber zu beobachten, daß der Verzicht auf ihre liturgische Verwendung in Gottesdiensten sie davor bewahrte, in dem strengen Formenkanon der neutestamentlichen Schriften zu erstarren. Vielmehr entwickelte sich aus dem Formenreichtum der antiken Literatur die christliche Literatur. Den weitaus größten Teil bildet die Märtyrerliteratur, die sich zu genormten Heiligenviten entwickelte, nicht unähnlich den Vitae Parallelae des Plutarch oder den sogenannten Biographien der ägyptischen Literatur, bei denen auch nur noch die Namen richtig sind. Diese Literatur, die aber auch gelegentlich noch in der Liturgie Verwendung fand, bestand aus vielen Tropen, die sich ständig wiederholen; arme Jugend, reiner Entwicklungsweg zum treuen Glaubenszeugen, tapferer Einsatz für den Glauben und ein würdiges Ende, wobei die Todesarten zwischen Rösten und Kreuzigen, Hängen oder ad bestias, dem Sterben im Kampf mit wilden Tieren, variieren.

Die apokryphen Evangelien und Apostelgeschichten aber folgten einem anderen Gesetz. Sie basieren sämtlich auf den biographischen Grundrissen der biblischen neutestamentlichen Schriften und unterscheiden sich von diesen nur durch die Ausführlichkeit, mit der sie Lücken in den biblischen Berichten schließen. Hier sind offenbar der Phantasie die Grenzen durch nichtchristliche Pattern vorgegeben, vor allem aus der antiken Romanliteratur, die ja in besonderem Maße Bildungscharakter besaß. Der antike Roman bezog wesentliche Informationen über Land und Leute, Märchen und Legenden, in seine Darstellungen ein. Bestehende Bräuche und Sitten wurden in diesen christlichen Romanen als von Jesus oder den Aposteln geübte Sitten dargestellt, um sie so weiter üben zu können.

Weit wichtiger aber war die literarische Inbesitznahme religiöser nichtchristlicher Stoffe und Themen, vorwiegend aus der Gnosis, weniger direkt aus ägyptischen oder syrischen bzw. iranischen Quellen. Es darf nicht übersehen werden, daß die ersten außerpalästinensischen Gemeinden der Kirche frei waren von einer rituellen oder lehrmäßigen Herrschaft eines Bischofs oder Patriarchen und auch sehr frei waren im Umgang mit der Lehre aus Jerusalem. Das Bild von der einen Kirche, die zu allen Zeiten und überall das Gleiche betrieben habe und sich somit als wahre Kirche erweist, ist trügerisch, und der berühmte Lehrsatz des Vincenz von Lerin, eines Zeitgenossen von Augustin, war schon vom Ansatz her eine Illusion, von der Zielsetzung her allerdings ein kirchenpolitisches Programm, »daß wir das festhalten, was überall, was immer und von allen geglaubt worden ist«, denn es meinte ja gerade nicht das theologische Minimalprogramm, das 1948 bei der Gründung des Weltrates der Kirchen eine Einigung ermöglichte, die die Vielfalt erhielt, sondern ein theologisches Programm, dem sich alle Kirchen unterordnen und danach ihrer besonderen Propria und Eigenheiten verlustig gehen sollten. Die sogenannten apokryphen Texte besaßen in den Gegenden ihrer Herkunft durchaus einen ähnlichen Ruf wie die biblischen Texte. Sie lebten aus einer unreflektierten Erlebnis- und Fabulierfreude, die sich auch formal von jener späteren Phase in der apokryphen Literatur abhebt, in der die literarischen Formelemente nur noch benutzt wurden, um bestimmte theologische Positionen »unter die Leute zu bringen«; sie wird tunlichst als Tendenzliteratur bezeichnet, die allerdings auch ihre literarischen Reize besitzt. Hierzu sind vor allem die gnostischen mythischen Texte zu zählen, für deren Mythen sich deshalb rechtens auch die Bezeichnung »Kunstmythos« eingebürgert hat.

Nicht unterschätzt werden darf auch der Einfluß der Tropen aus der magischen Literatur; denn in den narrativen Teilen schon der vorchristlichen magischen Texte kommen ähnliche Handlungen vor, wie sie auch in den Apostelakten geschildert werden, um die Wunderkräfte der Jünger Jesu zu belegen, etwa die Darstellung des Paulus, der mit Löwen reden kann.

Eine Mythologie der alten Kirchen wird sich allen diesen Stoffen zuwenden, nicht um eine altchristliche Literatur- oder Religionsgeschichte zu schreiben, sondern um zu zeigen, wie weit der Mythos als literarische Gattung in diese Literatur vorgedrungen ist. Sie wird sich vor allem um die Antworten auf die Frage nach dem humaniora bemühen, also um die Antwort auf die Frage nach der ursprünglich nichtchristlichen und letztlich so auch nichtreligiösen Bedeutung der Mythen in dieser Literatur. Mythen sind nämlich verständlich und bedeutsam auch ohne Ritus und Kultus, ohne Religion. Mythische Texte richten sich immer an die menschliche Imaginationsfähigkeit, religiöse Texte richten sich immer an einen oder mehrere Götter. Gerade in der altchristlichen Literatur, und die Beispiele stammen aus ihrem Bereich, wird sehr deutlich sichtbar, wie die Mythen erst nachträglich in ein religiöses Konzept eingefügt wurden, weil Religionen, und dazu zählt auch das Christentum, das sinnlich nicht Wahrnehmbare nicht anders sinnlich anschaubar machen können. In seiner religiösen Funktion verliert der Mythos seine poetische Wirklichkeitsebene, in der er sonst wie alle Kunst lebt, und gerät in den Bannkreis der Metaphysik. Aus dieser Beschränkung wird auch verständlich, warum die Beispiele aus verschiedenen literarischen Denkmälern gewählt sind und nicht jedes einzelne Kunstwerk vollständig vorgeführt oder erläutert wird. Diese Aufgabe müßte eine Literaturgeschichte erfüllen, und Adolf von Harnack hat die bislang beste geschrieben. Aus dieser Beschränkung auf die Fragen nach den ursprünglich nichtreligiösen Implikationen der Mythen geht auch hervor, daß diese kirchliche Mythologie keine altchristliche Religionsgeschichte ist, sondern nur deren Entstehung illustrieren kann. Sie ist aber auch keine Theologie- oder Kirchenkritik, die mit den Maßstäben eines hermeneutisch höchst fraglichen Schriftverständnisses beckmessern würde.

Eine kirchliche Mythologie ist auch keine Dogmengeschichte, die als systematisch-theologische Konstruktion etwa im Gefolge Hegels die christliche Uridee und deren Entwicklungsgeschichte darzustellen hätte. Die Uridee, den Zimmermannssohn Jesus aus

Nazareth als Gottessohn zu erweisen, dokumentiert das biblische Neue Testament mit seinen Evangelien, ihn aber als Gott zu erweisen, vollmächtig in Reden und Taten, das war der Grund, auf dem neue Mythen, Legenden und Sagen, Märchen auch, in den Bannkreis der christlichen Kirchen gezogen werden konnten. Die Uridee, die Gemeinschaft der Gläubigen als ein corpus mysticum darzustellen, hat schon das Neue Testament konzipiert, aber daraus die Konsequenz zu ziehen, daß die Kirche nun in der Stellvertretung Christi sich zur Mittlerin seiner Gaben erhebt, wird durch Dichtungen jener Jahrhunderte präfiguriert, die Aposteln und Heiligen jene Wunderkräfte zugeschrieben haben, die einem Gotte zustehen. Den Theologen blieb es vorbehalten, daraus kirchenpolitische Maximen abzuleiten, Kaisern und Bischöfen, sie mit Feuer und Schwert durchzusetzen. Nur, davon handelten die Dichtungen eigentlich nicht. Slawische Völker träumten anders von dem Heil und dem Heiland der Welt als die germanischen Völker oder die Bewohner der Küsten Nordafrikas. Die Wege der Poesie und der Religion weisen eine sehr entgegengesetzte Richtung auf, und wenn sie sich kreuzen – so selten das vorkommt –, erscheint zweifelhaft, ob diese Symbiose noch christlich ist. Das betrifft nicht nur Bodmers Noahiade oder Miltons »Lost Paradise«, sondern auch schon den »Heliand« oder Ulfilas Bibelübersetzung. Dieses gilt es zu entdekken, daß nämlich die Gesetze der Fabelführung und die poetische Metaphorik sich stärker erweisen als die christliche Lehrnorm. Es gehört mit zu den Besonderheiten der Mythenpoesie, daß ihre Schöpfungen sich als so kräftig erweisen, daß sie noch nach Jahrhunderten in den Rang eines kirchlichen Lehrsatzes erhoben werden können, wie es etwa bei der Dogmatisierung der leiblichen Himmelfahrt Marias, der Mutter Jesu, im Jahre 1951 durch den Bischof von Rom, Papst Pius XII erfolgte.

In einer kirchlichen Mythologie beschreibt der Titel »Christus und die Christen« die Protagonisten der Dichtungen, die hier ausgewählt sind. Sie sind durchaus gleichrangig, denn die theologische Unterscheidung zwischen dem sündenlosen Gottessohn Jesus Christus und den mit vielen menschlichen Eigenheiten behafteten Aposteln und Heiligen bleibt für die Poesie und Mythologie bedeutungslos, deren Themen die alten Menschheitsfragen von Leben und Tod, Liebe und Haß, Krieg und Frieden, Angst und Sorglosigkeit, Recht und Unrecht, Macht und Ohnmacht sind. Die Erkenntnis, daß die Religionen nicht die Mütter von Kunst und Wissenschaft, von Kultur und Technik sind, sondern ihre Schwestern, gleich alt und von gleichem Rang, schmälert nicht ihren Verdienst und bestreitet auch nicht ihre besondere Rolle und Funktion, sondern ermöglicht vielmehr die Einsicht, daß die poetischen Antworten auf die alten Menschheitsfragen auch in der Gestalt der Mythen zu unterscheiden sind von den religiösen Vorentscheidungen. Entdeckte Widersprüche zwischen beiden lassen einmal den Schluß zu, daß christlicher Glaube und christliche Kunst nicht immer identisch sein müssen, aber auch, daß das Christentum mit der Integration dieser zunächst nichtchristlichen Vorstellungen und Themen eine Bereicherung erfahren hat. Eine kirchliche Mythologie ist deshalb immer beides, eine Hommage für die kunst- und kulturintegrierende Kraft des Christentums und eine Hommage für diese literarischen Denkmäler als Zeugen für Kunst und Kultur unserer Altvorderen. Es bedarf keines besonderen Hinweises, daß der Verfasser nicht bedauert, daß die Kirchen auf ihrem Jahrtausendweg nicht bei der judenchristlichen kulturellen Askese geblieben, sondern stets eine kulturelle Symbiose eingegangen sind. Und er wäre ein Narr, wollte er glauben machen, daß es so etwas Unmögliches gäbe, wie es Rousseau für die Sittenlehre versucht hat, wie eine Art Urschrift eines christlichen Mythos, an der alles gemessen werden sollte. Daran sind schon die Reformatoren im 16. Jahrhundert gescheitert. Die beigebrachten Texte wollen vielmehr zeigen, aus wie vielen nichtchristlich-religiösen Quellen christliche Dichter getrunken haben. Ein Abglanz der Schönheit dieser altchristlichen Dichtungen liegt selbst noch auf den Dogmen, den verschiedenen Formen des Credo, des Glaubensbekenntnisses der alten Kirchen, diesen metaphysischen Sätzen, die die kirchlichen Theologen aus der bunten Bilderfülle der Mythen, Legenden und Hymnen, »den ältesten dogmatischen Aussagen« (Harnack), abstrahierten.

Die Dichtungen, die dieser kirchlichen Mythologie zugrunde liegen, sind »nicht buchstäblich wahr« wie die Glaubensbekenntnisse wahr sein sollen, sondern sind wahr, indem sie Welt- und Sinnzusammenhänge darstellen, sie sind zutiefst metaphorisch. J. Hick hat unlängst gezeigt, wie sich die kirchliche Christologie entwickelt hat, die aus dem metaphorischen Grundzug der biblischen Mythen eine metaphysische Deutung machte. Durch diese Übertragung eis allos genos, in ein anderes Genus, haben die Kirchen sich immer der Dichtungen, insbesondere der Mythen, bemächtigt. Teile der altchristlichen Literatur spiegeln diesen Vorgang auch schon wider. Das wird jeweils in den Kommentaren zu den dargestellten Texten angemerkt werden. Deshalb auch werden die Kommentare gelegentlich ausführlicher sein als die dargestellten Texte, die wegen ihrer fragmentarischen Beschaffenheit selber schon die Form der Inhaltsangabe mehr nahelegen als eine wörtliche Wiedergabe, die sich auf wenige, wichtige Texte beschränkt. Im Kommentar wird kurz der jeweilige Text in seinen zeitgenössischen Zusammenhang gestellt und erklärt. Diese Angaben werden jeweils dort gemacht, wo der Text zum erstenmal erscheint. Im Wiederholungsfalle wird dann auf diese erste Stelle verwiesen. Das ist zwar etwas umständlich, hat aber den Vorzug, daß Platz gespart wird. Notwendige allgemeine Begriffe werden im Sachregister erklärt. Sonst gibt es nur ein Namenregister für Personen und Orte. In den Literaturverweisen werden auch die Ausgaben mit den neusprachlichen Übersetzungen angegeben, um interessierten Lesern die Möglichkeit zu weitergehender Lektüre zu geben.

Die Textauswahl wird vielleicht von manchem angefochten werden. Es sei aber noch einmal auf die besondere Fragestellung dieses Buches hingewiesen, das weder eine Ausgabe der neutestamentlichen Apokryphen noch eine altchristliche Literaturgeschichte sein will. Vielleicht bedauert mancher Leser, daß im Kommentar so wenig die theologischen Implikationen der jeweiligen Dichtungen dargestellt werden. Dazu möge der Leser im Schlußkapitel das Notwendige lesen. Vor jedem Kapitel steht ein kurzes Resümee der neutestamentlichen Aussagen, um dem nicht so bibelfesten Leser die Möglichkeit zu geben, die Entwicklung zu verfolgen. Innerhalb der Kapitel ist die Reihenfolge nicht nach regionalen, sondern nach geschichtlichen Daten geordnet. Damit wird zusätzlich der Entwicklungsgedanke innerhalb der christlichen Tradition unterstrichen. Der Verfasser hofft dennoch, daß der Leser darüber nicht das jeweils literarisch Besondere aus den Augen verliert.

I
JESUS – DER SCHÖPFER

(a)

Im Anfang war das Wort, und das Wort war bei Gott, und Gott war das Wort.

Dasselbe war im Anfang bei Gott.

Alle Dinge sind durch dasselbe gemacht, und ohne dasselbe ist nichts gemacht, was gemacht ist.

In ihm war das Leben, und das Leben war das Licht der Menschen.

Und das Wort ward Fleisch und wohnte unter uns, und wir sahen seine Herrlichkeit, eine Herrlichkeit als des eingeborenen Sohnes vom Vater, voller Gnade und Wahrheit.

Evangelium des Johannes, 1, 1–4, 14.

(b)

Jesus Christus ist das Ebenbild des unsichtbaren Gottes, der Erstgeborene vor allen Kreaturen.

Denn durch ihn ist alles geschaffen, was im Himmel und auf Erden ist, das Sichtbare und das Unsichtbare, seien es Throne oder Herrschaften, Fürstentümer oder Obrigkeiten; es ist alles durch ihn und zu ihm geschaffen.

Und er ist vor allem, und es besteht alles in ihm.

Kolosserbrief 1, 15–17

1. Das Johannes-Evangelium ist das jüngste der vier neutestamentlichen Evangelien und setzt eine Zuhörerschaft oder ein Lesepublikum voraus, das mit den Einsichten der antiken Philosophie vertraut gewesen sein muß. Sein Eingang macht schon deutlich, daß es in diesem Text nicht nur um Historiographie gehen wird, sondern um die Mitteilung von Erkenntnissen, die nicht nur eine historisch-biographische Relevanz haben, sondern ewige Wahrheiten sind.

Der Kolosserbrief, auch wenn er kein echter Paulusbrief ist, wie manche meinen, ist eine Lehrschrift dogmatischen Inhalts. Es soll den Leuten in Kolossae mitgeteilt werden, was sie von Christus zu glauben haben, weil sie ihn »nach dem Fleisch« sowenig gesehen haben wie den Absender des Briefes. Beide Schriften sind sich einig darin, daß der Glaube an Christus keine philosophische Theorie ist und daß die Erinnerungen an den Jesus von Nazareth, der gelebt, gepredigt, Kranke geheilt und dann am Kreuz gestorben ist, einer notwendigen Ergänzung bedürfen, weil dieser Mensch mehr gewesen sein soll als nur ein wunderbarer Rabbi. Beide Schriften stammen aus dem zweiten Drittel des 1. Jahrhunderts.

2. Die beiden Zitate sind formal Teile von Hymnen. Der Hymnus verlangt gattungsmäßig nur Zustimmung, Akklamation, Rezitation, ohne kritische Reflexion. Dabei können einzelne Glieder eines Hymnus widersprüchlich sein, denn sie dienen nur dem Zwecke, das Objekt des Hymnus in seiner Einmaligkeit und Unvergleichlichkeit darzustellen, und dazu gehört als höchste Form die Ineinssetzung der Gegensätze. Für die ersten Christen war der Jesus der Christus, ihr Heiland, der Messias, der als endzeitlicher Heilsbringer seit den Tagen der Propheten dem Volke der Juden versprochen war. Aber schon in diesen beiden Texten kündet sich eine Entwicklung an, die zu einem schroffen Bruch mit den Juden führen wird, die in diesem Jesus aus Nazareth nicht den versprochenen Messias für Israel erkennen können und die auch nicht akzeptieren können, daß auf ihn Attribute übertragen werden, die für sie allein auf ihren Gott angewendet werden dürfen. Zugleich wird an diesen beiden Zitaten auch sichtbar, wie der metaphorische Charakter des Hymnus, dessen Aussagen keine ontologischen Definitionen ent-

halten, sondern Lobes- und Liebeserklärungen, dazu verführt, metaphysische Wahrheiten aus ihm abzuleiten. Festzuhalten bleibt zunächst, daß aus dem religiösen Glauben, daß dieser Jesus Christus für die Christen die Mitte ihres Daseins ist, das A und O, sie ihn mit den Benediktionen preisen, mit denen andere Leute ihren Gott preisen.

3. Religionsgeschichtlich markiert dieser Übergang von metaphorischen zu metaphysischen Interpretationen allerdings ein allgemeines religionswissenschaftliches Phänomen. Neu entstehende religiöse Gruppen vereinen immer auf ihren Heros alle Funktionen, die in älteren Gruppen auf andere oder auch nur einen Gott bezogen waren. Der neue Gott muß zu seiner Legitimation die Funktionen des alten Gottes oder der alten Götter übernehmen, und die biblisch-neutestamentlichen Texte markieren diesen Vorgang, der religionsgeschichtlich als Synkretismus beschrieben wird. Aber der gangbarste Weg in diesen Übergängen ist immer die Hymnologie gewesen. F. Kiedel hat das für die abendländischen Kirchen nachgewiesen, die sich schwer taten, den Hymnus als Kunstmittel einzuführen, und ihn erst im 6. Jahrhundert zuließen, während die morgenländischen Kirchen darin sehr viel freier waren und wesentlich früher damit begonnen hatten: »Das hängt zu einem großen Teil damit zusammen, daß häretische Lehrer die Hymnen benützten, ihr Gedankengut in der dichterischen Form vorzubringen.« Genauso verfuhren aber schon die neutestamentlichen Autoren bei ihrem Bemühen, klarzumachen, daß ihre Rede von dem Jesus Christus als Herrn der Himmel und der Erde den einzig wirklichen Gott verkündigte.

4. Zu den wesentlichen Aufgaben eines Gottes, der den Anspruch der Herrschaft über Himmel und Erde erhebt, gehört die Auskunft, daß er natürlich als Herr auch der Schöpfer der Welt sei. Schon die biblische Genesis ist auf diese Weise in den Besitz zweier außerbiblischer Schöpfungsmythen gelangt, weil es für die Juden selbstverständlich war, daß ihr Gott Jahwe als der einzig wirkliche Gott der Schöpfer der Welt gewesen war und nicht der babylonische Gott Marduk oder der sumerische Gott Enki. Schöpfungsmythen sind schon von Natur aus immer Mythen, in denen eigentlich die Frage nach Macht und Ohnmacht eines Gottes und eines Volkes gestellt und beantwortet wird. Das hat nicht erst die Proletarier interessiert, sondern schon die Angehörigen antiker Sklavenhalterstaaten lösten hier das Problem der durchsetzungsfähigen Ideologie.

(c)

Als Jesus einmal als Kind an einem Bache spielte, er war wohl fünf Jahre alt, vergnügte er sich damit, aus dem feuchten Ton am Bachesrand Figuren zu kneten und auch mit den anderen Kindern im Bach zu spielen und zu toben. Davon ward das Wasser aber getrübt, denn es war so viel Schlamm aufgewühlt, daß es für die Frauen unbenutzbar geworden war. Und auch die Gruben, die Jesus gebaut hatte und in die er das Wasser mit kleinen Kanälchen geleitet hatte, enthielten nur trübes Wasser. Aber Jesus entgegnete auf alle Vorhaltungen nur: Werde klar! – Und das trübe Wasser wurde wieder klar, so klar, als sei es eben erst aus der Quelle hervorgekommen.

Ebenso machte er dort einmal aus feuchtem Ton zwölf Sperlinge, die er auf den Bachrand zum Trocknen setzte. Ein Jude, der vorüberging, sah es und wurde darüber sehr ungehalten, weil auch noch andere Kinder dort mit Jesus spielten und ähnliche Figuren machten. So ging er zu dem Vater Jesu, dem wackeren Joseph, und beklagte sich bei ihm. Sein Zorn war vor allem deshalb so groß, weil das alles an einem Sabbath geschah. Joseph ging sofort an den Bach, um Jesus solch ein Treiben zu untersagen. Jesus hörte seinen Vater an, klatschte dann in die Hände und rief: Los, fliegt weg! Und die Sperlinge schlugen mit den Flügeln und flogen unter lautem Schimpfen davon. Als diese Geschichte sich herumsprach unter den Leuten, erschraken alle sehr und erzählten es den Oberen, weil es so etwas noch nicht gegeben hatte, und sie glaubten, daß es unrecht war, so etwas zu tun.

Kindheitserzählung des Thomas, 2, 1–5

1. In dieser Sammlung von Kindheitserzählungen aus dem Leben Jesu sind sehr unterschiedliche Stoffe vereinigt. Die Sammlung, deren früheste schriftliche Bezeugung in das 5. Jahrhundert fällt, läßt kein Programm erkennen, sondern erscheint als ein Florilegium durchaus älterer Geschichten, deren Entstehung durch den Umstand begünstigt wurde, daß in den neutestamentlichen Evangelien solche Berichte aus der Kindheit Jesu fehlen. Die Erzählungen waren im Orient sehr verbreitet und sind auch aus der präislamischen christlichen arabischen Literatur in den Quran gedrungen (Sure 5, III). Es ist nicht mehr mit Sicherheit zu sagen, ob die Sammlung jemals zu liturgischem Gebrauch bestimmt war oder dazu gelangt ist. Es spricht aber viel dafür, sie zu jener Gattung von Literatur zu zählen, deren Lektüre in christlichen Häusern des Orients empfohlen wurde, zumal die drastischen Detailschilderungen durchaus für pädagogische Maximen benutzt werden konnten.

2. In den beiden Episoden aus dem Buche, dessen Autorenname »Thomas« natürlich ein literarisches Pseudonym ist, werden ganz formlos Elemente aus den Erzählungen der ersten beiden Kapitel des 1. Buches Mose aufgegriffen und Jesus in die Nähe des Schöpfungsgottes gerückt. Vor allem das befehlende Schöpfungswort »sei klar«, ein Jähimperativ wie in den Schöpfungsbefehlen Gottes im ersten Schöpfungsbericht, zeigt, daß der Erzähler ganz selbstverständlich davon ausgeht, daß dieses Kind Jesus ein Gott ist. Nur ein Gott kann solche Dinge tun. Anders als ein magischer Text oder ein Märchen betont der Erzähler das mythische Element, das auch schon die neutestamentlichen Erzähler unterstreichen: Die Leute, die das hören und sehen, wundern sich sehr darüber und erschrecken. – Es gehört zu den Besonderheiten dieser apokryphen Literatur, daß sie solche Episoden in die Kindheitsphase Jesu versetzt, weil die biblischen Erzähler für die zweite Lebenshälfte Jesu keine Lücke gelassen hatten.

3. Nur schattenhaft tauchen der Zorn des Juden über die Sabbathentheiligung und die Übertretung des Bilderverbotes aus dem Zehngebot nach dem 2. Buch Mose 20,4 auf sowie die Reaktion des Vaters. Ein Mensch, der folgenlos die Gebote Gottes mit diesen Ergebnissen übertritt, kann nur ein Gott sein und kein Mensch wie andere. Im übrigen sei erwähnt, daß frühchristliche magische Texte sich von solchen mythischen Texten nur dadurch unterscheiden lassen, daß in der Fortführung solcher Fabeln nunmehr die Sperlinge und das gereinigte Wasser bedeutsam werden.

(d)

Unsern Erlöser und Herrn, den Ewigen, habe ich also
zum Gedächtnis der Welt in Akrostichen besungen.
Er war bezeichnet, da Moses streckte die heiligen Arme
siegend ob Amalek im Glauben, dem Volke zur Kenntnis,
daß erwählet bei Gott dem Vater und immer geehrt seien
Davids Rute sowie auch der Stein, den er einstens versprochen,
dem man gläubig vertrauen soll, um ewiges Leben zu haben.
Denn nicht in Herrlichkeit, sondern als Mensch wird er kommen
auf Erden,
elend, entehrt, unansehnlich, den Elenden Hoffnung zu geben.
Er wird vergänglichem Fleische Gestalt und himmlischen Glauben
den Ungläubigen geben und ausgestalten den Menschen,
welchen im Anfang Gottes heilige Menschen geschaffen, und
den die Schlange betörte, daß er nun zum Schicksal des Todes kam
und nach Wunsch die Erkenntnis gewann von Gutem und Bösem,

so daß er Gott verließ und huldigte sterblichen Wesen.
Ihn auch nahm als Berater im Anfang Gott der Allmächtige,
sprechend die Worte: So wollen wir beide zusammen, mein Kind,
nun sterblicher Menschen Geschlecht abbilden nach unserem
                                                    Gleichnis.
Jetzt will ich mit den Händen, doch du alsdann mit dem Logos
sorgen für unsere Gestalt und gemeinsam erschaffen Erstehung.

Sibyllinische Orakel VIII, 249–268
(Übersetzung von A. Kurfess)

1. Die Sibyllinischen Orakel stammen in ihrem Grundbestand aus dem 3. Jahrhundert und sind in ihrer heutigen Form eine christliche Bearbeitung jüdischer Texte. Die jüdischen Sibyllinen sind deutlich von den christlichen zu unterscheiden, auch wenn sie immer in einer Sammlung vereint waren, weil die jüdischen Sibyllinen in ihrer Darstellung alttestamentlicher Themen und Stoffe einem christlichen Bildungsstreben entgegenkamen, biblische Texte auch in poetischer Gestalt, in der Form des antiken Hexameters, zu lesen. Aus einer ähnlichen Motivation heraus haben auch schon die jüdischen Autoren, und es sind vermutlich mehr als eine Hand bei ihrer Entstehung tätig gewesen, geschrieben. Die Sibyllinen boten den gebildeten Juden wie Christen das Gefühl, über gleiche literarische Schätze zu verfügen, wie sie die nichtchristlichen Völker besaßen. Hierin ist vermutlich eher der Grund für ihre Rezeption zu sehen als in der Annahme, es seien Griechen gewesen, die sich der biblischen Texte nur bemächtigt hätten, um ihre Themen über den antiken mythologischen Stoff hinaus zu erweitern.

2. Die Sibyllinischen Orakel enthalten in XIV Büchern über 4000 Hexameter. Sie erwecken den Eindruck, als seien sie von gleicher Qualität und von gleichem Gewicht, ja gleichen Inhalts wie die antiken Sibyllinischen Texte. In der Antike war die Sibylle eine Prophetin aus Erythreia in Jonien, wie Heraklit erzählt, und in ihrem Gefolge haben sich andere Namen hinzugefügt, bis es zehn waren, analog den zehn Musen. Ihren mehr dunklen als erhellenden Aussprüchen galt immer das regste Interesse, und nicht grundlos hat Michelangelo sie in das ikonographische Programm der Sixtinischen Kapelle aufgenommen. Das Interesse ist diesen Büchern immer geblieben, seit den Tagen der römischen Kaiserzeit, und selbst Goethe war ihrem Zauber erlegen. Die christlichen Sibyllinen sind die letzten Texte dieser Gattung, zu der auch die Orakel der Pythia von Delphi wie der Kassandra Homers gehören. Der Hexameter war nach allem, was wir wissen, immer das stilbildende Element.

3. Zu den Bildelementen in dem vorstehenden Abschnitt gehört als erste Anspielung der Hinweis auf 2. Buch Moses Kap. 17, 1–10, und betrifft die Ähnlichkeit des Gekreuzigten mit Moses, der die Arme ausreckt und so den Sieg über die Amalekiter erwirkt. Die anderen Anspielungen sind auf den Propheten Jesaja Kapitel 11 gemacht, wo von dem Messias gesagt wird, daß er wie ein Reis aus Isais Stamm (Davids Rute) aufgehen wird. Die nähere Gestalt dessen aber, was der Erlöser Jesus sein wird – neben den Assoziationen aus dem Kapitel 53 des Jesaja-Buches (er hatte weder Gestalt noch Schönheit) und dem Bericht von Schöpfung und Sündenfall des Menschen aus dem 1. Buch Mose – entlehnt der Verfasser aber dem Traditionsgut der christlichen Gnosis. Denn nun wird deutlich gesagt, daß dieser Jesus den Menschen, den Gott fehlerhaft geschaffen hat, erst vollenden wird »mit dem Logos«. Hier setzt christliche Mythologie den Ablösungsprozeß vom Judentum radikal fort. Der wahre Mensch ist erst der mit dem Logos Jesu begabte Mensch. Das hier postulierte Menschenbild christlicher Mythologie bedeutet die Trennung von der alttestamentlichen Mythologie. Die Schöpfungsweise Jesu wird von der Schöpfungsweise Gottes deutlich abgehoben, denn er schafft mit den Händen, Jesus aber mit dem Logos.

4. Dieser neue Menschentyp, mehr gnostisch-christlich als biblisch, gehört fortan zu der Personage der christlichen Mythologie. In den beiden letzten Versen wird zwar der kirchlich-dogmatische Topos von der Wesenseinheit von Gottvater und Gottsohn verwendet, aber der neue Mensch, der mehr ist als vergängliches Fleisch und im Besitz des himmlischen Glaubens, findet sein Heil darin: Erkenne sein Wesen, so wirst du schaun dann den Erzeuger (VIII 336)! – Die Theosophie wird, christliches Verständnis sibyllinischer Praxis, zur Praxis pietatis, zum Inhalt der Frömmigkeit.

›facit‹

Das Bild des Schöpfers ist im Mythos immer das Bild für den Herrscher. Der mächtige Gott muß auch der Bildner der Welt sein. Der Mythos erhebt mit dem Machtanspruch des jeweiligen Gottes auch immer den Machtanspruch des Volkes, das sich den Gott erkoren hat.

Die verschiedenen literarischen Quellen aus den ersten Jahrhunderten zeigen den Gestaltwandel der Person Jesu. Als wirklicher Gott und Herr muß er mehr sein als nur »ein Lehrer in Israel«, muß und soll er auch mehr sein als »der Messias für Israel«, er soll und muß als Herr der neue Herr der ganzen Welt, nicht nur des Gottesvolkes Israel, wie auch ihr Schöpfer sein und in seiner Schöpferqualität den Gott des alttestamentlichen Schöpfungsglaubens, wie er im palästinensischen Judentum gepflegt wurde, übertreffen.

Dazu wird das Schema von Weissagung und Erfüllung benutzt, mit dem die kleine Schar der Christen ihren Anspruch auf die Führung über die Juden begründet. Die alttestamentlichen prophetischen Aussagen vom Kommen eines Helfers und Retters, die dem alten Gottesvolk in seinen konkreten geschichtlichen Bedrohungen Trost und Hoffnung auf die Hilfe seines Gottes machen wollten, werden ihrer historischen Funktion und ihres konkreten geschichtlichen Inhalts beraubt und nur noch als Hinweis auf Jesus Christus gesehen. Im Begriff »Messias« liegt noch begrifflich die Subordination des Gesandten unter den ihn sendenden Gott vor, in der Behauptung vom »Schöpfer« rückt Jesus in die Funktion des Gottes auf.

Mythologisch implizieren die Aussagen über Jesus als Schöpfer der Welt den Glauben an die Veränderbarkeit der Natur und des Menschen, weil diese beiden Bereiche immer als von dem Gott abhängig gesehen werden.

II
DIE GÖTTLICHE GEBURT

(a)

Die Geburt Christi geschah aber so, daß Maria, seine Mutter, als sie dem Joseph angetraut ward, schon von dem heiligen Geist schwanger war, noch vor der Hochzeit. Joseph, ihr Mann, war aber ein sehr frommer Jude und wollte sie nicht in Schande bringen, überlegte aber, wie er sie heimlich verlassen könnte. Als er so überlegte, erschien ihm ein Bote Gottes im Traum und sagte: Joseph, Sohn Davids, fürchte dich nicht, Maria als deine Frau zu dir zu nehmen, denn ihre Leibesfrucht ist vom heiligen Geist. Und sie wird einen Sohn zur Welt bringen, der sein Volk selig machen wird von seinen Sünden, weshalb er Jesus gerufen werden soll. Das ist aber alles schon von dem Propheten Jesaja vorhergesagt. Und Jesus wurde zu Bethlehem in Juda geboren, als Herodes dort König war. Und als er geboren war, kamen drei Magier aus dem Orient, die erfahren hatten, daß jetzt der Heilskönig Israels geboren sei, den die alten Propheten angekündigt hatten. Mit Hilfe eines wunderbaren Sterns fanden sie den Geburtsort Jesu und beteten dort an seiner Wiege, bevor sie wieder umkehrten, ohne jedoch dem Herodes anzuzeigen, welches der neugeborne König der Juden sei, den Herodes hatte lassen umbringen wollen. Für ihn ließ Herodes dann alle männlichen Kinder bis zu zwei Jahren töten. Joseph war aber mit seiner Frau Maria und dem Kinde nach Ägypten geflohen. Er blieb dort, bis Herodes gestorben war. Nach der Rückkehr und nachdem er schon größer geworden war, ließ Jesus sich, wie viele andere Juden auch, von Johannes im Jordan taufen. Johannes aber sah, wie sich nach der Taufe der Himmel über Jesus öffnete, und der Geist Gottes wie eine Taube über Jesus herabkam und eine Stimme sagte: Dies ist mein lieber Sohn, an welchem ich Wohlgefallen habe.

Evangelium nach Matthäus, Kap. 1–3

1. Das Matthäus-Evangelium ist im Neuen Testament das erste der vier Evangelien und wird allgemein der ersten judenchristlichen Generation nach dem Tode Jesu in Palästina zugeschrieben. Es legt wie alle anderen Evangelien der Bibel das Schwergewicht auf die Predigttätigkeit Jesu und seine Leidensgeschichte. Es ist vom Charakter her eine Lehrschrift. Die übermittelten Reden und der Bericht über Jesu Leiden und Sterben sowie seine Wundertaten erheben durchaus den Anspruch, wahr zu sein, d.h. als historiographische Quelle zu gelten. Der gesamte Text ist die Arbeit eines schriftstellerischen Redaktors, der verschiedene ihm vorliegende Quellen, vorwiegend wohl mündlicher Tradition, zusammengestellt hat, im übrigen nach einem Schema, das auch die drei anderen Evangelisten verwenden. Die Ähnlichkeit in der Stoffwahl und Ausdrucksweise der drei ersten Evangelien hat dazu geführt, sie als ›synoptische Evangelien‹ zu bezeichnen. Ihre Funktion als liturgische Texte, die in gottesdienstlichen Versammlungen verlesen wurden, wird von den Autoren zunächst nicht beabsichtigt sein, sie ist ihnen aber im Laufe der ersten Jahrhunderte zugewachsen. Wir müssen davon ausgehen, daß die Versammlungen der ersten Gemeinden um die Mitte des gemeinsamen Abendmahles als Gedächtnismal an den Tod Jesu viel mehr die mündliche Rede gekannt haben als die Lektüre schriftlicher Werke, zumal die wenigsten Gemeinden einen ganzen biblischen Text besessen haben dürften. Vom Typ her waren die ersten christlichen Gemeinden Mysterienkultvereine, die sich um das Geheimnis des gestorbenen und auferstandenen Jesus scharten, der ihnen als Garant ihrer unmittelbaren Erlösung galt.

2. Das Interesse der ersten Gemeinden an dem Leiden und Sterben ihres Gottes und an seiner Auferstehung als Überwindung des

Todes verdrängte alle Erinnerungen an seine Kindheit, sofern es überhaupt solche gegeben haben kann. Die bei Matthäus erzählte Geburtsgeschichte will nur zeigen, daß dieser Jesus kein normaler Mensch gewesen ist, sondern einen außergewöhnlichen Vater, Gott, gehabt hat, der ihn mit der Hilfe des Geistes gezeugt hat. Dieser mythologische Topos von der Beteiligung des Geistes an Schöpfung und Zeugung war nicht nur bei den Juden tradiert, sondern auch bei den verschiedenen gnostischen Gruppen im 1. Jahrhundert und war durchaus nichts Außergewöhnliches; er legitimiert den Gott. Dabei ist und bleibt unerheblich, daß in den Berichten logische Brüche vorliegen wie z. B. der Umstand, daß erst nach der Taufe Jesu der Geist Gottes in Gestalt einer Taube auf den Knaben bzw. jungen Mann herabfährt, der doch schon nach den Aussagen in Kapitel 1 vom Geist Gottes gezeugt war. Hier wird nur deutlich, wie der Autor verschiedene Berichte kompiliert hat, wobei ihm der Respekt vor der einzelnen Quelle verbietet, logisch einsichtige Korrekturen vorzunehmen.

3. Mythologisch gewichtig ist bei Matthäus 1 der Hinweis auf das Ahnenregister Jesu, welches ein mythologisches Zeitenschema von dreimal 14 Generationen seit Abraham aufführt, wobei 14 ja zweimal sieben ist. Dieses Register endet mit Vers 16: »Jakob zeugte Joseph, den Mann Marias, von welcher geboren ist Jesus, der genannt wird Christus.« Josephs Vaterschaft aber wird nicht bestätigt. Die von manchen Exegeten geäußerte Ansicht – ursprünglich habe das Schema noch die Vaterschaft Josephs enthalten, auf die ja die gesamte Ahnenreihe zielt; sie sei erst dem Redaktor Matthäus anstößig erschienen und von ihm getilgt worden – ist nicht völlig von der Hand zu weisen. Aber für die Mythologie bleibt entscheidend, daß der Text hier Neigungen der Autoren der ersten nachjesuanischen Generation folgt, alles zu tilgen, was auf eine natürliche Geburt Jesu hinweist. Das nur wenige Jahre ältere Evangelium nach Markus verzichtet völlig auf eine Geburtsgeschichte und Berichte über die Kindheit Jesu, und beginnt seine Darstellung gleich mit der Wirksamkeit des Täufers Johannes und der Taufe Jesu.

(b)

Es begab sich aber zu der Zeit, als die Mutter des Täufers Johannes, Elisabeth, schon im sechsten Monat schwanger war, daß ein Engel Gottes, nämlich Gabriel, zu der Jungfrau Maria geschickt ward, um ihr anzukündigen, daß sie schwanger würde noch vor dem Vollzug der Ehe mit ihrem Verlobten Joseph: Du hast Gnade vor Gott gefunden, du wirst einen Sohn gebären, den du Jesus nennen sollst, und er wird ein Sohn des Höchsten genannt werden, und Gott wird

ihm den Stuhl seines Vaters David geben, und er wird ein ewiger König sein. Der heilige Geist wird über dich kommen, und die Kraft
des Höchsten wird dich überschatten, und darum wird dein Kind
Gottes Sohn genannt werden. Als Maria das vernommen hatte,
stimmte sie dem Boten zu und begab sich sofort zu Elisabeth.

Als nun die Zeit ihrer Niederkunft herangekommen war, war
Maria aber nicht in ihrem Wohnort, sondern sie war mit ihrem
Manne Joseph nach Bethlehem gezogen, weil ein Gebot des Kaisers
Augustus allen befohlen hatte, sich wegen einer Steuerschätzung an
den Ort der Familienherkunft zu begeben. Und Joseph stammte
aus Bethlehem. Und als sie daselbst waren, kam die Zeit, daß sie ge-
bären sollte, und sie gebar ihren ersten Sohn und wickelte ihn in
Windeln und legte ihn in eine Krippe, denn sie hatten sonst keinen
Raum in der Herberge. Es kamen aber gleich nach der Geburt Jesu
Hirten aus der Gegend zu ihnen, denen eine Menge himmlischer
Heerscharen erschienen war, und die hatten ihnen gesagt, wie sie
den erstaunten Eltern berichteten: Euch ist heute der Heiland geboren, welcher ist Christus, der Herr, in der Stadt Davids. Dieses sagten die Hirten, und Maria behielt alle diese Worte in ihrem Herzen.

Als sie das Kind aber nach Jerusalem in den Tempel brachten, um
dort so die Pflichten des jüdischen Gesetzes zu erfüllen, bestätigten
auch der greise Simeon und die alte Prophetin Hanna die Verheißungen der Engel. Und Jesus wuchs und nahm zu an Weisheit.

Evangelium nach Lukas, Kapitel 1–2.

1. Das Lukas-Evangelium ist etwas jünger als das Evangelium nach
Matthäus und besitzt ein im Anfang des Buches mitgeteiltes Programm: »Da es schon so viele Berichte über die Geschichte gibt, die
wir erlebt haben, von Leuten, die sie von Anfang an miterlebt haben
und weiter tradierten, habe ich es für sinnvoll angesehen, nachdem
ich alles noch einmal genau untersucht habe, die Geschichte ordentlich gegliedert für dich, guter Theophilos, aufzuschreiben.« Als Verfasser gilt der Arzt und Reisegefährte des Paulus Lukas (vgl. Kolosserbrief 4, 14 u. a.), dem auch die Apostelgeschichte zuzuschreiben
ist. Zweck des Evangeliums ist demnach eine möglichst genaue
Unterrichtung des Lesers über die Geschichten von Jesus, die im
Umlauf waren. Es gilt aber auch hier wie für die meisten antiken Bücher, daß die Widmung an eine ehrenwerte Person – Theophilos –
nicht ausschließt, daß dieses Buch von vornherein einem größeren
Leserkreis zugedacht war. Nicht beabsichtigt war sicher sein Gebrauch bei rituellen Abläufen. Die Sprache des Autors ist ein etwas
unelegantes Griechisch, das verrät, daß der Autor nicht in Grie-

chenland aufgewachsen ist, sondern in einer östlichen Provinz. Gedacht wird an Antiochia.

2. Die hier aus Kapitel 1–2 wiedergegebenen Abschnitte gehören zu den bekanntesten Texten des Neuen Testaments. Auf die Ähnlichkeiten mit der Vierten Ekloge des Vergil ist schon öfter hingewiesen worden. Wie dort muß hier eine ähnliche mythologische Funktion vorausgesetzt werden, die nicht mit literarischer Abhängigkeit zu verwechseln ist. Das hängt mit der das Zeitalter beherrschenden Grundstimmung zusammen, die einen wunderbaren Weltenheiland erwartet, der die unlösbar scheinenden sozialen und politischen Widersprüche der römischen Kaiserzeit lösen wird. Stärker geworden ist aber noch ein anderes Motiv. Der Autor läßt durch die Zeugenaussagen des greisen Simeon und der Prophetin Hanna erklären, daß dieses Kind der Messias Israels sei, und damit bestätigen sie die Wahrheit der himmlischen englischen Aussagen, die ja bislang nur Maria und die wenig glaubwürdigen Hirten gemacht hatten. Die göttliche Vaterschaft wird als selbstverständlich vorausgesetzt.

Mit diesem Programm in den beiden ersten Kapiteln des Buches wird auch der übrige Inhalt programmatisch festgelegt. Ein so auf die Welt gekommenes Wesen kann kein Mensch sein. Mit diesen beiden poetischen Kapiteln wird schon der Abstand zur Jerusalemer Urgemeinde deutlich, die ja noch mehr oder weniger bis zur Zerstörung der Stadt im Jahre 70 mit der jüdischen Gemeinde zusammenlebte. Mit diesem Anspruch aber wurde klar, daß die beiden Religionsgemeinschaften nun keine gemeinsame Basis mehr besaßen. Auch das christliche Verständnis des Alten Testaments war schon ein anderes geworden. Übermächtig prägte das antike Mythologem vom Weltenheiland die alte jüdische Vorstellung von dem kommenden Boten Gottes, der die Welt lenkt und regiert.

3. Die Einsicht, daß mit Lukas eine Gruppe von Christen hörbar wird, die mit Hilfe eines antiken Mythologems ihren Glauben an die Besonderheit des Jesus aus Nazareth ausspricht, läßt den Schluß zu, daß die Anfänge der historischen Biographie Jesu nicht sicher bekannt waren, so daß die anderen Evangelisten im Neuen Testament andere Nachrichten weitergeben. Das Lukanische Programm läßt auch deutlich erkennen, daß es schon um den Dienst am Wort geht, denn der Verfasser zählt sich zu den Dienern am Wort, zu den Hyperetai des Logos. Sein Bericht will deshalb nicht nur das wiedergeben, was wir gemeinhin Fakten nennen, sondern Geschichten mit einer klar erkennbaren Pointe, dem Nachweis, daß dieser Jesus

der Mensch gewordene Logos, der menschgewordene Gott ist. Alle Begebnisse werden diesem Gedanken untergeordnet.

(c)

Als Jesus von den Juden vor den Richtstuhl des Pilatus geschleppt wurde, damit dieser entscheide, ob Jesus ein Verbrecher sei und des Todes schuldig, brachten sie auch vor, er sei ein uneheliches Kind. Unter den Versammelten aber waren einige, die bekundeten, daß Jesus nicht aus unzüchtigem Verkehr hervorgegangen sei, denn Joseph und Maria seien bereits vor Jesu Geburt richtig verheiratet gewesen. Pilatus nahm dieses Zeugnis zu Protokoll und hielt es dann den Gegnern Jesu vor. Deren Anführer aber waren Hannas und Kaiphas, und die fochten nun das Zeugnis an, weil die Zeugen nicht zulässig seien, denn sie wären Proselyten und zudem alle Anhänger Jesu. Pilatus aber ließ sich überzeugen, daß diese Zeugen alle geborene Juden und nicht aus dem Griechentum übergetretene Glieder der Gemeinde waren, die damals bei der Trauung von Joseph und Maria anwesend waren. Als nun aber Aussage gegen Aussage stand, und als Pilatus die Aussagen der Parteien unter Eid ablegen lassen wollte, weigerten sich alle mit dem Hinweis darauf, daß sie nach ihrem Gesetz weder bei Gott noch bei dem Kaiser schwören dürften.

Nikodemus-Evangelium 2,3–5

1. In der sehr umfangreichen Schrift wird der Name des Nikodemus, der aus dem biblischen Johannes-Evangelium bekannt ist, mehrfach erwähnt. Seit dem 8. Jahrhundert gilt er als Verfasser dieser Sammlung von angeblichen »Akten« über den Prozeß Jesu. Solche »Akten« waren der alten Kirche wohl bekannt, hatten aber immer einen anderen Charakter als die Akten heute. Sie waren Berichte über die Taten Jesu und der Apostel und entstanden im 2. Jahrhundert im gesamten östlichen Mittelmeergebiet; sie waren im gesamten Imperium verbreitet. Die Funktion dieser Akten war, zusätzlich zu der moraltheologischen und paränetischen Literatur der Kirche auch noch eine mehr bildhafte Memoirenliteratur zu haben, die anderen Gesetzen folgen kann als die für offiziellen Gebrauch benötigten Schriften.

2. Charakteristisch an dieser Schrift ist die historische Detailtreue, die den Eindruck erzeugt, als sei es buchstäblich so gewesen. Da werden Namen zitiert, die auch aus anderen biblischen Berichten bekannt sind, und Begriffe aus dem alten römischen Prozeßrecht verwendet, die dem Kundigen zeigen, daß es rechtens zugegangen ist. Was aber nicht ganz unwesentlich zu der Nichtanerkennung dieser Texte als orthodoxe geführt hat, ist ganz offensichtlich

die Unbefangenheit, mit der hier von der Geburt Jesu als einer sehr natürlichen und sehr menschlichen Sache erzählt wird. Aus dem Vorfall, daß die Zeugen den Eid verweigern, darf man nicht folgern, daß die Zeugen nicht an die Wahrheit ihrer Aussagen geglaubt hätten, sondern nur, daß der Dichter sehr wohl vertraut war mit Formen jüdischen Rechtes. Wichtig aber ist, daß der Text auf die wundersame Schilderung der Geburt zugunsten der natürlichen Darstellung verzichtet, obwohl er in den nachfolgenden Passagen über Heilungen, Totenerweckungen und die Höllenfahrt Jesu durchaus mythologische Tropen verwendet. Der mythologische Gehalt von jungfräulicher Geburt und göttlicher Vaterschaft ist ganz offensichtlich von unterschiedlichem Gewicht gewesen.

(d)

Joachim und Anna, die Eltern der Maria, hatten ihre Tochter dem Tempel gelobt. Als diese nun das zwölfte Jahr vollendet hatte, wurde sie dem Joseph zur Bewahrung übergeben, denn er war schon betagt und Witwer und Vater mehrerer Söhne. Maria wuchs nun bei Joseph auf, und es begab sich, als sie just beim Purpurweben war, daß ein Engel zu ihr trat und ihr sagte, nachdem er sie begrüßt hatte: Fürchte dich nicht, Maria, du hast Gnade vor dem Herrn gefunden, der über alles ist, und sollst empfangen aus seinem Wort! Als Maria das hört, dachte sie über den Sinn dieser Rede nach, was es wohl bedeuten könne, vom lebendigen Gott zu empfangen und trotzdem wie eine normale Frau zu gebären. Aber der Engel behob ihren Zweifel und klärte sie auf, daß die Kraft des Herrn sie überschatten werde, und ihr Sohn werde heilig und Sohn des Höchsten genannt werden. Sie solle ihn aber Jesus nennen, weil dieser Name bedeutet: Er wird erretten. Maria versprach ihm, alles zu befolgen. Als Joseph nach seiner Rückkehr von einer Reise merkte, was Maria widerfahren war, wollte er sie wegschicken, weil es ihm peinlich vor den Priestern gewesen wäre, zuzugeben, daß er Maria nicht besser bewahrt habe. Aber ein Engel erschien ihm und befahl ihm, Maria bei sich zu behalten.

Just zu dieser Zeit erfolgte das Gebot des Kaisers Augustus, daß sich die Leute in ihre Heimatlisten eintragen lassen sollten. Für Joseph war klar, daß er und seine Söhne nach Bethlehem gehen mußten, aber für Maria war es ihm nicht so sicher. Er hatte sie nämlich bei sich behalten, nachdem der Hohepriester durch ein Gottesurteil die von beiden bezeugte Unschuld hatte bestätigen lassen. Auf der Fahrt, noch vor Bethlehem, kam die Stunde der Geburt Jesu heran. Joseph fand nur eine Höhle, in die er Maria betten konnte, und er machte sich auf die Suche nach einer Hebamme, während seine Söhne bei Maria zurückblieben. Unterwegs fiel ihm nur auf, daß die ganze Natur erstarrt gen Himmel blickte, Menschen und Tiere und auch die Vögel am Himmel; der Hirt konnte seinen Stab nicht bewegen, um die Schafe zu treiben, und die Böcke standen zum Wasser geneigt, konnten aber nicht trinken. Als Joseph das sah und sich wunderte, entdeckte er eine Frau, die auf ihn zukam und, wie sich herausstellte, eine Hebamme war, die auf eine wunderbare Weise sich auf den Weg gemacht hatte. Joseph erzählte ihr kurz, warum er sie brauchte, und die Hebamme ging mit ihm; aber als sie zur Höhle kamen, verhüllte eine lichte Wolke den Ort, und in der Höhle erstrahlte ein mächtiges Licht, aus dem sich langsam die Gestalt eines Kindes abhob. Da fiel die Hebamme nieder und bekannte laut, daß dieses das Heil für Israel sei. Und sie lief fort.

Unterwegs traf sie auf eine Frau mit Namen Salome und erzählte ihr sofort dieses Wunder. Diese wollte das nicht glauben und schwor bei Gott, daß sie das nicht eher glauben würde, bis sie nicht selber mit ihrem Finger die Probe gemacht habe, daß Maria noch jungfräulich sei. Da kehrte die Hebamme wieder mit ihr um und sie gingen zu Maria hinein, und Salome prüfte die Jungfräulichkeit Marias. Plötzlich aber schrie sie auf, denn ihre Hand war verdorrt, mit der sie den Schoß Mariens auf seine Unverletztheit geprüft hatte. Und vor Scham fiel sie nieder und bat Gott um Barmherzigkeit und Nachsicht für ihren Unglauben und um Hilfe, denn mit nur einer Hand konnte sie ja fortan ihren Beruf nicht mehr ausüben. Da kam ein Engel und befahl ihr, das Kind Jesus auf den kranken Arm zu nehmen und zu wiegen, so würde sie genesen. Salome gehorchte dem Engel und ward geheilt. Der Engel aber verbot ihr, davon irgend jemandem etwas zu sagen.

Protevangelium des Jakobus 7–20

1. Das Protevangelium des Jakobus, wie diese Schrift genannt wird, ist eigentlich eine Marienschrift, denn sie handelt vorwiegend von der Mutter Jesu, ihrer Kindheit und ihrer schon wundersamen Geburt. Die Dichtung ist im hellenistischen Orient entstanden, vermutlich schon im 2. Jahrhundert, auch wenn die ältesten Handschriften erst aus dem 4. Jahrhundert datiert sind. Sie ist mehr als nur eine Legendensammlung, sondern offensichtlich eine Dichtung nach einem klaren Konzept. Dieses Konzept könnte spätantiken Isis-Aretologien nachgebildet sein, zumal es alle Tugenden der ägyptischen Göttin enthält wie Treue, Gehorsam, Keuschheit, Mütterlichkeit, Liebe; die späteren Heiligenlegenden sind im übrigen

nach demselben Schema konstruiert, und nur das dichterische Talent des jeweiligen Erzählers bestimmt deren literarische Qualität. Sie gehören zur religiösen Gebrauchsliteratur und scheinen schon seit dem 3. Jahrhundert im liturgischen Gebrauch gewesen zu sein.

2. Das Besondere dieser Geburtsgeschichte ist der Nachweis der Jungfräulichkeit Mariens auch nach der Geburt Jesu. Dieser Knabe sollte nicht wie andere Knaben auf die Welt gekommen sein, sondern als ein Gott, der den Leib der Mutter verläßt, ohne ihn zu verletzen, etwa wie schon Athena dem Haupte des Zeus entstiegen war. Der mythische Charakter der Dichtung ist aber schon sehr verwischt, denn überall scheint die Absicht durch, die historisch nachweisbare Mutter Jesu als etwas Besonderes und Einmaliges darzustellen, sie selbst als schon von göttlicher Geburt zu erweisen. Mythologeme sind etwa die Geburt Jesu in der Höhle, die in einen Tiefschlaf verfallene Natur, das Lichtwunder, wie aus dem Licht in der Höhle das Kind seine Gestalt gewinnt. Diese Motive sind schon in der iranischen Mythologie verwendet, und ihre Adaption in der christlichen Dichtung deutet auf die ähnliche Struktur hin, die Verklärung eines Menschen zum Heros. Analoge Bilder und Motive verweisen ja immer zuerst auf dieselbe Funktion der mythischen Dichtungen. Deshalb ist es in diesem Zusammenhang bedeutungslos, ob es gelingt, den in diese Schrift eingearbeiteten Josephs-Bericht von dem Jakobus-Bericht literarisch zu trennen, denn mythographisch bleibt auch bei dieser Quellenscheidung deutlich, daß es sich bei beiden um den Mythos von der wunderbaren Geburt eines Gottes handelt.

Natürlich gilt auch hier, daß die knappe Darstellung der Geburt und Kindheit Jesu in den kanonischen Evangelien und in den anderen neutestamentlichen Texten es ermöglicht, biographisches Material aus kulturell fremden Überlieferungen in diese christlich-apokryphen Dichtungen einzufügen. Die neutestamentliche Mythologie entwickelte sich aus der Leidens- und Sterbetypologie zum Mythos von Tod und Auferstehung Jesu und mündete in eine esoterische Erlösungsmysteriumsfrömmigkeit, in Mystik. Die außerkanonische christliche Mythologie stellt die natürlichen Vorgänge wie Geburt und Tod dar als beispielhafte Elemente eines universal-kosmischen Vorgangs.

3. Mythentypologisch unterscheidet sich dieses Protevangelium des Jakobus von anderen Geburtsgeschichten Jesu vor allem durch seine klare Entscheidung für die absolute Göttlichkeit Jesu und die seiner Mutter. Schon die Beschreibung ihrer Kindheit zeigt, daß

sie eigentlich schon selbst von göttlicher Natur ist: Sie ist hermetisch von der Welt abgeschlossen, hat nur Umgang mit den Priestern
und übt ein kultisch betontes Handwerk. Es gehört mit zu den Besonderheiten dieses Büchleins, daß es weithin die ganze Kunst des
Mittelalters bestimmt hat. Die Marienleben in der Kunst des Mittelalters und der Renaissance und des gegenreformatorischen Barock
leben aus der Bilderfülle dieser Schrift.

(e)

Als Christus auf die Erde zu den Menschen kommen sollte, erwählte der Vatergott eine gewaltige Kraft im Himmel. Sie hieß Michael. Und er vertraute ihr den Christus an, daß er für ihn sorgte.
Und die Kraft kam in die Welt und wurde Maria genannt. Christus
aber war sieben Monate in ihrem Leibe.

> Zitat aus einem Hebräer-Evangelium bei Kyrill von Jeru
> salem (Bei W. Michaelis, Die Apokryphen zum Neuen Te
> stament, S. 130)

1. Dieses koptische Zitat aus einem angeblichen Hebräer-Evangelium stammt aus dem 3. Jahrhundert, vermutlich aus dem gnostischen Umfeld Syriens. Es ist auch sonst gnostische Mythologie,
daß die göttlichen Urkräfte mannweibliche Wesen sind, hier der
weibliche Michael, der als Maria auf die Erde kommt. Die Zahl Sieben deutet auf die Vollendung hin, die volle Zeit einer Woche beträgt sieben Tage. Aber wichtiger ist der Hinweis auf die göttliche
Herkunft der Mutter Jesu und die absolut göttliche Deszendenz ihres Sohnes, für den sie gewissermaßen nur ein Fahrzeug ist.

2. Es hat vermutlich kein Hebräer-Evangelium im Sinne der anderen Evangelien gegeben, aus dem das Zitat stammen soll: Obwohl auch weitere Zitate daraus bei anderen Kirchenvätern vorliegen. Die Schrift wird mehr eine Lehrschrift gewesen sein, die das
Michael-Maria-Mythologem als eine alte Lehre und als authentische Überlieferung, nämlich als hebräische, ausgegeben hat. Das
Fragment ist ein wichtiges Glied in der Traditionskette des Eindringens außerchristlicher Mythen, deren dogmatische Substrate dann
die von den Konzilen fixierten kirchlichen Lehrsätze werden: Die
Mutter Jesu ist selbst von nichtmenschlicher Qualität.

(f)

In den Tagen des Herodes, des Königs von Juda, taufte Johannes im
Jordan, und es kamen auch Pharisäer zu ihm, um sich von ihm taufen zu lassen. Als nun das Volk sich hatte taufen lassen, kam auch Jesus zu Johannes mit der gleichen Bitte. Johannes ließ ihn auch ungerührt in das Wasser steigen und taufte ihn. Aber als Jesus wieder

aus dem Wasser heraufstieg, öffneten sich plötzlich die Himmel, und er sah, wie der heilige Geist in Gestalt einer Taube herabkam und in ihn einging. Und gleichzeitig ertönte eine Stimme vom Himmel: Du bist mein geliebter Sohn, dich habe ich auserwählt, heute habe ich dich gezeugt. Und sofort umgab ein großes Licht den ganzen Ort. Als Johannes dieses Wunder sah, fragte er: Wer bist du? – Und da antwortete wiederum der Himmel: Dieses ist mein geliebter Sohn, auf den ich mein Wohlgefallen gelegt habe. Da erschrak Johannes und fiel nun zu Jesu Füßen und bat ihn, er möge ihn taufen. Aber Jesus verbat sich diesen Wunsch.

Ebioniten-Evangelium, nach Epiphanius, Panarion 30,13,7 ff.

1. Epiphanius (*403) gibt an, das Zitat aus einem Ebioniten-Evangelium entlehnt zu haben, also aus einer palästinensischen judenchristlichen Quelle, deren Umfang aber nicht mehr festzustellen ist. Deutlich wird aber, daß hier von einer besonderen Geburt Jesu nicht die Rede ist, sondern die Wassertaufe des Johannes bewirkt erst an Jesus die Zuerkennung der Gottessohnschaft. Jesus wird nicht durch Geburt, sondern durch Adoption zum Gottessohn. Dieses Mythologem ist auch in der Antike geläufig gewesen. Es ist ein poetisches Bild für die Besonderheit eines Heros und Bestandteil der Apotheose eines Menschen.

2. Epiphanius meint, daß diese Geschichte der Taufe Jesu nicht biblisch autorisiert ist, denn die Taufformeln des Himmels über Jesus lauten in den Evangelien natürlich anders, lediglich: »Du bist mein lieber Sohn, an dir habe ich Wohlgefallen.« Aber die fast trinitarisch anmutende Dreigliedrigkeit in dem vorliegenden Taufspruch mit der Steigerung von erwählen, zeugen und segnen (Wohlgefallen legen) ist schon ein literarischer Kunstgriff. Epiphanius will sich bewußt von dem neutestamentlichen Taufbericht unterscheiden. Wichtig ist festzuhalten, daß dieses Mythologem von der Erwählung durch die Taufe sich ohne Schwierigkeiten in die späteren großkirchlichen Taufrituale integrieren lassen wird. Die judenchristlichen Ebioniten, aus deren Evangelium Epiphanius die Episode übernommen haben will, sahen aber in Jesus einen Propheten wie Jesaja oder Hesekiel, denen ähnliche Berufungsvisionen zuteil wurden.

(g)

Und in der Fülle der Zeit entsprang dem Schoße Marias
Gott in Kindergestalt als Licht, die Welt zu erleuchten.
Und der dem Himmel entstammt, verschmähte der Menschen Gestalt nicht.

Gabriel ward auf die Erde gesandt, vom Glanze umflossen,
dann sprach zu der Jungfrau die Stimme des himmlischen Boten:
Nimm Holdselige, Gott in deinen jungfräulichen Schoß auf! –
Sprachs und hauchte der Lieblichen ein die göttliche Gnade.
Sie aber faßte beim Hören Erstaunen zugleich und Verwirrung;
Zitternd stand sie vor ihm wie erstarrt, der Sprache nicht mächtig,
klopfenden Herzens, erschreckt von der unvermuteten Botschaft.
Dann aber freute sie sich, und Wärme durchströmte die Glieder;
Bräutlich lachte sie drauf, von Rot übergossen die Wange,
höchlich entzückt, von lieblicher Scham die Sinne befangen,
also faßte sie Mut; und das Wort, in Demut empfangen,
wurde zu Fleisch mit der Zeit, und im Schoße der Mutter
reift es heran zur Menschengestalt und wurde ein Knäblein
durch einer Jungfrau Geburt. Ein großes Wunder den Menschen,
aber kein Wunder vor Gott und Gottes unsterblichem Sohne.
Kaum war geboren das Kind, so ward es mit Jubel empfangen,
Himmel und Erde frohlockten, es lachte vor Freude das Weltall,
und ein prophetischer Stern erregte das Staunen der Weisen.
Bethlehem ward die Heimat des Logos durch göttliche Wahl.

Sibyllinische Orakel, VIII 446–478 (Übersetzung A. Kurfess)

1. Zu den Sibyllinischen Orakeln siehe oben unter I d 1. Die verwendeten Topoi gehen auf die kanonischen Evangelien zurück. Die Logostypologie ist auch schon im Johannes-Evangelium verwendet, dazu siehe oben I a 1. Die Übersetzung in Vers 446 »und in der Fülle der Zeit« meint eigentlich »als die Zeit erfüllet war« und beschreibt innerhalb der Apokalyptik, wozu die Sibyllinen gehören, die vorherbestimmte Endphase der Geschichte des Kosmos.

2. Eine Besonderheit von Buch VIII ist in seiner christologischen Mythologie zu finden, denn der Autor unterscheidet, vermutlich unter Aufnahme gnostischer Topoi, zwischen dem bei Gott befindlichen Sohn und dem gewordenen Gott. Die Geburt ist »kein Wunder vor Gott und Gottes unsterblichem Sohne«. Die innergöttliche Trichotomie ist vermutlich darauf zurückzuführen, daß der Autor dieses Abschnittes in Buch VIII den Logos als Synonym für den Heiligen Geist gesehen hatte: »Bethlehem ward die Heimat des Logos durch göttliche Wahl.«

Der Logos kann nach VIII 439–48 auch als Sohn Gottes aufgefaßt worden sein. Die trinitarischen Spekulationen waren im 2. Jahrhundert noch nicht so weit gediehen, daß aus den trinitarischen Hymnenschlüssen in der neutestamentlichen Briefliteratur sich schon eine stabile Trinitätstheologie entwickeln konnte.

3. Mythologisch bedeutsam ist in diesem Zusammenhang noch die Formulierung in 456: Gott entsprang dem Schoße Mariens in Kindesgestalt »als Licht, die Welt zu erleuchten«. Hier in den Sibyllinen wird (428: »aber auf ewig ersehnt wird das Licht des gewaltigen Gottes«) die Lichtmetaphysik und Lichtsymbolik aufgenommen als hymnische Apposition. Buch VIII der Sibyllinen kennt noch personale Gottesvorstellungen und befindet sich nicht im Schlepptau der Logostheologie und ihrer gnostischen Emanationsphasen.

(h)

Als aber die Stunde der Geburt näher kam, da trat die Macht Gottes offen in Erscheinung. Und Maria stand da und schaute gen Himmel und wurde schneeweiß, denn das Ende der Heilsgeschichte war nahe. Als aber dann das Licht hervorgekommen war, betete Maria den an, den sie geboren hatte. Das Kind selbst aber sandte Strahlen ringsumher von sich aus, die sehr kraftvoll waren, wie Strahlen der Sonne, und war hell und sehr lieblich anzuschauen. Und es verbreitete Frieden um sich. Und das Licht vermehrte sich und füllte die Höhle, und zugleich verbreitete sich ein süßer Duft, der stärker war als der Duft aller Salben und wohlriechenden Öle. Das Licht aber zog sich in sich selbst zurück und verdichtete sich, bis es einem Kinde glich und wurde plötzlich zu einem Kinde, wie Kinder geboren werden. Es hatte aber kein Gewicht, wie sonst Kinder bei der Geburt ein Gewicht haben, und es war auch keine natürliche Verunreinigung an ihm zu sehen, wie sonst bei Neugeborenen, sondern es strahlte eine Heiligkeit und Reinheit aus wie Tau vom Himmel. Es weinte und schrie auch nicht wie andere Kinder, wenn sie geboren werden, sondern lächelte mit dem süßesten Lächeln der Welt, und aus seinen Augen strahlte ein großes Licht.

Lateinisches Kindheitsevangelium (Arundel-Handschrift) 73

1. Dieser Abschnitt aus dem nur lateinisch erhaltenen Kindheitsevangelium ist eine italienische Adaption des 10. Jahrhunderts von dem Berichte im Protevangelium des Jakobus (II d). Es ist nur in der mythologischen Aussage weiter fortgeschritten, indem hier die Lichterscheinung des Kindes, die im Original als Bericht der Hebamme in der Ich-Form erzählt wird, objektiviert mit allen Konsequenzen erzählt wird. Diese Handschrift hat kein Interesse mehr an der natürlichen Geburt Jesu oder der besonderen Rolle der Maria, sondern verfolgt offensichtlich das Ziel, alle natürlichen Begleitumstände der Geburt Jesu zu transzendieren.

2. Das Mythologem von der Geburt in der Höhle oder in einem Felsen hatte seine weiteste Verbreitung unter den spätantiken Mithras-Mysterien gefunden, die sich mit dem Mythos vom Jupiter Sol Invictus verbunden hatten, dessen Geburt am 25. Dezember gefeiert wurde. Die Übertragung dieses Mythologems auf Jesus gehört zu den Begleitumständen des sich ausweitenden Christentums, das verbreitete mythologische Topoi auf seinen Heros übertrug, um so deutlich zu machen, daß sein Heros alle anderen Götter überragte. Nicht mehr Jupiter oder Zeus oder Mithras durften die Träger der Lichtvollmacht sein, sondern der Gott der Christen.

3. Es spricht für die Kraft dieser Mythologeme, daß sie in der altkirchlichen Hymnologie (Lumen Christi) wie in der protestantischen Hymnologie (Morgenglanz der Ewigkeit) bis heute ihren Platz behalten haben. Der vor- bzw. außerchristliche Ursprung dieser mythischen Bilder ist verdrängt worden. Unflektierte Frömmigkeit tradiert solche Mythologeme und stellt damit unbewußt die kulturelle Kontinuität mit dem antiken und indogermanischen Erbe her.

(k)

Es ging von Rom eine Botschaft Oktavians aus, daß sich alle Bürger seines Reiches zwecks einer Zählung an ihren Heimatort begeben sollten. Da machte sich auch auf Joseph mit seinem ganzen Haus, um nach der Burg Bethlehem zu gehen, weil er und Maria, sein Weib, beide aus dem Stamme des Königs David waren, dessen Gerichtsort eben die Burg Bethlehem war. Und so ward ihr auf der Fahrt ein Sohn geboren in Bethlehem, der Stärkste der Söhne, der Mächtigste aller Könige. Und es wurde alles wahr, was früher schon von ihm gesagt war von weisen Männern in vielen Bildern und Zeichen, daß der Menschen Mundherr (bedeutet soviel wie Ratgeber) in Demut kommen würde, um sein Reich zu bauen. Als seine Mutter ihn empfangen hatte, wickelte sie ihn in ein Gewand, sie, die Schönste der Frauen, mit dem schönsten Tuch. Und mit ihren beiden Händen legte sie liebevoll den kleinen Mann, das Kind, in eine Krippe, obwohl er die Macht hatte, Herrscher der Menschen zu sein. Und die Mutter saß vor der Krippe, wachte und wahrte ihren heiligen Sohn selber. Und der Bote Gabriel kam und verkündete den Hirten das Wunder, und die Hirten und viel mächtige Helden kamen dorthin und lobten Gott, den Herrn aller Welten. Die Helden sprachen an dem achten Tage, Fürsten waren manche, sehr treue Freunde, mit der Gottesdienerin Maria, daß er »Heiland« zum Namen haben sollte, so wie es der Gottesengel Gabriel gesprochen hatte mit wahren Worten und der Frau geboten hatte als Bote des Herrn, damals, als sie zuerst den Sohn empfing, »in Lichtstrahlen in diese Welt«.

Heliand, Vers 670–894

1. Der Heliand greift nur auf die vier Evangelien des Neuen Testaments zurück; der Dichter nennt sie ausdrücklich in Vers 35–37. Er will die vier aber in einem Buch zusammenfassen. Die Vorgänge, die er beschreibt, sind den kanonischen Texten entlehnt, nur die Bildersprache ist seine eigene. Er dichtet die Evangelien nach. Diese Bilder aber entstammen dem frühmittelalterlichen Leben Niedersachsens etwa im 9. Jahrhundert.

2. Typologisch wichtig ist die Betonung, daß Maria und Joseph, beide aus königlichem Stamme, beide aus Davids Geschlecht sein sollen und daß die Empfängnis »in Lichtstrahlen in diese Welt« erfolgt sein soll. Wichtig auch ist die Namengebung »Heiland« durch die angereisten Fürsten und der Nachdruck, der auf die Stellung Jesu als König und Herr gelegt wird. Hier sind zweifelsohne die sozio-kulturellen Bedingungen entscheidend für die Bildersprache geworden, die auch die Religiosität geprägt haben dürfte.

›facit‹

Das Bild einer wunderbaren, übernatürlichen Geburt ist im Mythos immer das Bild für die göttliche, transzendentale Qualität des Kindes. Der Mythos erhebt damit für dieses Wesen den Anspruch auf Gehorsam und Unterordnung.

Die verschiedenen literarischen Quellen zeigen, wie die ungesicherte Geburtsgeschichte Jesu ausgeschmückt und variiert wird, zumal es sehr wahrscheinlich ist, daß die Geburtsgeschichte von Lukas 2 nicht in der gesamten alten Kirche bekannt war.

Die Vorstellung, daß Jesus auf natürliche Weise von natürlichen Eltern geboren wurde, wird sehr schnell überlagert und völlig verdrängt von der Vorstellung, daß er als Mensch nur eine Erscheinung Gottes war. Damit zusammenhängend verliert auch seine Mutter ihre Natürlichkeit und wird zur gottgleichen Person. Die Geburt Jesu kann deshalb nur ein kosmischer Vorgang sein.

Fast alle aus den antiken Mythologien bekannten Tropen einer wunderbaren Geburt werden auf die Person Jesu übertragen, um die Göttlichkeit Jesu zu demonstrieren.

III
DER WELTEN-
LEHRER JESUS

Als Jesus einstmals sah, wieviel Leute sich um ihn sammelten, ging er auf einen Berg und lehrte:

Selig sind, die da geistlich arm sind, denn das Himmelreich ist ihrer.

Selig sind, die da Leid tragen, denn sie sollen getröstet werden.

Selig sind die Sanftmütigen, denn sie werden das Erdreich besitzen.

Selig sind, die da hungert und dürstet nach Gerechtigkeit, denn sie sollen satt werden.

Selig sind die Barmherzigen, denn sie werden Barmherzigkeit erlangen.

Selig sind, die reines Herzens sind, denn sie werden Gott schauen.

Selig sind die Friedfertigen, denn sie werden Gottes Kinder heißen.

Selig sind, die um der Gerechtigkeit willen verfolgt werden, denn das Himmelreich ist ihr.

Selig seid ihr, wenn euch die Menschen um meinetwillen verfolgen, seid fröhlich und getrost, es wird euch im Himmel belohnt werden.

Ihr seid das Salz der Erde,
Ihr seid das Licht der Welt,
Ihr sollt nicht wähnen, daß ich gekommen bin, das Gesetz oder die Propheten aufzulösen, denn ich bin gekommen, um zu erfüllen. Ihr habt gehört, daß zu den Alten gesagt ist: Du sollst nicht töten. Wer tötet, der soll des Gerichtes schuldig sein. Ich aber sage euch, wer mit seinem Bruder zürnet, der ist schon des Gerichtes schuldig. Wer aber zu seinem Bruder sagt, du Narr, der ist des höllischen Feuers schuldig.

Ihr habt gehört, daß zu den Alten gesagt ist, du sollst keinen falschen Eid tun und sollst Gott deinen Eid halten. Ich aber sage euch, daß ihr überhaupt nicht schwören sollt, sondern eure Rede sei: Ja, ja. Nein, nein. Was darüber ist, ist vom Übel.

Ihr habt gehört, daß zu den Alten gesagt ist: Auge um Auge, Zahn um Zahn. Ich aber sage euch, daß ihr dem Übel nicht widerstreben sollt, sondern so dir jemand einen Streich gibt auf deinen rechten Backen, dem biete den anderen auch dar, und so jemand mit dir rechten will und will deinen Rock, dem laß auch den Mantel.

Ihr habt gehört, daß zu den Alten gesagt ist: Du sollst deinen Nächsten lieben und deinen Feind hassen. Ich aber sage euch, liebet eure Feinde, segnet, die euch fluchen, tut wohl denen, die euch hassen, bittet für die, so euch beleidigen und verfolgen.

Trachtet am ersten nach dem Reiche Gottes, so wird euch alles Gute zufallen. Gehet ein durch die enge Pforte, und die Pforte ist eng und der Weg schmal, der zum Leben führt, und wenige sind es, die ihn finden, und die Pforte ist weit und der Weg ist breit, der zur Verdammnis führt, und auf ihm gehen viele.

Evangelium des Matthäus, aus Kapitel 5–7, vorwiegend nach Luther.

1. Zu dem Matthäus-Evangelium siehe oben unter II a 1. Hier ist vorwiegend die Übersetzung Luthers zitiert, die sprachlich der poetischen Gestalt bei Matthäus am nächsten kommt. Es handelt sich um die Texte, die zur Bergpredigt zusammengeschlossen sind. Das ist im Matthäus-Evangelium der erste große Redenkomplex, der in Kapitel 6 auch die kürzere Form des Unser-Vater-Gebetes enthält, das von Jesus als Modell für richtiges Beten gelehrt wurde. In dieser Rolle agieren auch im Alten Testament die großen und die kleinen Propheten. Ihre Aufgabe und Funktion besteht in der Entfaltung der Lehren aus dem Gesetz Gottes, von dem gilt, daß das Volk Israel es beschworen hat am Sinai bzw. Horeb. Diese Tätigkeit Jesu befremdet niemanden.

2. Befremdlich neu ist der Inhalt seiner Lehren, in dem er über die sehr vernünftige Ethik der alten Mosesgebote und -gesetze hinausgeht und eine rein altruistische Ethik lehrt. Mit dieser Überspitzung wird das alte Gesetz nicht aufgehoben, sondern erhält eine schärfere Interpretation, weil Jesus mit den logischen Mitteln von Induktion und Deduktion eine Verbindung zwischen dem alten Gesetz und seiner eigenen Interpretation herstellt. Seine Lehre erscheint als völlig neue Alternative zu allem, was bisher gelehrt wurde. Dabei sind die sogenannten Seligpreisungen von der grammatischen Struktur her keine ethischen Normen, sondern sollen offensichtlich verstanden werden als Zustandsbeschreibung der Zuhörer. Die radikalen ethischen Normen folgen erst dieser Schau von Kapitel 5, 1–16. Sie werden jeweils mit der Wendung eingeleitet »Ihr habt gehört, daß zu den Alten gesagt ist...«

3. Die Lehren Jesu bei Matthäus berücksichtigen mehr als in den anderen Evangelien im Neuen Testament eine gewisse Bildung der Zuhörer in Fragen des jüdischen Glaubens und Ritus und Rechts. Und es ist nicht ganz unwichtig, daß in jüdischen außerbiblischen Traditionen ähnliche Vorstellungen wie hier bei Matthäus tradiert worden sind. In der religiösen Mystik des späteren Judentums, des Islam und des im Widerspruch zum alten Gesetz radikalisierten Gebotes der christlichen Kirchen ist der Typos dann sehr verbreitet. Aber der Verfasser dieser Abschnitte im Matthäus-Evangelium will diese Rede Jesu als reale Lehre verstanden wissen. Das Reich Gottes, im Hebräischen die Malkuth Jahwe, ist nämlich etwas sehr real Immanentes, eine Wirklichkeit in dieser Zeit, nicht in einer Jenseits genannten Nachzeit. Wichtig ist auch, daß diese Lehre der ganzen Welt gilt. Mythologisch relevant bleibt, daß dieses »neue Gesetz« seinen Urheber als Gott erweist, irrelevant ist dabei, ob es darin die tatsächliche Lehre des Rabbi Jesus wiedergibt, wie manche Forscher annehmen.

(b)

Als Jesus einmal in der Nähe von Jerusalem auf einem freien Felde war, weil sich viele Leute aus den südlichen Landesteilen um ihn geschart hatten, die von ihm lernen und geheilt sein wollten, sagte er: Selig seid ihr Armen, denn das Reich Gottes ist euer. Selig seid ihr, die ihr hier hungert, denn ihr sollt satt werden. Selig seid ihr, die ihr hier weint, denn ihr werdet lachen.

Selig seid ihr, so euch die Menschen hassen und euch absondern und schelten euch und verwerfen euren Namen als einen bösen um des Menschensohnes willen.

Freuet euch alsdann und seid fröhlich, denn siehe, euer Lohn ist groß im Himmel!
Aber wehe euch Reichen, denn ihr habt euren Trost dahin.
Wehe euch, die ihr voll seid, denn euch wird hungern.
Wehe euch, die ihr hier lachet, denn ihr werdet weinen und heulen.
Aber ich sage euch, die ihr zuhört: Liebet eure Feinde; tut denen wohl, die euch hassen. Segnet die, so euch verfluchen! Bittet für die, so euch beleidigen. Und wer dich schlägt auf einen Backen, dem biete auch den anderen dar. Und wer dir den Mantel nimmt, dem wehre nicht auch den Rock.
Was heißt ihr mich aber Herr, Herr, und tut nicht, was ich euch sage?

Lukas 6, 17–46.

1. Zum Evangelium nach Lukas siehe oben unter II b 1. Hier ist auch wieder vorwiegend Luthers Übersetzung zitiert, weil sie auch für Lukas am weitesten verbreitet ist. In dieser Feldrede ist nur ein Teil dessen verwendet, was Matthäus in seiner Bergpredigt so sehr ausführlich vorgetragen hat. Lukas hat ein anderes Publikum im Auge als Matthäus. Sein Hauptinteresse an einer wohlausgewogenen Darstellung kann auf zu viele rhetorische Details verzichten.

2. Lukas betont mehr als Matthäus den historischen Ausgleich der Gerechtigkeit im Himmel. Seine Eschatologie ist stärker entfaltet. Seine Ethik ist zwar auch sehr rigoros in den Himmeln. Es mag nur auf den Umstand hingewiesen werden, daß es schon zu Zeiten des Lukas Versuche des römischen Staates gab, die andersdenkenden Christen zu kriminalisieren. Man warf Jesus und den Christen Majestätsbeleidigung vor, weil man seine Lehre und sein Denken fürchtete.

3. Den Gedanken von der Nächstenliebe als Mitte des Glaubens hat am stärksten das Evangelium nach Johannes in den Kapiteln 13 bis 17 entfaltet. Dabei erhält die Ethik einen starken Akzent der Liebe zu Jesus oder Gott, der bei Matthäus und Lukas fehlt. Bei Lukas und Matthäus erscheint Jesus in den Reden noch durchweg als der Rabbi.

(c)

In der Heimatstadt Jesu lebte ein Schulmeister, der Jesus zu sich in den Unterricht nahm. Er wollte ihn alle Buchstaben der Wissenschaft lehren und in die Grundbegriffe der Sitte und des Anstands einführen, wie es damals die Lehrer zu tun pflegten. Und er lehrte ihn alle Buchstaben sehr genau. Jesus hörte ihm genau zu und fing an, ihn über das Wesen des Buchstaben A als des ersten der alphabetischen Reihe zu befragen. Der Lehrer war aber nicht in der Lage, ihm seine Fragen zu beantworten. Das erboste Jesus sehr, und er beschimpfte ihn als Heuchler und Dummkopf, der kein Recht habe, Kinder zu unterrichten.

Und vor der versammelten Schülerschaft hielt er eine lange Rede über die Gestalt des Buchstabens A und alle allegorischen Bedeutungen, die sich aus der geometrischen Gestalt des Schriftzeichens A ableiten lassen. Zachäus, so war der Name des Lehrers, geriet in große Verlegenheit und wandte sich an die anwesenden Schüler, die ja auch schon älter waren als das Kind Jesus, denn damals gingen auch erwachsene Leute noch zu den Lehrern: Ich schäme mich vor diesem Kinde, denn ich habe gedacht, einen Schüler vor mir zu haben, den ich unterweisen kann, aber nun habe ich einen Lehrer gefunden, der nicht von dieser Welt sein kann. Ich kann seinen Blick nicht ertragen, denn er könnte mich töten. Dieses Kind kann Feuer bändigen und ist sicher schon vor der Welt erschaffen worden. Ich kann seinem Verstand nicht folgen und sehe mich der Schande ausgesetzt, als alter Mann von einem Kinde besiegt zu werden. Und er wandte sich an Joseph, den Vater Jesu, und bat ihn, dieses Kind von der Schule zu nehmen, weil es sicher etwas ganz Besonderes sei, ein Gott oder ein Engel. Die anwesenden Juden versuchten nun, Zachäus zu beruhigen und ihm Mut zu machen, weiter zu unterrichten. Aber Jesus, der noch dabei stand, lachte über ihr Bemühen und spottete über ihre Absichten, denn er wußte wohl, daß er aus den Himmeln von oben her gekommen war, um die einen zu verfluchen und die anderen zu seinem Vater in die himmlischen Höllen zu führen. Und als Jesus seine Rede beendet hatte, fürchteten sich viele vor ihm, daß er sie verfluchen könnte und sie in die Hölle kämen oder zu Krüppeln würden, andere glaubten ihm und wurden sehr getröstet und waren sehr zufrieden mit ihm. Zachäus aber erkrankte und ward stumm, weil er Jesus nicht glauben wollte.

Ein weniges später erbot sich ein anderer Lehrer, Jesus zu sich in seine Schülerschaft aufzunehmen. Jesus ging sehr gerne hin und trat, als er in das Lehrerhaus kam, sofort an das Lesepult und fing an, den aufgeschlagenen Text zu erklären und das Gesetz Gottes zu erläutern. Als er so voll heiligen Geistes redete, verstummten alle im Raume. Von außen aber kamen viele herzu und noch mehr ließen alles stehen und liegen, als sie von dem Wunder seiner Gelehrsamkeit hörten. Auch sein Vater Joseph war verblüfft. Der Lehrer aber trat zu Joseph und sagte ihm, daß Jesus nun keines weiteren Unterrichts mehr bedürfe, denn er sei dazu nicht in der Lage, und Joseph möge den Knaben wieder mit sich nehmen. Jesus aber lobte den Lehrer wegen seiner klugen Rede und versprach ihm, daß wegen dieser guten Rede auch sein früherer Lehrer wieder genesen und für lange Zeit ein guter Lehrer bleiben würde. Dieses Wunder aber ward so schnell nicht vergessen, und es fand sich so schnell kein anderer Lehrer.

Kindheitserzählung des Thomas 6,1–8,2 und 14,1–15,4

1. Zu der Quelle als einer Sammlung von Begebenheiten aus der Kindheit Jesu, die die kanonischen Evangelien nicht enthalten, siehe schon I c 1. Sie sind natürlich keine Dichtungen des Thomas Israelites genannten Verfassers, sondern Dichtungen, die im Umfeld Palästinas von einem Griechen gesammelt wurden. Kein besonderes Gewicht besitzt der Gegenstand des Unterrichts, der Buchstabe A. Er ist der erste im Alphabet, und es soll nur gezeigt werden, daß der Lehrer schon von Anfang an versagt.

2. Die hier beschriebenen Episoden beschreiben das Kind Jesus als einen Lehrer von übermenschlicher Begabung. Dieser Topos, der auch im Alexander-Roman und in anderen antiken Dichtungen auftaucht, ist geläufiger Bestandteil einer Vita heroica, einer Heroenbiographie, wie sie auch hier ansatzweise vorliegt. Darin werden aus dem Leben des Heros einzelne Episoden nach den Regeln der antiken Romanbeschreibung an einem kalendarischen Lebensweg aufgereiht. Sie können auch an einen Reiseverlauf, versehen mit Informationen über Land und Leute, gebunden sein. Dabei wirkt das Prinzip des Entwicklungsromans anders als zur Zeit der klassischen bürgerlichen Literatur. Wenn dort eine allmähliche Steigerung erfolgt, so liegen im antiken Roman in allen Episoden die Höchstmomente vor. In der vorliegenden Erzählung wird neben der Beherrschung der Wissensinhalte noch die besondere Funktion des Herrschers betont, der keinen Widerspruch oder Tadel verträgt.

3. In den kanonischen Evangelien wird Jesus noch als Rabbiner unter Rabbinen anschaubar, unterschieden von den anderen nur durch seine besondere Lehre. Lehrer oder Rabbiner sein galt als großes Privileg, und nicht nur der »Lehrer der Gerechtigkeit« aus der Gemeinde von Qumran, sondern auch die gnostischen Heroen und Kirchengründer bezeichneten sich gerne als Lehrer und Mittler jenes Wissens, das zur Erlösung führt. Hier allerdings wird die mythologische Funktion des Weltenlehrers gezeigt: »Er wußte wohl, daß er von den Himmeln gekommen war, um die einen zu verfluchen, die anderen in das Haus seines himmlischen Vaters zu führen.«

4. Mythologisch ist der Topos vom Weltenlehrer im persischen Zoroastrismus genauso ausgebildet wie im alttestamentlichen Glauben an Jahwe als Gesetzgeber für die ganze Welt. Altkanaanäische wie mesopotamische oder ägyptische Beispiele können außer Betracht bleiben, weil nur das Vorhandensein des Mythologems wichtig ist, mit dem angedeutet wird, daß die Normen für Moral und Recht, Krieg und Frieden, Kultur und Staat durch die Autorität eines gesetzgebenden Gottes bestehen, und deshalb höher zu achten sind als die Gesetze von Despoten und Königen, die auch dem Willen dieses Gottes unterworfen sind. Deshalb ist auch der geistliche Lehrer wie in der vorliegenden Erzählung dem göttlichen Kinde unterworfen und natürlich unterlegen.

5. Nicht bezweifelt werden soll, daß die Krisenzeiten der römischen Kaiserzeit und das wechselhafte Schicksal der kleinen Nationen im Imperium Romanum die Sehnsucht nach einem Lehrer und einer Lehre förderten, die »nicht von dieser Welt« wären. Die Verehrung des allwissenden Gottes und der Universalität seiner Lehre ist zwar älter als die Krisensituation um die Zeitenwende, sie ist mit der altorientalischen Großreichbildung als Ausdruck des Protestes gegen die absolute Despotie entstanden, aber sie bewährt sich auch in anderen Epochen, zumal sie auch eine Geringachtung aller Philosophenschulen impliziert, die sich diesem Anspruch nicht beugen wollen.

(d)

Als Jesus sein zwölftes Lebensjahr vollendet hatte, war er mit den Eltern nach Jerusalem gezogen, um das Passahfest mit ihnen zu feiern. Auf der Rückreise vermißten ihn die Eltern unter der Reisegesellschaft, und sie begaben sich nach Jerusalem zurück und fanden ihn dort, wie er mit den Gelehrten und Rabbinen im Tempel diskutierte, und alle sich ob seiner Belesenheit wunderten. Maria aber tadelte ihn, weil er ihnen soviel Angst bereitet habe. Die Schriftgelehrten und Pharisäer aber lobten die Weisheit des Knaben und priesen seine Mutter, deren Kind von Gott so gesegnet sei.

Kindheitserzählung des Thomas 19, 1–5.

1. Zur Quelle siehe schon oben unter I c 1. Diese Episode wird auch als Sondergut im Lukas-Evangelium erzählt in Kap. 2,41–52. Hier sei nur angemerkt, daß im arabischen Kindheitsevangelium (siehe Abschnitt e) die Episode noch weiter ausgeführt wird. Notwendige mythologische Anmerkungen werden dort notiert. Hier sei hinzugefügt, daß mit dieser Episode ein Lieblingsthema jüdischer Frömmigkeit thematisiert wird: das Haus Gottes als Lehr-

haus, in dem das theologische Gespräch geübt wird, dessen Meister natürlich Jesus sein muß.

(e)

Als Jesus sein zwölftes Jahr vollendet hatte, wurde er von den Eltern mit nach Jerusalem auf das Jahresfest Passah geführt. Seine Eltern hatten nicht bemerkt, daß der Knabe nach Abschluß der Feierlichkeiten in Jerusalem zurückgeblieben war, und vermißten ihn erst auf der Heimfahrt, nachdem sie schon fast drei Tagereisen von Jerusalem entfernt waren. Sie machten sich auf den Rückweg und fanden Jesus auch im Tempel, wo er mit den Gelehrten disputierte. Mit den Schriftgelehrten erörterte er die Frage, wessen Sohn denn nun der Messias sei. Sie beriefen sich auf die Bibel, und meinten, er sei ein Sohn Davids. Aber Jesus hielt ihnen ein Bibelzitat entgegen, in dem David den Messias seinen Herrn nennt, und es könne doch unmöglich der Vater seinen Sohn einen Herrn nennen. Auf Aufforderung erklärte er ihnen auch noch alle Texte aus den Propheten, die sie nicht verstanden hatten. Und der eine Schriftgelehrte bekannte freimütig, daß er bislang solch Wissen noch niemals gehört habe, und fragte verstört, wer denn dieser Knabe sei.

Und es war dort auch noch ein erfahrener Astronom, der Jesus nach der Astronomie fragte, und Jesus setzte ihm die Zahl der Sphären und der Himmelskörper auseinander, ihre Beschaffenheit und Funktionen, ihre Oppositionen und alle Wirkungsgrade und Berechnungsweisen, beschrieb ihren Verlauf und ihre Bahnberechnungen und zählte ihm alle bekannten astronomischen Werke auf und berichtete kurz ihren Inhalt und alles, was dazu gehört. Es war aber auch noch ein anderer Philosoph anwesend, der in den Naturwissenschaften sehr bewandert war, und der fragte Jesus, ob er auch Medizin studiert habe. Und Jesus antwortete ihm und setzte ihm das Verhältnis von Physik und Metaphysik auseinander, von Hyper- und Hypophysik, die Kräfte des Körpers und seine Flüssigkeiten, ebenso die Zahl der Glieder und Knochen, der Venen, Arterien, Nerven, ebenso den Effekt von Kälte und Wärme, Trockenheit und Nässe, und alles, was daraus folgt; dann erklärte er ihm die Wirksamkeit der Seele im Körper, ihren Sinn und ihre Kraft, nämlich die Fähigkeit zu sprechen, zu lieben, zu hassen, zu begehren, und schließlich sprach er auch von den Verbindungen und Trennungen, und allem, was bisher keines Menschen Verstand gehört hatte. Da beugte sich dieser Philosoph vor Jesus und betete ihn an: O Herr, von nun an werde ich dein Schüler sein und dir ein Diener sein.

Als sie so redeten, kam Maria an und warf ihm vor, daß er ihnen soviel Angst gemacht habe. Er aber sagte nur: Warum sucht ihr mich denn? – Wißt ihr nicht, daß ich im Hause meines Vaters sein muß? – Aber sie verstanden seine Worte nicht. Als die Doktoren und Schriftgelehrten aber erkannten, daß Maria die Mutter Jesu war, priesen sie sie wegen des außergewöhnlichen Kindes, das sie geboren habe. Jesus aber kehrte willig mit den Eltern nach Nazareth zurück und wuchs dort mit seinen Altersgefährten auf.

Arabisches Kindheitsevangelium, Kap. 50

1. Das arabische Kindheitsevangelium ist vermutlich im 8. Jahrhundert in Ägypten entstanden, manche meinen auch, es stamme aus Syrien. Dieser Text unterscheidet sich von anderen apokryphen Dichtungen vor allem in der detailreichen Szenerie. Er enthält sehr viel weniger Episoden als z. B. das Lateinische Kindheitsevangelium, aber diese dann ausführlicher. Der Text steht in der Tradition der ägyptischen biographischen Literatur, die Idealbiographien liebte und auch Pate gestanden haben mag bei der Märtyrerliteratur.

2. Die dreifache Gliederung betont die Besonderheit dieser Szene. Jesus erweist sich nicht nur als Meister in der Theologie, sondern auch in der Astronomie und Mathematik wie in der Medizin, den klassischen drei Wissenschaftsdisziplinen der Antike. Dieser Topos vom Allwissenden gehört zu der synkretistischen Phase kirchlicher Mythopoesie, die nun auf Jesus all jene Eigenschaften überträgt, die bisher andere Götter besaßen. Dabei wird die Grenze zwischen Mythos und Legende schon verwischt.

3. Die historische Situation ist nicht ohne Bedeutung für die Gestalt dieser Episode. Denn im Umfelde dieser arabischen Christen trat der Islam mit dem Anspruch auf, die Summe aller Wissenschaften in sich zu vereinen. Zugleich aber war in der westlichen Kirche der Satz von der Kirche als Stellvertreterin Christi mit dem Papst als höchstem Vertreter entstanden, der auch den Anspruch enthält, daß die Kirche das Wächteramt über alle anderen Wissenschaften beanspruchen dürfte.

4. Die in diesem Abschnitt sehr allgemein gehaltenen Auskünfte über die Weisheit Jesu dürfen nicht darüber hinwegtäuschen, daß in anderen Texten sehr konkrete Aussprüche Jesu als Lehre tradiert wurden. Die neutestamentlichen Evangelien enthalten wie das koptisch-gnostische Thomas- oder Philippus-Evangelium solche Lehrreden. Die Antike kannte diese Form der Mitteilung von autoritativen Lehrsprüchen, von denen nicht selten keiner auf den namengebenden Autor zurückzuführen ist. Zusätzlich zu der antiken

Tradition des Allwissenden wird noch die Stelle der Rede (»das Haus meines Vaters«) als Autoritätsbeweis angeführt.

5. Es ist nicht ganz unwesentlich für das richtige Verständnis dieses Mythologems, zu wissen, daß die gesamte Antike die Rhetorik sehr hoch schätzte und bewertete. Nicht jeder Rhetor konnte bestehen. Die Kunst der Rede ist verlorengegangen, und heute ist kaum verständlich, daß man Rednern gerne und mit wachsender Begeisterung zuhörte. Homers Schilderungen der Rededuelle zwischen den Helden vor den Mauern Trojas sind ein Beispiel, die Klage des beredten Bauern vor dem ägyptischen König oder die Diskussion im Buche Hiob ein anderes. Die mit guten und klugen Worten gewonnene Auseinandersetzung nötigte den Zuhörern stets Respekt ab. Deshalb ist dieses Mythologem von der rhetorischen Überlegenheit Jesu mehr als nur ein Detail in einer biographisch eher zufälligen Episode.

6. Anzumerken bleibt, daß natürlich alle jene Mythologeme von dem sprechenden Säugling in der Wiege oder dem dozierenden Baby aus der arabischen hagiographischen Literatur um Muhammad oder Abraham oder auch Jesu zu demselben Topos gehören, weil die Weisheit und Gelehrsamkeit in der Antike überhaupt hohes Ansehen genoß und die Meisterschaft darin Bestandteil einer Vita heroica war.

(f)

Als die Anhänger Jesu nach seinem Tode sich ängstlich und verzweifelt in ihre Häuser zurückgezogen hatten, und nur noch ein paar Frauen es wagten, an das Grab Jesu zu gehen, kam Jesus selbst zu ihnen. Er trat aber mitten unter die Versammelten, um selbst für sich zu zeugen, weil die verzagten Anhänger Jesu nicht geglaubt hatten, daß die Frauen recht haben sollten, denen der auferstandene Jesus selber erschienen war. Und darum ging er hin und sagte zu ihnen: Kommt her und fürchtet euch nicht. Ich bin euer Lehrer, den du, Petrus, dreimal verleugnet hast. Und nun verleugnet ihr mich wieder. Und er redete vieles mit ihnen und erinnerte sie an alles, was sie gemeinsam mit ihm erlebt hatten, ließ sie seinen geschundenen Leib mit den Nägelmalen fühlen und überzeugte sie so, daß er wirklich der auferstandene Jesus sei. Nachdem er aber dieses alles gesagt hatte, sprachen die Versammelten zu ihm: Du warst freundlich zu uns, hast uns gerettet und dies alles offenbart. Aber wir möchten dich so gerne noch vieles fragen, wenn du erlaubst. Und Jesus antwortete darauf: Ich weiß, daß ihr mir zuhört und euch danach sehnt, mehr von mir zu hören. So fragt nun und behaltet die Antworten im Gedächtnis. Ich freue mich, mit euch zu reden. Und sie fragten ihn nach der Auferstehung von den Toten und vielen Dingen, bis ihnen einfiel, sie könnten mit ihren vielen Fragen Jesus belästigen. Aber Jesus beruhigte sie und sagte ihnen: Ich bin froh, und mein Vater in mir freut sich, daß ihr so forscht und fragt. Eure Furchtlosigkeit beim Fragen läßt mich frohlocken, und es wird euch zum Segen sein. Darauf fragten sie ihn wieder und er sie ebenfalls über dieses und jenes. Gegen Ende aber sagte er ihnen: Geht nun hin und lehrt, und werdet gute Diener und Lehrer und Väter. Aber die Gemeinde ward sehr unsicher und fragte zurück: Herr, hast du nicht zu uns gesagt, einer allein sei unser Lehrer und Vater, der in den Himmeln ist, und wie sollen wir alle nun vielen Kindern Väter, Lehrer und Diener sein? Und er antwortete und sagte zu ihnen: Ihr habt mich richtig verstanden , denn alle, die auf euch gehört haben und an mich geglaubt haben, werden durch das Lichtsiegel, das in meiner Hand ist, versiegelt und durch mich werdet ihr Väter und Lehrer.

Epistula Apostolorum 22, 31, 36, 52.

1. Der koptische Text ist erst seit 1895 bekannt, die äthiopische Übersetzung, die auf ihn zurückgeht, erst seit dem ersten Viertel dieses Jahrhunderts. Die Schrift scheint aber auf eine ägyptische Überlieferung aus dem 2. Jahrhundert zurückzugehen. Die sonst noch im Text angesprochenen Probleme, Auferstehung der Toten, Wiederkunft Christi oder Gebrauch der Sakramente, zeigen, daß der Einfluß der Gnosis noch kaum zu spüren ist. Diese »Briefe der Apostel« genannte Offenbarungsschrift faßt die neutestamentlichen Nachrichten der vier kanonischen Evangelien zusammen und ist ein Gegenbild zu Tatians Diatessaron (Evangelienharmonie), allerdings aus einer ägyptischen, speziell wohl oberägyptischen, Tradition.

2. Es spricht vieles dafür, die Betonung des Lehrers, des Meisters, in der Bezeichnung des Auferstandenen aus der Weisheitslehre und der neutestamentlichen Darstellung Jesu als Rabbi abzuleiten und nicht aus der gnostischen Tradition, die vielmehr ihrerseits auch auf diese Typologie zurückgeht. Es wird aber weniger darum gehen, literarische Abhängigkeiten zu konstatieren, als darum, den Charakter dieser Schrift zu bestimmen. Die Epistula Apostulorum ist eine theologische Dogmatik für ägyptische Christen des 3. Jahrhunderts, die die wichtigsten Lehrsätze in eine Bilderrede kleidet. Urheber dieser Lehren muß Jesus in jedem Falle selber sein.

3. Mythologisch ist weniger die Fülle der vielen theologischen

Darlegungen wichtig, als vielmehr die in den Rahmen eingebauten Beschreibungen des Lehrenden und seine Reaktionen. Er freut sich über die Fragen und lobt die Fragesteller und bezieht dieses auf den Vater in sich. Die Ausdrucksweisen für das besondere Verhältnis Jesus – Gottvater lassen den Schluß zu, daß die Schrift jenseits der klassischen Zweinaturenlehre steht, einer doketischen Christologie zuneigt, und deutlich monophysitisch ist. Der redende Jesus ist in sich selbst genug. Wichtig erscheint auch, daß hier Jesus die Jünger und die in Jerusalem versammelte Gemeinde mit den Funktionen begabt, die eigentlich Gott selbst zustehen.

4. Typologisch gehört diese Schrift natürlich zu jener Gattung, die zur Vergottung der Kirche führt. Wenn im koptischen Text 34 gesagt wird, daß die Auferstehung hier schon auf Erden erfolgt und vollendet wird, so ist dieser Topos der gnostischen Typologie vom erlösten Erlöser nahe. Kapitel 34 antwortet nämlich auf die Frage nach der Auferstehung: »Wahrlich, ich sage euch, die Auferstehung des Fleisches wird geschehen, indem die Seele mit dem Geiste in ihm (dem Leibe) ist.« Fest steht für den Verfasser zudem, daß durch die Versiegelung mit dem Lichtsiegel alle Gläubigen dieselbe Qualität erhalten die Jesus besitzt: Vater und Lehrer zu sein wie sein Vater.

(g)

Es geschah aber, daß Jesus, nachdem er von den Toten auferstanden war, elf Jahre mit seinen Jüngern verbrachte, in denen er sie über die Orte des ersten Gebotes belehrte und über die Orte des ersten Mysteriums, welches auch das letzte Mysterium war, bis zu dem Tage, an dem Jesus zur endgültigen Himmelfahrt aufbrechen wollte.

Aber an einem Vollmondtag im Monat Tybi kam eine Lichtwolke von unbeschreiblicher Größe, Kraft und Schönheit und nahm Jesus aus der Mitte seiner Jünger auf dem Ölberg, und diese gerieten in große Furcht, denn diese Himmelfahrt war von einem Erdbeben und einem Aufruhr in den Himmeln begleitet, und die Jünger glaubten schon, daß Jesus alle diese Orte zerstören würde und daß sie heimatlos zurückbleiben würden. Aber um die neunte Stunde am folgenden Tage taten sich die Himmel wieder auf, und in einer noch wunderbareren Lichtwolke kam Jesus zurück. Und es war ein solches Strahlen und Leuchten, daß die Jünger fast erblindeten und vor Furcht verzagten. Aber Jesus erbarmte sich ihrer Angst und tröstete sie. Sie baten ihn aber, das Licht zu dämpfen. Nachdem das geschehen war, wurden sie wieder mutig und fragten Jesus nach der Ursache dieses Wunders und dem Ziel seiner Reise. Jesus antwortete ihnen, daß sie nun Grund zu unaussprechlicher Freude und zu unendlichem Jubel haben dürften, denn nun wollte er zu ihnen in aller Offenheit vom Anfang der Wahrheit und von ihrem Ende reden, von Angesicht zu Angesicht, ohne Gleichnisse, Parabeln oder andere Deutungen. Denn nun habe er von dem Unaussprechlichen und durch das erste Mysterium die Macht erhalten, von dem Orte der Höhe und der Wahrheit zu reden, ohne ihnen etwas zu verbergen.

Pistis Sophia 1, 2; 2, 1–6.

1. Diese koptische gnostische Lehrschrift ist in einer Handschrift aus der ersten Hälfte des 5. Jahrhunderts erhalten und schon seit etwa hundertdreißig Jahren bekannt. Die Handschrift ist in Ägypten entstanden, und der Text läßt erkennen, daß der Verfasser ein Grieche gewesen sein muß. Es ist einfacher anzunehmen, daß ein Grieche diesen koptischen Text verfaßt hat, als anzunehmen, wie die meisten Bearbeiter, daß dem koptischen Text eine griechische Urschrift vorausgegangen ist.

2. Die Handschrift umfaßt mehrere unterschiedliche Texte, die aber alle gnostische Mythologeme enthalten. Der erste Teil, Pistis Sophia genannt, teilt mit der biblischen Tradition ein paar namentlich bekannte Orte und Personen, wie etwa die einzeln genannten Jünger als Fragesteller oder den Ölberg. Die Fragen der Jünger sind noch durchaus aus einem kirchlich-orthodoxen religiösen Fundus zu erklären, die Antworten des himmlischen Erlösers enthalten nur gnostische Lehrsätze.

3. Mythologisch wichtig ist der Ansatz der Rahmenhandlung. Jesus erscheint eindeutig als der Lehrer der Gnosis, und die Jünger, eingeschlossen Maria und Salome, werden zu Erlösten, indem sie die Belehrung annehmen. Dieser Lehrer ist die Personifikation der Allwissenheit, der Gnosis, deren Kenntnis die Erkenntnis des Wesens von Himmel und Erde möglich macht. Nicht unwichtig ist auch die Korrektur der biblischen Zeitrechnung, wonach Jesus ja nur etwa fünfzig Tage bis zur Himmelfahrt noch bei den Seinen war, in elf Jahre, und die Vision der Gnostiker, schon jetzt im letzten Äon zu leben, also in der Zeit der Vollendung. Dieser Topos von der Vergottung der Gläubigen, einer kollektiven Apotheose, ist eines der Mythologeme außer- bzw. vorchristlichen Ursprungs und hat auf die orthodoxen Kirchen zurückgewirkt.

4. Derselbe Topos von Jesus als dem Lehrer kommt auch noch in anderen gnostischen Schriften vor, beispielsweise in den Büchern des Jesu oder in den gnostischen Apokalypsen der koptischen Bi-

bliothek von Nag Hammadi. Das häufige Vorkommen derselben Topoi in verschiedenen Schriften zeigt, daß der Dialog, das Gespräch zwischen Lehrer und Schüler, ein beliebtes Stilmittel schon im antiken Rom war. Eine Figur, die als Lehrer oder Prophet eingeführt wird, bewegt die Handlung der Dichtung bzw. den Fortgang in der Stoffülle vor allem durch das rhythmische Schema von Frage und Antwort.

5. Die von Jesus Belehrten sind im Vollbesitz aller Erkenntnisse. Das »erste« und das »letzte Mysterium« bezeichnen die Herkunft der Gnostiker und ihre Rückkehr in das Lichtreich, in dem Jesus Wohnung nimmt. Von dort her kommt er, um seine Jünger zu belehren, und dieses Lichtreich ist auch ihre zukünftige Heimat.

(h)

Er, nämlich Jesus Christus, kam in die Welt, sanft und bedächtig, und er wurde zu einem Führer auf dem Wege zur Gnosis in den Schulen. Er lehrte das Wort wie ein Lehrer. Und da kamen zu ihm die Weisen, die glaubten, weise zu sein, um ihn zu prüfen. Er aber überwand sie, denn sie waren wirklich töricht. Sie aber haßten ihn, weil sie nicht wirklich weise waren. Aber nach ihnen kamen die kleinen Kinder zu ihm, denen die Erkenntnis des Vaters gehört. Als sie gestärkt waren, da hatten sie die Einsichten in die Wirklichkeit des Vaters gelernt. Sie erkannten und sie wurden erkannt. Sie wurden verherrlicht, sie verherrlichten ihn. In ihren Herzen wurde das Buch des Lebenden, das lebendig ist, offenbart.

Evangelium Veritatis 19, 14–20,1.

1. Diese koptisch-gnostische Schrift aus dem Anfang des 4. Jahrhunderts greift einen beliebigen Topos aus den kanonischen Evangelien auf und stilisiert ihn um: Die Variation des biblischen Textes Matthäus 18, 1–5 mit der klassisch gewordenen Antwort »Wenn ihr nicht werdet wie die kleinen Kinder« wehrt die Streitfrage unter den Jüngern, wer denn der Größte unter ihnen sei, ab. Menschliche Weisheit ist nichts im Vergleich mit der von Jesus vermittelten Lehre.

2. Die Grenze zwischen Mythos und Legende ist hier in diesem Abschnitt des Evangeliums Veritatis wie in allen anderen gnostischen Lehrschriften nicht überschritten. Die gnostische Anthropologie sieht den Menschen anders als die alttestamentliche oder stoische Anthropologie, für sie ist der Mensch durch eine göttliche Gnadenwahl zum Heil prädisponiert. Den Kleinen, Leistungsschwachen, philosophisch Ungebildeten und theologisch noch nicht verbildeten Menschen gehört die Einsicht in die Wesenheit Gottes. Die Gnostiker sind die schon von der Gnosis Erlösten; nur

weil sie verherrlicht wurden, können sie Gott verherrlichen, nur weil sie erkannt wurden, können sie erkennen.

(i)

Ich, Mani, bin ein Apostel Jesu Christi nach dem Willen Gottes, des Vaters der Wahrheit, von dem ich stamme, der lebt und bleibt in alle Ewigkeit, weil er vor allem existiert hat und auch nach allem noch existieren wird. Alles Geschaffene und alles Zukünftige besteht nur durch seine Kraft.

In (mein Evangelium) legte ich die hervorragenden Mysterien hinein und habe in ihm die größten (geistlichen) Werke verkündet, das Vorzüglichste von dem, was er (Jesus) mir offenbarte. Und er (Jesus) hat gesagt: Alle Geheimnisse, die mir mein Vater geben wollte, habe ich vor den Häresien und den Völkern, ja vor der Welt verborgen gehalten und verhüllt, aber euch habe ich es offenbart nach dem Willen meines Vaters, und auf sein Geheiß werde ich es euch auch wieder sagen.

Lasset uns preisen unseren Herrn Jesus,
der uns den Geist der Wahrheit gesandt hat.
Er kam und er trennte uns von der Planē (= Irrwahn) der Welt,
er brachte uns in seinem Worte einen Spiegel,
wir wurden sehend und sahen das All in ihm.

Lebendiges Evangelium Manis, Kölner Kodex 66, 4–68, 5
Manichaean Psalmbook 9, 2–3

1. Im Manichäismus, jener größten christlich-gnostischen Kirche außerhalb der orthodoxen oströmischen und der katholischen weströmischen Kirche, entstand im 3. Jahrhundert eine Bewegung, die fast die ganze Ökumene umspannte, von Spanien bis nach China. Die beiden Texte sind in Ägypten geschrieben, in griechischer und koptischer Sprache zu Ende des 4. Jahrhunderts. Mani war von Geburt her mit den Lehren des Ostens vertraut und sah in Jesus einen Vorläufer und Propheten wie in Buddha, dessen Aufgabe darin bestand, den Unwissenden und Unbelehrten zur Belehrung und Erlösung zu helfen. Mani verstand sich durchaus als den letzten aller Propheten, als das Siegel der Propheten, bis Muhammad später diesen Ehrentitel für sich beanspruchte (Sure 33, 40).

2. Das typologisch hervorragende Mythologem in diesem Texte ist nun die Kraft der Lehre. Das Wort Jesu selbst ist die Kraft, nicht mehr ein Gott oder ein Heros. Die Person Jesu tritt hinter der Lehre

zurück. Theodor bar Koni, ein orthodoxer Apologet aus dem 6. Jahrhundert, hat in seinem Liber scholiorum noch eine Notiz aufbewahrt, wonach Mani gelehrt habe, Jesus habe sich schon bei der Erschaffung Adams mit betätigt, insofern Adam erst zum Leben erwacht sei, nachdem Jesus ihm das wahre Evangelium gesagt habe.

3. Darin liegt auch der Grund für die Feindschaft zwischen den Kirchen und Mani und seinen Anhängern. Denn die Kirchen verstanden sich ja selber als Stellvertreter Christi und Sachwalter seiner Lehre und seines Geistes. Sie konnten nun nicht zulassen, daß noch ein anderer mit demselben Anspruch auftrat, das wahre Evangelium zu besitzen, und sich und seine Anhänger als Erwählte (electi) bezeichnete, während alle anderen angeblich in Irrtum und Unwissenheit beharrten.

Der Manichäismus erhielt sich in letzten Kleingruppen am Rande der Ökumene bis ins 11. Jahrhundert. Diese Gemeinden verstanden sich durchaus als »Gegenkirche«.

›facit‹

Das Bild vom göttlichen Weltenlehrer gehört in der Mythologie zum Bilde des Weltenlenkers. Im Mythos sind Recht und Ordnung, Wissenschaft, Technik und Religion Bilder für die sozialen Ordnungen, die theonom sein sollen, wie die Welt als Natur demselben Herrn und Gott untersteht. Dieser Gesetz- oder Weisheitsgeber muß Jesus sein.

Die vorgestellten Texte zeigen, wie aus dem Rabbi Jesus von Nazareth, der Israel die Torah, das Gesetz Gottes, lehrt, der Stifter einer neuen Weltordnung wird. Darüber hinaus zeigen die Texte auch schon, daß sich seine Anhänger mit ihm gleichstellen und behaupten, daß sie stellvertretend für ihn wirken und agieren.

Für den Mythos selbstverständlich ist, daß sich Recht und Ordnung wandeln können und keine unveränderlichen ewigen Wahrheiten sind. Sie hängen von der Macht des jeweils regierenden Gottes oder Königs ab, und ihre Autorität steigt oder fällt mit seiner.

IV
DER WELTEN-
HERRSCHER JESUS

Als man Jesus gefangengenommen hatte, brachte man ihn zum Gericht vor Pilatus, der damals Landpfleger in der Provinz war und
für die Einhaltung des römischen Rechtes zu sorgen hatte. Sie hatten ihn aber bezichtigt, er habe sich als König der Juden ausgegeben
und damit natürlich das römische Recht verletzt. Pilatus fragte ihn
also: Bist du der König der Juden? – Jesus antwortete mit einer Ge-
genfrage: Haben das meine Gegner behauptet, oder meinst du es
selber auch? – Pilatus konnte nur antworten, daß er kein Jude sei
und deshalb auch nicht entscheiden könne, ob Jesus sein König sei,
aber die Hohenpriester und das Volk hätten das als Anklage vorgebracht. Jesus aber antwortete ihm darauf: Mein Reich ist nicht von
dieser Welt. Wäre mein Reich von dieser Welt, so hätte ich Leute,
die für mich kämpften, daß ich nicht den Juden ausgeliefert würde.
Aber nun ist mein Reich eben nicht von dieser Welt. Da sprach Pilatus: Aber so bist du doch ein König? – Und Jesus erwiderte ihm:

Du sagst es. Ich bin ein König. Ich bin dazu geboren und in die Welt gekommen, daß ich für die Wahrheit zeugen soll. Wer aus der Wahrheit ist, der höret meine Stimme. Da sagt Pilatus zu ihm: Was ist Wahrheit? – Und nachdem er das gesagt hatte, ging er wieder zu den Juden hinaus und teilte ihnen mit, daß er keine Schuld an ihm fände.

Evangelium nach Johannes, Kapitel 18, 33–39.

1. Das vierte Evangelium vertritt eine eigenständige Tradition. Es ist klar, daß die Mitteilung in Kapitel 1, 14 sich auf einen unmittelbaren Zeugen bezieht, der der Lieblingsjünger Jesu gewesen sein soll mit Namen Johannes. Mit größter Wahrscheinlichkeit ist es in Ephesus in Kleinasien entstanden. Die genaue Kenntnis der Verhältnisse in Jerusalem geht auf den Verfasser zurück, der vermutlich ein gebürtiger Jude war. Es ist sicher erst nach 70 geschrieben. Bestimmt war es für eine Generation von Christen, die kaum noch Augenzeugen vor sich hatte. Anders als die ersten drei Evangelien ist der Verfasser ein Autor mit einer klaren theologischen Konzeption, die fern ist von jeder Verklärung des historischen Jesus, sondern ihn gleich beschreibt als Inkarnation des präexistenten Logos. Die Erinnerungen an den Erdenwandel Jesu werden benutzt, um diese Logoschristologie zu entfalten.

2. Die Passionsberichte der drei anderen Evangelien nach Markus, Lukas und Matthäus beschränken sich bei der Berichterstattung vom Verhör vor Pilatus auf die Frage: Bist du der König der Juden, und die kurze Antwort Jesu: Du sagst es. Sie lassen also den Schluß zu, als sei die Anklage von Jesus für richtig gehalten worden. Nur Johannes führt den Dialog weiter und klärt bei dieser Gelegenheit, daß das Königtum Jesu von anderer Qualität ist, für die aber auch dem Pilatus das Verständnis fehlt.

Was dieses Reich der Wahrheit ist, und wer zu ihm gehört, wird nicht weiter ausgeführt. Für den Hörer damals verband sich damit die gnostische Vorstellung von einem unsichtbaren Reich, zu dem sich alle zugehörig fühlten, die in der Erkenntnis der wirklichen Weltzusammenhänge das Heil für die Welt sahen. Mythologisch bedeutet dieser Gedanke den Verzicht auf die Rolle des Messias als Kämpfer zur Errichtung eines Heilsreiches auf der Welt, wie er in der jüdischen Apokalyptik lebendig war.

3. Von Paulus inspirierte Christen konnten in Kapitel 2 des Philipperbriefes lesen, daß das Besondere an der Rolle Jesu im Heilsplane Gottes mit der Welt der Verzicht des Christus auf die irdische Entfaltung seiner göttlichen Macht war. Und dennoch sollen sich alle anderen Mächte im Himmel und auf Erden zugunsten der

Macht und Herrlichkeit Gottes beugen. Nur die Offenbarung des Johannes greift in der Schilderung des endzeitlichen Gerichtes auf die apokalyptischen Bilder von der Herabkunft des himmlischen Streiters zurück (Kap. 14, 14 oder 19, 11 – 16). Das Johannes-Evangelium gehört zu dem urchristlichen Traditionsstrang, der ein messianisches Selbstbewußtsein Jesu nicht kennt und der die Erinnerungen an den historischen Jesus konsequent stilisiert hat. Die Logoschristologie hat auch die Menschensohnerwartung völlig verdrängt.

(b)

Einstmals spielte Jesus mit dem Sohn des Schriftgelehrten Hannas zusammen. Sie hatten aber Regenwasser in Pfützen gesammelt und dieses in einen selbstgebauten Teich geleitet. Im Spiele machte sich aber der Hannassohn daran, mit einem Stock ein Loch in den Damm des Teiches zu bohren, so daß das Wasser auslief und im Sande verrann. Da wurde Jesus sehr zornig und schalt ihn und verfluchte ihn: Du sollst fortan vertrocknen, wie ein Baum verdorrt, wenn er kein Wasser mehr erhält, und sollst wie ein solcher Baum weder Blätter noch Früchte noch Wurzeln mehr haben. Da verdorrte jener Knabe völlig, und die Eltern kamen und trugen ihren Sohn nach Hause, wobei sie laut über ihr Schicksal klagten. Sie gingen aber auch zu Joseph und klagten ihn an wegen der Undinge, die Jesus tat.

Ein andermal ging Jesus durch sein Dorf, und es geschah, daß ein Kind ihm entgegenlief und ihn an die Schulter stieß. Darüber wurde Jesus sehr zornig und verfluchte es: Du sollst deinen Weg nicht mehr weitergehen! Da fiel das Kind um und war tot. Alle, die das sahen, erschraken sehr und fragten sich, woher diesem Kinde solche Macht zugekommen sei, daß jedes Wort, daß es spräche, sofort Wirklichkeit würde. Und sie gingen zu Joseph, dem Vater Jesu, und wiesen ihn an, seinen Sohn doch besser zu erziehen, damit er nicht fluchen, sondern segnen sollte. Denn mit einem solchen Kinde wollten sie nicht in einem Dorfe wohnen. Und Joseph rief seinen Sohn und nahm ihn auf die Seite und sagte ihm, was die Leute über ihn vorgebracht hatten. Er sagte ihm auch, daß die Leute ja unter ihm litten und ihn fürchteten. Jesus aber hielt ihm entgegen, daß er ihm diese Vorwürfe nachsehen wolle, weil er sie nur den Leuten nachgeredet habe, aber diejenigen, die ihm solches nachgeredet hätten, würden ihrer Strafe nicht entgehen. Und wirklich wurden alle Leute blind, die sich bei Joseph über Jesus beschwert hatten. Und wiederum erschraken alle, die das sahen, über die Macht dieses Kindes. Joseph aber nahm noch einmal seinen Sohn auf die Seite und bedrohte ihn, solches nicht noch einmal zu tun. Jesus aber hielt ihm entgegen, daß daran nichts zu ändern sei, aber sein Vater solle nichts fürchten.

Kindheitserzählung des Thomas 3, 1–3 und 4, 1–5,3

1. Zu der Quelle siehe oben I. c. 1. Die beiden Berichte ähneln sich formal im Aufbau. Diese Strukturähnlichkeit kann ein Indiz für den Sammlungscharakter der Dichtung sein, und die Wiederholung deutet darauf hin, daß das Sujet nicht unwichtig gewesen ist.

2. Die Berichte zeigen, daß der Dichter schon das Kind als Herrn beschreiben will. Wer seinen Unwillen erregt oder ihm zu widersprechen wagt, wird bestraft. Dieses Motiv bestimmte auch schon die Episode aus der gleichen Quelle in III c. Bereits das Kind Jesus agiert als Herr oder Despot. Dieses Mythologem, in den Herakles-Mythen genauso verbreitet wie im Alexander-Roman, ist Bestandteil aller Königstypologien und will von ihnen her verstanden werden, nicht von psychologischen oder theologischen Prämissen. Der Erfolg und die Macht in nebensächlichen wie in hauptsächlichen Aktionen kennzeichnen den Herrscher. Im Mythos gelten ohnehin nicht die Gesetze von Ethik oder Moral, in ihm geht es immer um die Dialektik von Macht und Ohnmacht, Recht und Unrecht, wobei Recht immer das Recht des Stärkeren ist. Die Stärke ist auch in diesem Mythos auf der Seite des göttlichen Kindes zu finden, sein Recht bleibt unbestritten, auch wenn es für Menschen unsägliche Folgen hat.

3. Zur Königstypologie gehört, daß der Wille des Königs oberstes Gebot ist, das nicht bezweifelt oder in Frage gestellt werden kann. Schon das biblische Alte Testament benutzt die Mythologeme der Königstypologie, um die Herrscherfunktion des Gottes Jahwe zu beschreiben. Das Unheil, das Jahwe über die Ägypter hereinbrechen läßt, als sie seine Leute nicht ziehen lassen wollen, berichtet der Erzähler nur als Beweis für die Macht seines Gottes. Wer ihm zuwiderhandelt, büßt es mit seinem Leben. Diese Topoi finden sich in der gesamten mediterranen Mythologie wieder.

4. Beide Episoden zeigen, wie die Gestalt Jesu seit dem 3. Jahrhundert mythologische Topoi an sich zieht, die die kanonische Literatur so explizit nicht kannte, um diesen Jesus als Herrn und König auszuweisen. Motivgeschichtliche Analogien sind dabei weniger Argumente für eine literarische Abhängigkeit als vielmehr Hinweise auf eine ähnliche Funktion. Die Königstypologie wird in der kirchlichen Mythologie dann in der Eschatologie wieder aufge-

griffen, wenn der Christus selber zum Christus Pantokrator wird, d. h. die Einzelbestandteile des Dogmas von der Trinität, der Einheit von Gottvater, Gottsohn und Heiligem Geist, nun auf die eine Person dieser Dreifaltigkeit mit Namen Jesus vereinigt werden.

(c)

Als der Prophet Jesaja einstmals vor dem König Hiskia redete, ward er plötzlich durch eine Vision entrückt, die ihm ein Engel zeigte. Er saß zwar unter den Ratgebern des Königs und war doch von dem Engel entrückt in den ersten Himmel, wo er zu seiten eines prächtigen Thrones Engel stehen sah, die auf unterschiedliche Weise Loblieder dem sangen, der auf dem Throne saß. Als Jesaja nun seinen Begleiter fragte, wer dieser sei, der voller Herrlichkeit auf dem Throne saß, sagte ihm dieser, daß die Herrlichkeit dieses Mannes nichts sei im Vergleich mit der Herrlichkeit dessen, der im siebenten Himmel sei, zu dessen Ruhm und Preis alle diese Loblieder erklängen. Und dann kamen sie in den zweiten Himmel und sahen etwas ähnliches, nur daß die Herrlichkeit des Thronenden noch üppiger und strahlender war als die des Thronenden im ersten Himmel. Da wollte Jesaja niederfallen, um anzubeten. Aber der Engel hinderte ihn daran und gebot ihm, keinen Engel oder dergleichen anzubeten, bis auf den im siebenten Himmel, den zu verehren er ihm anzeigen würde. Und so kamen sie durch sechs Himmel bis zu dem siebenten, von dem der Engel gesagt hatte, daß in ihm auch der Thron Jesajas stehen und seine Krone liegen würde. Und von Himmel zu Himmel wurden Pracht und Herrlichkeit größer, die Lobgesänge noch schöner, und Jesaja sah, daß hier von den Niedrigkeiten der Welt nichts mehr zu sehen war, woraufhin der Engel ihn aber belehrte, daß im siebenten Himmel alles, was auf der Erde geschähe, bemerkt würde. Im sechsten Himmel aber herrschte schon eine andere Ordnung, da standen die Engel nicht mehr paarweise geordnet um einen Thron, sondern sie füllten den Raum und hörten hinauf in die Höhe des siebenten Himmels, wo der Herr aller Herren thronte. Und dort hinauf führte dann der Engel den Jesaja, und die Herrlichkeit war noch vollkommener, und das Licht der anderen Himmel erschien ihm wie bare Finsternis. Und er sah dort Adam, Henoch, die Patriarchen und Gerechten in ihren himmlischen Gewändern, aber sie saßen noch nicht auf Thronen und trugen noch keine Kronen. Dem erstaunten Jesaja aber kündete eine Stimme aus der Mitte allen Lichts, daß auch sein Thron und seine Krone noch frei blieben bis zu dem Tage, da der Geliebte des Vaters, der Christus, hinabgestiegen wäre auf die Erde und nach seinem Kreuzes-

tode wieder in den siebenten Himmel hinaufgestiegen sei, dann
würden alle Gerechten ihre Throne besteigen und ihre Kronen auf-
setzen. Dieses alles sah Jesaja und auch, wie Jesus sich anschickte,
auf die Erde hinabzusteigen, und dort seinen Auftrag erfüllte, und
wie er nach alledem wieder in den siebenten Himmel hinaufkam
und sich mit dem Engel des Heiligen Geistes zur Rechten und zur
Linken des Herrlichen niederließ, den niemand sehen konnte.

Himmelfahrt Jesajas, 1–11

1. Die Himmelfahrt Jesajas ist eine christliche apokryphe Dichtung aus dem 3. Jahrhundert. Nur die äthiopische Fassung ist vollständig erhalten, sie wird aber auf einen griechischen Urtext zurückgehen. Die Beliebtheit des Propheten Jesaja, gefördert durch
die vielen Bezüge in der biblisch-neutestamentlichen Literatur auf
einzelne Jesaja-Texte und die Möglichkeit, an seine Visionen in seinem Buche anzuknüpfen, verführte dazu, diesen Propheten zum
Kronzeugen der himmlischen Welt und damit auch der kirchlichen
Trinitätstheologie zu machen.

2. Die Verwendung der gnostischen Topoi und der jüdischen Engellehre, zu der auch die Lehre von den sieben Himmeln gehört, bestimmen das mythologische Schema, das in dieser Dichtung vor-
herrscht. Nach diesem Schema ist die wahre, erstrebenswerte Welt
das Dasein in den sieben Himmeln, von dessen höchstem Ort die
Geschicke dieser Welt geleitet werden. Eine objektivierbare Ver-
gleichsmöglichkeit war im 3. Jahrhundert die politische Struktur
des Imperium Romanum. Man darf den politischen Machtanspruch der Kirche nicht übersehen, der hier erhoben wird. Jesaja
saß ja nicht zufällig im Rat des Königs, als er entrückt wird.

3. Innerhalb dieses mythologischen Schemas erfährt der Lebensweg Jesu auf der Erde eine neue Wertung. Er ist nur eine kurze Episode, die dazu dienen soll, die ewige Weltordnung durchzusetzen.
Jesus ist der Weltenkönig im Verein mit seinem Vater und dem Heiligen Geist, und seine Unterkönige sind die Gerechten aller Zeiten;
sie werden gekrönt und mit einem Thron beschenkt. Der Verfasser
denkt noch tritheistisch, d. h., die Personen der Trinität sind noch
als Einzelwesen aktiv.

4. Die Beschreibung des Daseins in den Himmeln und der Himmelsreise des Propheten wie der Erdenfahrt Jesu und dessen Rückkehr dürfen dabei nicht als Kritik an zeitgenössischer Kirche oder
Gesellschaft angesehen werden, wie man gemeint hat, sondern als
Ausdruck eines neuen Selbstverständnisses. Der Mensch soll auf eigene Freiheit verzichten und sich erinnern, daß alles im Himmel

vorgezeichnet ist, und alles, was dieser frommen Selbstentäußerung oder Selbstverleugnung schadet, ist Werk des Sammael, des Teufels.

5. Das Buch endet mit der Schilderung, wie Jesaja das Märtyrium erleidet: Er wird lebendigen Leibes zersägt, weil er gewagt hat, von der Wahrheit dieser Wirklichkeit zu reden und dem König und dessen Helfershelfern nachzusagen, daß sie das Werk des Teufels betrieben. Aber für dieses Verdienst sind ihm Krone und Thron im siebenten Himmel sicher. Teufel und Mächte der Welt wie die Engel der unteren Himmel werden gezeigt als vom siebenten Himmel abhängige Kreaturen; der Dualismus von Gut und Böse in dieser Dichtung ist deshalb nur relativ.

6. Diese Dichtung steht in der Tradition der kirchlichen Mythologie von der Verwerflichkeit der Welt sehr am Anfang. Die Welt wird nur als nebensächlich angesehen, aber noch nicht verteufelt. Die Gestalt des großen alttestamentlichen Propheten und sein Ruf waren vermutlich Grund genug, ihn für diese neue Weltsicht als Kronzeugen aufzurufen. Es war auch sonst in der Antike nicht unüblich, große Dichter und Denker als Autoren für jüngere Werke zu wählen, ohne auf die historische Glaubwürdigkeit zu achten.

(d)

Gott ward Mensch und wandelte ganz auf der Erde
Er nahm menschliche Gestalt an, die Knechtsgestalt ...
Er erwählte seine Jünger, den Anfang seiner Herde ...
Die Könige, die von ihm hörten, legten ihre Kronen nieder,
die Fürsten der Erde warfen ihre Siegeslorbeeren ab,
die Reichen der Erde gaben ihren Reichtum hin um seinetwillen ...
... er fesselte die Himmlischen durch sein Licht,
die in der Luft Schwebenden überwand er durch seine Engel
und die Irdischen durch die Macht des Kreuzes ...
... er öffnete die Tore und Riegel der Hölle ...
er strahlte als Licht auf über der Finsternis der Erde ...
... er setzte sich zur Rechten seines Vaters unter den Lebenden ...

Nach einem Psalm des Herakleides,
Manichaean Psalmbook 193–197

1. Zum Text siehe III i 1. Dieser manichäische Psalm auf Jesus ähnelt formal dem Typos der biblischen Thronbesteigungspsalmen Jahwes. Die formalen Ähnlichkeiten der manichäischen Poesie mit der biblischen lassen sich durch die syrische Zwischenstufe erklären, die diesen koptischen Texten vorausging, und dem für Hymnen gültigen antiken Schema. Aus der Fülle der doxologischen Aussagen sind die beigebrachten Zitate die wichtigsten, die von dem

himmlischen König Jesus zeugen. In der Mythologie Manis, des größten christlichen Gnostikers im 5. Jahrhundert, hat Jesus nicht wirklich den Tod erlitten, sondern die Juden haben nur einen Scheinleib gekreuzigt.

2. Mani ist für die kirchliche Mythologie insofern bedeutsam, als in seiner Abwehr die Kirchenväter, allen voran Augustin, der selbst einmal Mani anhing, viele manichäische Topoi aufgenommen haben, ohne diese alle vorher zu »entmanisieren«. In der manichäischen Typologie herrschen sonst für Jesus Appositionen wie Glanz, Licht, Nous vor; er wird gelegentlich auch König der Herrlichkeit genannt, etwa Manichaean Psalmbook 182,19.

3. Mythologisch wichtig ist nur der Gedanke vom guten und gerechten König, als der Jesus hier erscheint. Seine Königsherrschaft erstreckt sich auf alle drei Bereiche des Kosmos, die Wesen und Mächte auf der Erde, im Himmel und in der Unterwelt. Dabei ist das Kreuz schon förmlich zur Waffe geworden.

(e)

Nachdem Jesus von den Toten auferstanden war und die Jünger sich um ihn versammelt hatten, waren sie ratlos, ob sie ihn weiter so fragen könnten wie früher, denn sein Ansehen war nun sehr verändert. Bartholomäus aber nahm sich ein Herz und ging zu Jesus, der schon wußte, was den Apostel bewegte, und darum zu ihm sagte: Ich werde alle deine Fragen beantworten, und selbst das, was du nicht fragst, werde ich dir kundtun. Das erste, was Bartholomäus nicht ruhen ließ, war seine Beobachtung, daß Jesus während der Kreuzigung eine kurze Zeit vom Kreuz verschwunden war, und nun wollte er wissen, wo Jesus in dieser Zeit gewesen wäre. Jesus sagte ihm, daß er während dieser kurzen Zeitspanne in den Hades hinabgestiegen sei, um Adam, alle Patriarchen, Abraham, Isaak und Jakob gemäß einem Auftrag Michaels aus dem Hades heraufzuholen. Bartholomäus erfuhr nun auch noch, wie sich die Befreiung dieser Gerechten vollzogen hatte, daß nämlich Hades angesichts des herannahenden Jesus und seiner Engelscharen in Panik geraten sei, der Teufel ihn aber beruhigt habe mit dem Hinweis, daß Gott niemals auf die Erde herabgestiegen sei. Die Engel aber riefen vor dem Tore zur Hölle: Öffnet eure Tore, ihr Fürsten der Unterwelt, denn der König der Herrlichkeit ist zu euch gekommen. Und so vollzog sich die Ankündigung der Ankunft Jesu in der Unterwelt dreimal. Dann aber überwand Jesus den Teufel und den Hades und führte die Gerechten hinaus und ging an das Kreuz zurück.

Bartholomäus aber stellte nun eine andere Frage, die zu beantworten er Jesus bat, denn er hatte gesehen, wie bei der Himmelfahrt dieser Gerechten einer der Engel gezögert hatte, mit Adam und den Patriarchen in den Himmel zu steigen, und wollte nun wissen, wer dieser Engel gewesen sei. Jesus klärte ihn auf, daß dies der Racheengel gewesen sei, der alle Macht auf Erden vernichten sollte. Aber Jesus hatte ihm geboten, das zu unterlassen, und nur ein kleines Zeichen zu tun. Dieses Zeichen aber waren das Erdbeben und der zerrissene Vorhang im Tempel.

Danach gebot Jesus den Jüngern, sie sollten auf ihn warten, weil er jetzt für eine kurze Zeit in das Paradies müßte, um dort ein Opfer anzunehmen. Das nun wollte Bartholomäus genau wissen, und Jesus erklärte ihm, daß dieses die Seelen der Gerechtigkeit seien, die ihm ein Opfer brachten, weil sie ohne dies keinen Einlaß in das Paradies fänden. Und darauf fragte Bartholomäus: Herr, hast du diese Opfer auch angenommen, als du noch unter uns auf Erden warst und mit uns lebtest? – Darauf antwortete Jesus ihnen: Wahrlich, auch als ich unter euch war, habe ich neben meinem Vater gesessen und die Opfer im Paradies angenommen.

Bartholomäus-Evangelium, Fragen des Bartholomäus, 1–32.

1. Diese apokryphe Evangelienschrift stammt vermutlich aus dem Ende des 3. Jahrhunderts. Der ausgewählte Abschnitt ist in allen Handschriften mehr oder weniger ausführlich überliefert. Bei dem schlechten Erhaltungsgrad der Handschriften mag das zufällig sein, kann aber auch darauf hindeuten, daß die verwendeten Mythologeme ein weitverbreitetes Interesse gefunden haben.

2. Mythologisch bedeutsam ist der Rückgriff auf die biblische Metapher vom »König der Herrlichkeit« nach Psalm 24 und seine Aufnahme in die neutestamentliche Passionsgeschichte. Jesus ist der König auch über die Fürsten der Unterwelt. Die Übertragung des Verhältnisses Fürst bzw. König – Untertan auf das Verhältnis Gott – Mensch war ja schon in der altorientalischen Mythologie geläufig, ebenso auch in der ägyptischen und der antiken. Damit geht der Titel des absoluten Herrschers, König über die Fürsten – mythologisch entspricht das dem Anspruch, die Macht über die anderen Götter zu haben –, auf Jesus über.

3. Gewichtigster mythologischer Topos ist aber die Vorstellung, daß Jesus schon zu seinen »Lebzeiten« eschatologische Funktionen wahrgenommen hat, wie in der Antwort auf die Frage des Bartholomäus deutlich wird. Seine Gottgleichheit bzw. Göttlichkeit wird damit behauptet bzw. diese dogmatische Fixierung der Trinitätsaussagen bildhaft vorweggenommen. Jesus ist schon als der Wander-

prediger in Galiläa der Gott, der neben seinem Vater gleichberechtigt die Pforten des Paradieses bewacht.

4. Seine Königswürde wird auch darin dokumentiert, daß er den Racheengel eigentlich unverrichteter Dinge in den Himmel zurückschickt, der vom Vater herabgesandt war, um die Welt zu richten. Der Dichter hat die logische Differenz zwischen den beiden Absichten der beiden Götter nicht harmonisiert, sondern sie bewußt bestehen lassen. Jesus erweist sich schon als der Stärkere, der einen Entschluß des Vaters unwirksam macht. Es gehört ins mythologische Schema, daß der jüngere Gott immer der stärkere Gott ist.

5. Auf die Besonderheit dieser Dichtung bezüglich des himmlischen Strafgerichtes muß an anderer Stelle eingegangen werden. Wichtig bleibt, daß diese Schrift die Parusieerwartung nicht mehr teilt, sondern das richtende und begnadende Handeln Jesu als einen Prozeß beschreibt, der die ganze Weltgeschichte begleitet.

(f)

Zuerst war das Reich der Ägypter mächtig, Assurs auch und Babylons, und darauf das der Meder und Perser. Aber dann kam die Herrschaft der Makedonier, und diese beendete die Willkürherrschaft der Römer. Und alle diese Reiche zeichneten sich aus durch Habsucht, Mord, Terror und Unterdrückung der Völker, Rechtlosigkeit und Tyrannei. Unter ihrer Knechtschaft verloren alle Länder ihre fruchtbaren Äcker, die Menschen verloren mit ihrer Freiheit ihren Frohsinn und ihre Heiterkeit und Schöpferkraft, die Natur ihre Gezeiten von Fruchtbarkeit und Ernte, und selbst die Gestirne gerieten durcheinander. Aber Gott der Allmächtige sandte die Könige, damit sie das Gesetz der Zeiten vollkommen machten. Und diese Könige waren groß und mächtig, zum Teil auch segensreich, aber unfähig, den Untergang der Welt aufzuhalten. Und alle bislang blühenden Siedlungen werden wie dürre Sandhaufen sein, wenn endlich »der heilige Herrscher das Szepter über den Erdkreis führen wird«, wenn der König kommen wird, der auf einem Esel reitet, sehr sanftmütig, aber mit starkem Gerechtigkeitssinn.

Sibyllinische Orakel VIII, 1–370

1. Zum Text siehe oben unter I d 1. Die vorstehende Skizze zeigt, wie der Dichter die Ankunft des Königs Jesus vorbereitet. Er kommt als endzeitlicher König und löst die römischen Kaiser ab. Seine Ankunft kündigt das Ende des alten Äon, der Welt, an. Spielten schon die Könige des alten Äon ihre Rollen im göttlichen Plan, so vollendet der neue König das Zeitalter und bringt eine neue Zeit, in der die Menschen nach seinem neuen Gesetz leben werden. Er

wird kein Despot sein wie die alten Cäsaren, sondern ein freundlicher Heiland der Welt.

2. Mythologisch bedeutsam ist die Symbiose zwischen dem Weltenherrscher im Gefolge der altorientalischen und römischen Kaiserideologie und dem sanftmütigen, gerechten König, auf einem Esel reitend, aus der messianischen Erwartung des Judentums: Die der biblischen Metaphorik, vor allem der prophetischen Literatur entlehnten Bilder verselbständigen sich unter dem Einfluß der hellenistischen Bewegung. Was in der alttestamentlichen Metaphorik noch Bild war, Jahwe als König der Himmel und aller Könige, wird nun schon zur Hypostase, zum realen Erscheinungsbild Gottes selbst. In den Oracula Sibyllina ergreift der Mythos die metaphorischen Prämissen jüdischer Frömmigkeit und verwandelt sie.

3. Die Oracula Sibyllina verwenden bedenkenlos die typischen Bilder der Apokalyptik vom Weltuntergang. Diese verlieren nicht ihre Anziehungskraft für die, die sehnsüchtig der heilen Welt der Vorvergangenheit nachtrauern. Hier hat der Weltuntergang nur die Funktion, als Topos für das Unterscheiden zwischen dem guten und gerechten und den bösen und unrechten Königen zu dienen. Diesem Mythologem sind hier die realen Ereignisse, der Untergang der Weltreiche, untergeordnet. Sie sind und bleiben Chiffren, deren realer Sachinhalt bedeutungslos ist.

(g)

Als der Apostel Paulus nach Rom kam, fand er dort schon eine große Anzahl von Christen vor, die sich um seine Predigten scharten. Zu ihnen zählte auch Patroklus, der Mundschenk des Kaisers Nero. Der kam einmal zu spät zu dem Haus, in dem Paulus lehrte, und fand die Tür verschlossen. Darauf erklomm er von außen einen Fenstersims, um von dort zuzuhören. Als er dabei den Halt verlor und in die Tiefe stürzte, starb er. Paulus aber hatte den Vorfall im Geiste gesehen und schickte Leute hin, die den toten Jüngling holen mußten. Nachdem er in ihre Mitte gebracht worden war, beteten die Versammelten für ihn, und plötzlich kam er wieder zu sich und konnte bald darauf mit den anderen Knaben aus dem Kaiserhaus in den Palast zum Dienst zurückkehren.

Inzwischen aber war die Nachricht von dem Tode des Patroklus, dessen Leiche man auf der Straße hatte liegen sehen, bis in den kaiserlichen Palast gedrungen, und Nero hatte einen anderen zum Mundschenkdienst bestimmt. Als nun Nero vernahm, Patroklus sei wieder lebendig und zum Dienst bei Tisch erschienen, erschrak er sehr und ließ den Knaben rufen, um zu erfahren, wie er wieder ins

Leben zurückgekehrt sei. Patroklus antwortete: Das war Christus Jesus, der König der Äonen! Darüber erschrak der Kaiser noch mehr, denn er hatte erfahren, daß dieser König der Äonen mächtig über alle Äonen sei und alle anderen Königreiche der Welt vernichten würde. Patroklus bezeugte dieses vor Nero und fügte hinzu, daß Jesus der König sei, der als einziger alle Könige überdauern und in Ewigkeit bleiben werde. Da befahl Nero, ihn und alle anderen aus seinem Hause, die sich zu Jesus bekannten, zu verhaften und alle Christen zu fangen und hinzurichten. Zu denen, die dabei gefangen wurden, gehörte auch Paulus, der im Verhör vor Nero bekannte, daß er Menschen aus allen Völkern für diesen König werben wollte, der einstmals die Welt mit Feuer bekämpfen werde. Daraufhin befahl Nero, daß man alle Christen verbrennen sollte, Paulus aber sollte enthauptet werden.

Martyrium des Paulus (Acta Pauli) 1–4.

1. Die Dichtung greift nicht auf sonst historisch faßbare Nachrichten zurück, sondern ist der Versuch, in der zweiten Hälfte des 2. Jahrhunderts die Gestalt des Apostels auch biographisch lebendig zu machen. Formal ist die Sammelschrift der Paulus-Akten eine Legendensammlung, deren logischer Zusammenhang, auch durch die schlechte Quellenlage bedingt, kaum mehr herstellbar ist.

2. In dieser Legendensammlung sind mythologisch bedeutsam die von Patroklus und Paulus verwendeten Metaphern. Schon seit Vergils IV. Ekloge war die Vision eines endzeitlichen Königs für Christen wie für Nichtchristen ein bekanntes Bild. Das Bild »König der Äonen«, ein auch in der Gnosis beliebtes Motiv, wird hier von dem aus der Großkirche stammenden Autor auf Jesus bezogen. Die Acta Pauli gehen hier den in der neutestamentlichen Tradition angelegten Weg von der messianischen Königswürde des David-Sohnes konsequent weiter.

3. Für den Dichter wie für seine zeitgenössischen Leser ist der Titel »König der Äonen« mehr als nur appositionelle Metapher: Sie assoziieren damit gleichzeitig aus der altorientalischen und römischen Kaiserideologie stammende Begriffe. Der Kaiser selbst war Gott und Herrscher über den Erdkreis und die Zeiten, zu denen nicht nur die Gegenwart, sondern auch Vergangenheit und Zukunft gehören. Den Zeitgenossen war sehr vertraut, wie auf kaiserlichen Befehl selbst Geschichte »umgeschrieben« werden mußte. In ihrer Übertragung auf Jesus wird damit ein Mythologem integriert, das dem biblisch-neutestamentlichen mythologischen Schema noch fremd ist, in dem die Königsherrschaft Gottes noch nicht eindeutig

an die Person Jesu gebunden ist und lediglich nachdrücklich die An-
dersartigkeit des Gottesreiches betont wird (Evangelium des Johannes 18, 36).

›facit‹

Das Bild vom Weltenherrscher ist im Mythos immer Bestandteil des
Topos vom guten und gerechten König, dessen Allmacht wie im
Märchen umfassend ist.

Die in den neutestamentlichen Berichten noch erkennbare Einsicht, daß Jesu Lebenswerk mit seinem Tode erst einmal scheiterte,
wird nicht nur durch spätere neutestamentliche Autoren wie Paulus
umgedeutet, sondern erhält in der kirchlichen Mythologie sehr
schnell ein völlig anderes Gesicht. Es war Gottes Plan, in diesem so
unköniglich wirkenden, gescheiterten Menschen sich als der ganz
andere Gott zu erweisen. Diese theologische Einsicht verblaßte
sehr schnell unter dem übermächtigen Eindruck des römischen
Kaiserkults, dessen Bilderfülle die religiöse Metapher zum Opfer
fiel. Wie das Kind Herakles vollbringt das Kind Jesus Taten, die
zum Topos des Königs gehören. Schon das Kind ist der König, der
Prototyp des Cäsaren.

Der Mythos vom Weltenlenker Jesus, der als Christus Imperator
die Kuppeln über den Apsiden der byzantinischen Kirchen beherrscht, impliziert auch die Vorstellung von der Unbesiegbarkeit
seiner Anhänger, der Kirche.

V
JESUS – HERR DES TODES UND DER UNTERWELT

(a)

Nachdem Jesus am Teiche von Bethesda einmal einen Kranken an einem Sabbat geheilt hatte, und darob ein großes Wundern unter den Leuten anhub, luden die Vertreter des Tempels Jesus vor, um ihn darüber zu befragen. Jesus aber antwortete ihnen: Alles, was ich tue, tue ich in der Vollmacht des Vaters, und was er tut, das kann auch ich tun. Denn der Vater hat den Sohn lieb und zeigt ihm alles, was er tut, und wird ihm noch größere Werke zeigen. Denn wie der Vater die Toten auferweckt und macht sie lebendig, also auch der Sohn macht lebendig, welche er will. Denn der Vater richtet niemanden, sondern alles Gericht hat er dem Sohne übergeben, damit sie alle den Sohn ehren, wie sie den Vater ehren. Wer den Sohn ehrt, der ehrt den Vater, der ihn gesandt hat. Zudem sage ich euch: Wer mein Wort hört und glaubt dem, der mich gesandt hat, der hat das ewige Leben und kommt nicht in das Gericht. Sondern der ist vom Tode bereits zum Leben hindurchgedrungen.

Und außerdem sage ich euch, daß die Stunde kommt, und sie ist schon da, in der die Toten die Stimme des Sohnes Gottes hören, und die auf sie hören, werden leben.

Evangelium nach Johannes, Kap. 5, 17–25

1. Zum Text siehe oben IV a 1. Der Abschnitt setzt die Bekanntschaft mit den Krankenheilungsberichten und den Totenauferweckungen Jesu voraus. Anders als die drei ersten Evangelien entfaltet der Autor an dieser Stelle erneut seine Christologie, die von der Wesenseinheit von Vater und Sohn ausgeht. Die Qualitäten des Vaters besitzt auch der Sohn.

Der Verfasser des Johannes-Evangeliums hat längst die Trennung von der Frömmigkeit und dem Glauben der Juden vollzogen, die in diesem Menschen Jesus von Nazareth nicht den Messias erkennen konnten und erst recht nicht mit einem Sohne Gottes in Menschengestalt mit göttlichen Vollmachten leben wollten.

2. Diese Verteidigungsrede Jesu vor den Juden in Jerusalem enthüllt den Glauben der ersten nachjesuanischen Generation. Jesus besitzt alle Macht Gottes, weil dieser sein Vater ist. Was noch in der Rede Jesu metaphorisch klingt und funktional zu verstehen ist, verstehen seine Gegner sofort metaphysisch. Und gegen diesen Mythos von der Vaterschaft Gottes empört sich das jüdische Glaubensbewußtsein, für das nur fremde Götter in Ägypten, Griechenland oder Rom Söhne zeugen, von denen es aber wußte, daß es Göttchen, keine wirklichen Götter sind.

3. Absicht des Johannes ist natürlich, für die Besonderheit und Einmaligkeit Jesu eine theologische Erklärung zu liefern. Zu dem, was einen Gott von einem Menschen unterscheidet, gehört, daß er Tote auferwecken kann. Deshalb gehört zu den Prädikaten des Christus in der Offenbarung nach Johannes, 1, 17–18, daß er als der Erste und der Letzte, der tot war und nun lebendig ist von Ewigkeit zu Ewigkeit, die Schlüssel der Hölle und des Todes hat. Deshalb berichtet Johannes die Auferweckung des toten Lazarus (Kap. 11) so ausführlich, während die drei anderen Evangelien bei dem Bericht über die Auferweckung eines toten Mädchens (Matthäus 9, 18–28 und die Parallelen bei Markus 5, 22–42 und Lukas 8, 41–58) diese mit den Krankenheilungen verbinden. Und schon dadurch, daß die Rede Jesu, mit der er seine Vollmacht erklärt, vor der Totenerweckung wiedergegeben ist, erhält diese Episode den Charakter eines Bestätigungswunders.

(b)

Ich erinnere euch aber, liebe Brüder, an das Evangelium, das ich euch verkündigt habe und das ich euch so gegeben habe, wie ich es empfing: Daß Christus gestorben ist für unsere Sünden, wie es die Schrift lehrt, und daß er begraben worden ist und am dritten Tage wieder auferstanden, ebenso nach der Schrift, und daß er gesehen worden ist von Kephas und dann von vielen.

So nun Christus so gepredigt wird, daß er von den Toten auferstanden sei, wie können denn etliche unter euch sagen, es gäbe keine Auferstehung der Toten? –

Denn wenn die Auferstehung der Toten nicht existiert, so ist Christus auch nicht auferstanden, und wenn Christus nicht auferstanden ist, so ist unsere Verkündigung vergeblich und auch unser Glaube.

So ist es mit der Auferstehung der Toten: Es wird gesät verweslich, aber unverweslich auferstehen.

Es wird in Unehre gesät, aber auferstehen in Herrlichkeit.

Der Tod ist verschlungen in den Sieg. Tod, wo ist dein Stachel? Hölle, wo ist dein Sieg?

Gott sei Dank, daß er uns den Sieg gegeben hat durch Jesus Christus. Nach dem 1. Korintherbrief, Kap. 15, Verse 1–7, 12–14, 42–43, 55, 57

1. Der 1. Korintherbrief des Paulus ist etwa im Frühjahr des Jahres 57 geschrieben, als Paulus in Ephesos weilte. Das Thema des Kapitels 15 stellt mit seinen Beweisen aus der Schrift des Alten Testaments, aus Psalm 16 und Jesaja 53, den Zusammenhang her mit der Frömmigkeit der Jerusalemer Gemeinde unmittelbar nach dem Tode und der Auferstehung Jesu, wie es in der Apostelgeschichte 13 in der Rede des Paulus in Antiochia und vor allem in Kapitel 2 der Apostelgeschichte in der Rede des Petrus beschrieben ist.

2. Das Bemerkenswerte an diesen Texten ist die Formulierung, die in der Apostelgeschichte mehrfach auftaucht und bei Paulus im obigen Text nur abgeschwächt erscheint: daß Gott Jesus auferweckt hat, bzw. daß er auferstanden ist, damit die Schrift erfüllt würde. Es war für die ersten Christen noch eine unbedingte Voraussetzung, daß ihr Glaube die Erfüllung der im Alten Testament gegebenen Verheißungen war. Dieses Schriftverständnis wurde aber nicht von allen Juden geteilt. Bei genauerem Hinsehen wird heute auch zusehends deutlich, daß diese Art der Lektüre des Alten Testaments, wie sie von den Christen damals geübt wurde, der Gattung dieser Texte nicht gerecht wird.

3. Mythologisch Relevantes enthält der Abschnitt aus dem 1. Korintherbrief nicht. Wichtig ist nur die Rolle, die Paulus der Auferstehung Jesu für die Kirche zuweist. Ohne die Auferstehung Jesu, d. h. des Sieges über den Tod, wären die Christen die betrogensten Menschen. Der Auferstehungsglaube ist eine der Ursachen für die spätere Aufnahme der apokalyptischen Texte mit ihren endzeitlichen Visionen von Gericht und ewigem Leben der Gerechten in die kirchliche Literatur, denn das Christentum war seit Paulus eine individuelle Erlösungsreligion, in deren Mittelpunkt die Lösung des Problems von Sterben und Tod stand, von Sünde und Schuld.

4. Angemerkt werden muß noch zum besseren Verständnis des paulinischen Textes, daß der Tod Jesu verstanden wurde als Versöhnung zwischen Gott und Mensch, weil der Mensch seit Adams Ungehorsam gegenüber Gott im Paradies der ewigen Herrlichkeit und Unverweslichkeit verlustig gegangen ist. Und wie durch eines Menschen Sünde die Verdammnis über alle Menschen gekommen ist, gleichsam »die Sünde geherrscht hat zum Tode, also herrscht nun die Gnade durch die Gerechtigkeit zum ewigen Leben durch Jesus Christus, unseren Herrn« (Römer 5, 21).

(c)

Einstmals starb in der Nachbarschaft Josephs ein Kind, das schon längere Zeit krank gewesen war. Die Mutter des Kindes weinte sehr. Als Jesus, der damals noch ein Kind war, das hörte, ging er in das Haus und trat an die Leiche des Kindes und rührte an seine Brust und sagte: Lebe und sei wieder mit deiner Mutter vereint! – Und sofort schlug das Kind die Augen auf, lachte und war gesund wie nie zuvor. Zur Mutter aber sagte Jesus: Gib ihm Milch zu trinken und denke an mich. Die Leute aber, die dabei waren, wunderten sich und sagten: Entweder ist dieses Kind ein Gott oder ein Bote Gottes. Jesus aber ging wieder zum Spiel mit seinen Kameraden zurück.

Und einige Tage später ereignete sich ein Unfall. Ein Maurer war vom Gerüst gefallen und lag tot am Fuße des Hauses. Rund um ihn standen die anderen Arbeiter und Leute, zu denen die Nachricht gedrungen war, die darüber laut klagten. Als Jesus das hörte, ging er hin, faßte den Verstorbenen an der Hand und sagte zu ihm: Stehe auf und arbeite weiter! Und sofort stand der Mann auf und fiel vor ihm nieder und betete ihn an. Die Leute aber sagten: Dieses Kind ist bestimmt ein Himmelswesen, denn es kann Menschen aus dem Tode retten! Jesus aber ging wieder zu seinen Spielgefährten zurück, als ob nichts geschehen wäre.

Kindheitsevangelium des Thomas, 17, 1–2 und 18, 1–2

1. Zu der literarischen Quelle siehe die Anmerkungen zu I c 1. Wenn auch die Handschrift aus dem 5. Jahrhundert stammt und die Entstehung der Erzählungen im 2. Jahrhundert anzunehmen ist, besteht doch kein Zweifel, daß hier ein älteres mythologisches Schema vorliegt. Dafür spricht die Anonymität von Ort, Person und Zeit. Der Dichter beschreibt nur die Kindheit Jesu, versieht sie aber mit denselben Wundereigenschaften, die aus dem Inhalt der kanonischen Evangelien für das öffentliche Auftreten des Christus bekannt waren. Er will den Nachweis erbringen, daß das ganze Leben Jesu eine Einheit bildet und schon das Kind Jesus über dieselbe Macht verfügte, die der Mann Jesus und der auferstandene Christus besitzt.

2. Wichtig für das mythologische Verständnis der beiden Episoden ist der Umstand, daß die beiden Toten noch nicht alt und lebenssatt waren. Der außergewöhnliche Tod soll nicht unüberwindbar erscheinen. Es gehört zu den Besonderheiten der frühen christlichen Dichtungen, daß sie im Gegensatz etwa zu gnostischer Literatur lebensbejahend sind. Der Tod hat seine unüberwindliche Macht verloren.

(d)

Nach der Auferstehung Jesu gerieten die Ältesten der Juden in Jerusalem in eine nicht geringe Verwirrung, weil sie nicht wußten, wie sie die Ereignisse darstellen sollten. Und so ließen sie nach Zeugen fahnden, unter denen auch die beiden Söhne Simeons waren, der schon lange gestorben war, nämlich nachdem er Jesus als Säugling im Tempel in Jerusalem gesehen hatte. Und seine beiden Söhne waren unlängst gestorben, aber durch Jesus auferweckt worden. Diese beiden schrieben nun ihre Erlebnisse nieder, die sie in der Unterwelt gehabt hatten: Es habe aber in der Nacht der Kreuzigung plötzlich ein sehr helles Licht in der Hölle geleuchtet, und Abraham und alle Propheten seien sich einig gewesen, daß dieses Licht von Vater und Sohn und Heiligem Geist ausgehe und die Zeit der Erlösung ankündige. Und es sei auch Johannes der Täufer aufgestanden und habe sie belehrt, daß nun der eingeborene Sohn Gottes kommen werde, um sie zu erlösen und selig zu machen. Darüber seien alle sehr erstaunt gewesen, nur Adam habe seinen Sohn zu sich gerufen und zu ihm gesagt, er solle nun den Anwesenden erzählen, was ihm von Gott bei seinem Tode mitgeteilt worden sei. Seth war nämlich angesichts seines sterbenden Vaters zum Paradiese geeilt, um von dort das Öl des Ewigen Lebens zu holen. Die Engel aber hätten ihm den Zutritt verwehrt und gesagt, daß dieser Tag erst kommen werde, wenn der Sohn Gottes auf die Erde hinabsteige, und dieser werde die Nachkommen Adams wie auch ihn selbst mit Wasser und Heiligem Geiste waschen und ölen und alle heilen. Darüber hätten sich nun alle Patriarchen und Propheten sehr gefreut. Über ein kurzes sei nun auch Jesus an die Pforte der Hölle gekommen, habe den Hades und Satan überwunden, und Adam und alle seine Nachkommen mit dem Zeichen des Kreuzes gesegnet und versiegelt. Dann seien sie alle zusammen in das Paradies gezogen, wo ihnen schon Henoch und Elias entgegengekommen seien, die den Weg in das Paradies direkt gewonnen und den Tod nicht geschmeckt hätten. Unterwegs im Paradies aber hätten sie auch noch den Schächer mit seinem Kreuz getroffen, dem Jesus versprochen hatte, daß er »noch heute« mit ihm im Paradiese sein würde. Sie, die Söhne Simeons, aber hätten von dem Erzengel Michael den Auftrag erhalten, auf die Erde zurückzukehren und die Auferstehung Jesu und die Befreiung der Toten, die Überwindung der Hölle zu verkünden. Dieses schrieben sie auf, gaben die Rollen den Hohenpriestern und auch Joseph und Nikodemus, und sie entschwanden vor den Augen und waren alsbald nicht mehr gesehen.

Nikodemus-Evangelium 17–27

1. Zur Schrift siehe schon II c 1. Der zweite Teil dieser dem Nikodemus zugeschriebenen Dichtung soll formal die protokollarische Niederschrift der beiden Simeon-Söhne sein. Die vom Dichter gewählte Form soll zusätzlich zu den beiden Personen, die zwar anonym sind, aber durch ihren Vater als besonders glaubwürdig gelten, für die Wahrheit des Dargestellten zeugen. Dieses literarische Kunstmittel, das auch sonst in antiken Romanen üblich war, läßt aber trotzdem den mythologischen Topos erkennen.

2. Mythologisch bedeutsam ist die Aussage dieser Dichtung, daß die Erlösung der Nachkommen Adams schon seit Anfang der Welt geplant war und daß diese nicht wirklich tot, sondern sich nur als Gefangene des Hades in einer besonderen Daseinsform befunden haben, aus der sie nun befreit worden sind. Das Nikodemus-Evangelium vertritt typologisch noch den biblischen Ansatz von der völligen Vernichtung des Hades-Totenreiches durch den auferstandenen Christus.

3. Die namentlich genannten Akteure in dieser Dichtung, Adam, Seth, Henoch, Elias, Jesaja, Abraham und David, spielen auch in den apokryphen Apokalypsen eine ähnliche Rolle. Das berechtigt einmal zu der Annahme, daß diese Dichtung in die judenchristliche Tradition der Alten Kirche gehört, zum anderen aber fixiert sie

eine Anthropologie, die von der Gnosis mit ihrer trichotomischen Anthropologie noch unbeeinflußt ist.

4. Begriffe wie Ölung, Waschung durch Wasser und Geist, haben in dieser Dichtung noch keinen sakramentalen Charakter. Sie sind noch Metaphern für das priesterliche Handeln Jesu. Ihre Sakramentalisierung erfolgt erst im 5. Jahrhundert. Das Nikodemus-Evangelium wird aber damit zu einer Stütze für die spätere kirchliche Sakramentstheologie, die für die kirchliche Praxis eine theoretische Begründung suchte.

5. Unübersehbar ist die Betonung des Kreuzes. Die Versiegelung der Toten mit dem Kreuzeszeichen ist mythologisch die Inbesitznahme der Versiegelten durch den Christus. Die Vorstellung der Inbesitznahme durch Versiegeln war schon Bestandteil jüdischer Anschauungen aus der ägyptischen Totenbuchliteratur. Durch die Kennzeichnung mit ihrem Zeichen nehmen Götter Menschen an und auf und machen sie zu ihresgleichen. Die Versiegelung ersetzt die körperliche Apotheose.

(e)

Als Jesus in das Totenreich gelangt war, unterwarf sich Hades und bekannte: Ich bin besiegt. Aber wer bist du, der hierher kommt und offensichtlich ohne Sünde ist und ohne Schuld, daß ich und alle Teufel keine Macht über dich haben? Du bist klein und doch groß, bist ein Knecht und trotzdem ein Herr, ein Kämpfer und ein König, Herr über die Lebenden und die Toten. Wer bist du, den man ans Kreuz genagelt hat und in ein Grab gelegt, und der desungeachtet hierher kommt als freier Mann und alle unsere Macht und Ordnungen zerstört? – Bist du Jesus, dem durch Kreuz und Tod hindurch die ganze Welt gehört? – Aber Jesus antwortete darauf nicht, sondern ergriff nur den Satan und übergab ihn seinen Engeln und befahl: Bindet ihn an Kopf und Füßen, und dann übergab er ihn dem Hades: Nimm ihn und verwahre ihn gut, bis ich zum zweiten Male wiederkomme.

Der Hades gehorchte und verfluchte den Satan, der ihn um sein Reich gebracht hatte, denn bis auf den Satan waren alle mit Jesus aus dem Totenreich gegangen.

Nikodemus-Evangelium 22, 1–23.

1. Zu dem Text siehe oben II c 1. Wenn in diesem Abschnitt noch einmal auf das Nikodemus-Evangelium zurückgegriffen wird und eine Passage noch einmal etwas ausführlicher referiert wird, so hat das seinen Grund in der Begriffsbildung »bis zu meiner zweiten Parusie«, bis zu meiner zweiten Wiederkehr. Es war schon oben in

Abschnitt IV e 5 gesagt, daß sich im Christentum eine Entwicklung vollzog, die mit der enttäuschten Erwartung zusammenhing, daß Jesus sein heilszeitliches Endreich nicht mehr zu Lebzeiten seiner ersten Gläubigen errichten würde. Erst am Ende der Zeiten und am Ende der Geschichte in der Welt soll nun dieses paradiesische Reich des Messias kommen.

2. Deshalb bleibt der Hades auch im Amt; denn bis zu diesem Tag werden ja noch viele Menschen sterben. Der Tod wird nicht aufgehoben, er soll nur seinen Schrecken verlieren, denn er gilt als besiegt. Auch die Mächte des Bösen werden nicht völlig unschädlich gemacht, sondern nur ihr Obersatrap Satan wird gefesselt und gebunden. Die urchristliche Erfahrung von der Fortexistenz des Todes und der Sünde nach der Auferstehung Jesu benutzt die überlieferten Mythologeme freimütig, um ein Bild zu entwerfen, das Auskunft zu den neu entstandenen Fragen geben kann und Reaktionen bewirkt.

3. Bemerkenswert ist, daß im Nikodemus-Evangelium der griechische Gott Hades als Person auftritt und sein Name nicht auf das Reich beschränkt ist, dem er vorsteht, wie es in der Spätantike üblich geworden war. In der Antike war er noch gefürchtet, weil er den Toten keine Rückkehr in das Leben gestattete, der Mythos vom Sieg des auferstandenen Jesus über ihn gehört deshalb auch noch in den hellenistischen Mythenkranz. Nicht unwichtig ist der Umstand, daß in diesem Text ein antiker Gott in das christliche Pantheon einbezogen wird, das also um die Entstehungszeit um 425 u. Z. durchaus noch nicht auf die Trinität reduziert gewesen sein kann.

4. Der Gott Hades hat vermutlich deshalb seinen Namen so lange auch in christlichen Kulturbereichen behalten, weil das Phänomen des Todes durchaus noch nicht generell im Sinne der christlichen Typologie gesehen wurde.

(f)

In der Nacht vor Sonntag, als die Soldaten das Grab Jesu bewachten, ertönte plötzlich ein gewaltiges Tönen vom Himmel, und die Soldaten sahen, wie sich der Himmel auftat und zwei Männer in strahlendem Lichte vom Himmel herabstiegen und zu dem Grabe gingen. Als sie sich dem Steine vor dem Grabe näherten, rollte dieser von allein beiseite, und die beiden himmlischen Männer gingen in das Grab. Da weckten die Soldaten ihren Hauptmann und die Ältesten der Juden, die sich auch zur Wachmannschaft gesellt hatten, und nun sahen sie alle, wie aus dem Grabe drei Männer herausgingen und hinter ihnen ein Kreuz ging. Der in der Mitte war aber so groß, daß sein Haupt in den Himmel ragte, während das Haupt der beiden Begleiter nur bis an den Himmel reichte. Und dann ertönte eine Stimme vom Himmel: Hast du den Toten gepredigt? – Und da ertönte es vom Kreuze her: Ja! Und alsbald waren die Männer verschwunden, und es kam nur einer aus den Himmeln herab und ging in das Grab hinein. Da liefen sie alle von der Grabstätte fort zu Pontius Pilatus und vermeldeten ihm, was sie gesehen hatten. Und es glaubten alle, daß Jesus Gottes Sohn sei. Pilatus aber gab ihnen darin recht. Alle aber verschworen sich, von diesem Gesicht niemandem etwas zu sagen, denn sie befürchteten, gesteinigt zu werden.

Petrus-Evangelium 35–49.

1. Dieses koptische Fragment eines Petrus-Evangeliums scheint auf das 3. Jahrhundert zurückzugehen, auch wenn die Handschrift vermutlich erst ins 7. oder 8. Jahrhundert zu datieren ist.

Es ist eine apokryphe Dichtung, die dem Petrus zugeschrieben wurde, weil sein Name eine Garantie für Zuverlässigkeit bot, denn er war ja der wichtigste Heilige für die Reichshauptstadt Rom.

2. Inhaltlich greift der Text auf die kanonischen Passionsgeschichten im Neuen Testament zurück. Er geht nur in der genaueren Beschreibung etwas weiter und skizziert die Heimholung Jesu durch zwei himmlische Boten und durch die Szene mit der Befragung aus dem Himmel, ob er den Toten das Evangelium gepredigt habe. Hier erscheint zum erstenmal ausführlicher der Gedanke, daß der hingerichtete Jesus sofort in das Totenreich gegangen sei und dort nichts anderes getan habe, als was er auf Erden tat, zu predigen. Und die Himmelfahrt erfolgt gleich anschließend.

3. Mythologisch bedeutet dieses Bild, daß der Dichter der doketischen Christologie sehr nahekommt. Nur ein Scheinleib muß den umhüllt haben, der selbst im Grabe nicht aufhört, seine eigentliche Funktion, zu predigen, wahrzunehmen.

(g)

Nicht wurde ich verworfen, auch wenn ich es schien,
und nicht ging ich zugrunde, auch wenn man es über mich dachte.
Die Unterwelt sah mich und wurde schwach,
und der Tod spie mich aus und viele mit mir.
Essig und Bitterkeit war ich ihm,
und ich stieg mit ihm hinab in die unterste Tiefe.
Und die Füße und das Haupt ließ er sinken,
weil er nicht zu ertragen vermochte mein Antlitz.
Und ich machte eine Gemeinde von Lebendigen unter seinen Toten,
und ich redete mit ihnen mit lebendigen Lippen,

weil nicht vergeblich sein sollte mein Wort.
Und es liefen zu mir hin, die gestorben waren,
und sie riefen und sagten: Erbarme dich unser, Sohn Gottes!
Handle mit uns nach deiner Freundlichkeit,
und bringe uns heraus aus den Banden der Finsternis!
Und öffne uns das Tor, durch das wir zu dir hinausgehen können,
denn wir sehen, daß sich unser Tod dir nicht naht.
Auch wir möchten mit dir erlöst werden,
denn du bist unser Erlöser!
Ich aber hörte ihre Stimme,
und ich nahm mir zu Herzen ihren Glauben.
Und ich setzte auf ihr Haupt meinen Namen,
denn meine freien Söhne sind sie, und mir gehören sie.

Oden Salomos 42, 10–20
(Übersetzung von W. Bauer)

1. Die Oden Salomos stammen aus einer gnostischen Gruppe jüdischer Provenienz. Ihr christlicher Charakter ist nur notdürftig kaschiert. Sie stammen aus dem ersten bis zweiten nachchristlichen Jahrhundert und waren auch in der Kirche beliebte Lektüre. Der Abschnitt aus Ode 42 bietet keine Verständnisschwierigkeiten. »Den Namen auf das Haupt setzen« (Vers 20) bedeutet versiegeln. Diesen Sprachgebrauch verwenden schon das Neue Testament und die Apokalyptik für die Taufe als Akt der Besitznahme.

2. Die Schilderung der Fahrt Jesu in die Unterwelt und der Dialog mit den Toten erinnern an ähnliche Darstellungen in den anderen Texten dieses Kapitels. Der Erlöser selbst spricht. Er hat trotz aller Marter und Pein den Tod unbeschädigt überwunden. Die doketische Auffassung, die sich dahinter verbirgt, ist unüberhörbar.

3. Die mythologische Grundaussage des Textes, daß der Tod nicht unüberwindlich ist, wird seltsam ergänzt durch die Vorstellung, daß im Totenreich die Gestorbenen wie in einem anderen Leben herumwandern und mit dem Erlöser reden können. Er schafft sich aus ihnen eine »Gemeinde von Lebendigen«. Beobachter haben schon darauf hingewiesen, daß hier eine Übertragung des Bildes vom Totenreich, in das der Erlöser hinabgestiegen ist, auf die Welt des Verfassers erfolgte. Die Welt, die geschichtlich vorfindliche Umgebung des Autors, sei das Totenreich; durch die Taufe erfolgte dabei die Aufnahme in das ewige Leben.

4. Die Auferstehung von den Toten, in der lutherischen Übersetzung auch früher »Auferstehung des Fleisches«, hatte ihren ursprünglichen Platz in dieser Vision von der Hadesfahrt Jesu. Das

Reich Gottes umfaßte immer beide gleichzeitig, die Lebenden und die Toten. Aus dieser religiösen Sicht der Allmacht Gottes, zu der auch die Lehre von seiner lokalen und temporalen Ubiquität gehört, entwickelte sich die Vorstellung von einer künftigen Eschatologie, von einem linearen Zeitablauf, an dessen Ende erst die endgültige Auferstehung erwartet wird. Diese »spezifisch christliche Glaubensüberzeugung« (Harnack), die den Sieg Gottes in die Zukunft verlegt, ist aber grundverschieden von dem Mythos der Hadesfahrt Jesu, der wie die mythologische Darstellung der Hadesfahrt des Orpheus nur die Gegenmacht des Todes, die Gewalt der Liebe, beschreiben will.

›facit‹

Das Bild vom Herrn über Sterben und Tod ist im Mythos Bestandteil des Mythologems vom allmächtigen Herrn und Gott, Götter sind unsterblich.

Die Dichtungen der ersten Jahrhunderte stehen zumeist unvermittelt neben den neutestamentlichen Texten. Einmal vermutlich, weil diese biblisch-neutestamentlichen Texte nicht überall bekannt waren, zum anderen aber bestimmt ein völlig anderes Thema die Fabeln dieser Dichtungen. Es geht nicht mehr um Sterben und Tod des Religionsstifters, sondern um Sterben und Tod der Menschen. Und wie die alten Bestattungssitten vom Christentum übernommen wurden, so drangen auch die alten Mythologeme von Sterben, Tod und Sein nach dem Tode ungehindert in die kirchliche Mythologie ein.

Unübersehbar ist der Doketismus in diesen Dichtungen. Nur ein Scheinleib kann am Kreuze gehangen haben, weil der Gott zwischenzeitlich im Hades weilte, und ein Scheinleib war auch schon zu seinen Lebzeiten bei den Jüngern verblieben, wenn der Gott seine Funktionen im Paradies wahrnahm.

VI
DAS PARADIES –
IM HIMMEL

Als man Jesus zum Tode am Kreuze verurteilt hatte, ergab es sich, daß auch noch zwei andere Straftäter zur gleichen Todesstrafe verurteilt wurden. Und als sie an die Schädelstätte gekommen waren, kreuzigten sie Jesus in der Mitte zwischen den beiden anderen. Der eine von beiden griff eines der Hohnworte auf, die die Leute Jesus zuwarfen: Wenn du der Christus bist, so hilf doch dir und uns! – Der andere aber wies ihn zurück und sagte: Du bist doch in der gleichen Verdammnis, solltest du dich da nicht vor Gott fürchten? – Wir sind doch rechtens verurteilt und sollten unsere Strafe wohl ertragen, aber der da hat doch nichts Unrechtes getan. Und dann wandte er sich zu Jesus und bat: Herr, gedenke an mich, wenn du in dein Reich kommst. Und Jesus sprach zu ihm: Wahrlich, ich sage dir, du wirst noch heute mit mir im Paradiese sein.

Evangelium nach Lukas 23, 32–43

1. Zum Lukas-Evangelium siehe schon oben bei II b 1. Die Episo-

de wird von Matthäus und Markus, die in dichterischer Nähe zu Lukas stehen, ohne den Dialog berichtet, und ebenso verfährt auch Johannes. Dieses lukanische Sondergut ergänzt das Bild, das wir von den Todeserwartungen der ersten Generation von Christen haben. Der Ort, an den Christus gehen wird, sein Reich, ist das Paradies.

2. Das Paradies ist analog der Beschreibung im 1. Buch Mose in Kapitel 1 der Garten, der zur Wohnstatt Gottes gehört, und der zur Wohn- und Arbeitsstätte des ersten Menschen Adam bestimmt war. Die Vorstellung des Paradieses als Garten Eden am Ende der Welt ist orientalischen Ursprungs und wird verständlich angesichts des Wassermangels in den Wüsten und der lebensrettenden Funktion der Oasen. Der Aufenthaltsort der Gerechten ist seit der vorchristlichen jüdischen Apokalyptik mit diesem Bilde beschrieben worden und wie in das Christentum auch in die Gnosis und dann in den Quran eingedrungen.

3. Wichtig ist nur, daß es für den Erzähler ganz selbstverständlich ist, die Bitte des einen Straftäters um das Gedenken Jesu nach der Ankunft in seinem Reich von Jesus mit dem Hinweis auf das Paradies beantworten zu lassen. Das Paradies ist der Ort, an den die Gerechten nach ihrem Tode kommen. Es ist darum auch natürlich, wenn die Offenbarung des Johannes in Kapitel 2, 7 davon redet, daß die Erlösten im Paradiese vom Baum des Lebens essen werden, wie dort das Kreuz Jesu genannt wird.

(b)

Es ist mir ja das Rühmen nichts nutze, doch ich will noch auf die Gesichte und Offenbarungen des Herrn kommen.

Ich kenne einen Menschen in Christus; ich weiß nicht, ob er vor vierzehn Jahren in seinem Leibe war oder aber entrückt. Gott allein weiß es. Aber er ward entrückt bis in den dritten Himmel.

Und ich kenne denselben Menschen (ob er nun wiederum im Leibe war oder auch entrückt, ich weiß es nicht, aber Gott wird es wissen), der ward entrückt in das Paradies und hörte unaussprechliche Worte, welche niemand sagen kann.

2. Korintherbrief 12, 1–4

1. Der 2. Korintherbrief des Paulus ist vermutlich kurz nach dem 1. Korintherbrief, manche Autoren rechnen mit sechs Monaten danach, also im Herbst des Jahres 57 geschrieben worden, vermutlich von Ephesus aus. Er greift noch einmal Probleme auf, die schon im ersten Briefe behandelt werden. Von diesen ist aber dieses persönliche Bekenntnis des Apostels deutlich abgehoben. Er gesteht der Gemeinde, daß er zweimal entrückt gewesen sei bzw. zwei Visionen

gehabt habe. Nur teilt er darüber keine Einzelheiten mit. Es wird aber damit zusammenhängen, daß er auf Vorhaltungen von seiten der Korinther, die sich offensichtlich solcher Visionen und Ekstasen rühmen, sagt, daß er ihnen in solcher Beweisführung nicht nachstünde.

2. Der dritte Himmel und das Paradies sind die Zielorte seiner Entrückungen gewesen. Beide Orte sind nicht identisch. Das Paradies liegt für Paulus außerhalb der Himmelssphären, und der dritte Himmel ist der Aufenthaltsort des Propheten. Im übrigen sind solche Entrückungen immer mit Offenbarungen verbunden. Diese religionsgeschichtlich Initialvisionen genannten Impressionen gelten als göttliche Autoritätsbeweise. Der hier zitierte Hinweis des Paulus auf seine Visionen ist der Ausgangspunkt für die apokryphen Schilderungen der Acta Pauli, auf die weiter unten unter VI h noch zurückzukommen sein wird.

3. Bemerkenswert ist und bleibt, daß solche Entrückungen in das Paradies auch schon zu Lebzeiten der betreffenden Personen erfolgen. Für den altorientalischen Dichter sind solche Himmelsreisen nichts völlig Außergewöhnliches. (Das Alte Testament kennt eine Reihe von Entrückungen am Ende des Lebens, etwa die Henochs, Elias oder auch Moses.) Für den Zeitgenossen aus dem Judentum wie für Leute, die aus der hellenistischen Frömmigkeit kamen, war es deshalb durchaus glaubwürdig, wenn Paulus solche Mitteilungen machte. Nur dumme Kritik konnte daraus Folgerungen für die Gesundheit und Glaubwürdigkeit des Paulus ableiten.

(c)

Johannes erzählt, daß er an dem Freitag, als man Jesus an das Kreuz gehängt habe, geflohen sei und sich in einer Höhle am Ölberg verborgen habe. Da sei plötzlich Jesus in der Höhle erschienen, und die Höhle sei strahlend hell geworden, das von dem Herrn ausgehende Licht habe alles hell gemacht. Und Jesus habe zu Johannes gesagt: Just in diesem Augenblick werde ich vor den Augen von ganz Jerusalem gekreuzigt, und die Leute sollen sehen, wie ich mit der Lanze gestoßen werde, und scheinbar sehen sie, wie ich mit Essig und Galle getränkt werde. Ich rede aber mit dir und sage dir, daß ich veranlaßt habe, daß du hierher gekommen bist, weil ich mit dir reden will und dir mitteilen, was ein Jünger von seinem Meister wissen muß. Und als er das gesagt hatte, habe er ihm ein Kreuz aus Licht gezeigt, um das sich eine große Menge scharte, die aber gestaltlos war, während der an dem Lichtkreuz Hängende eine Gestalt hatte, deren Stimme lieblicher war als jede Stimme sonst. Und diese Stimme habe gesagt: Dieses Kreuz wird bald Licht, bald Logos, bald Vernunft, bald Jesus, bald Christus, bald Vater, bald Sohn, bald Tür, bald Weg, bald Geist, bald Leben, bald Wahrheit, bald Glaube, bald Gnade, bald Brot, bald Same genannt werden. Das alles werden die Menschen sagen, Johannes aber solle wissen, daß das Kreuz alle Welt zusammenhält und ihr erst ihren Sinn gibt, denn es sei die Harmonie der Weisheit und die Weisheit der Harmonie: Denn dieses Kreuz versinnbildlicht nun, daß es Rechts und Links gibt, Oben und Unten, überall im All, ebenso Mächte, Gewalten, Herrschaften, Dämonen, Kräfte, Teufel, Satan und das Unten, aus dem alles an Natur hervorgeht, und das Oben, an dem ich weile, zu dem auch du, Johannes, gelangen wirst.

Dann aber habe Jesus ihm erklärt, daß er alles das nicht sei, was die Leute von ihm sagten, denn das sei alles sehr erbärmlich. Aber Johannes solle stückweise erfahren, daß er, Jesus, wirklich sei, denn nur so könne er zu ihm in das Licht gelangen. Und so habe Jesus gelehrt: Die Volksmenge in dem Lichtbilde ist die Menschenmenge, die nicht weiß, wer ich bin, und nur der Mensch, der sich an mich anschließt, wird es erfahren und so mich zu dem machen, der ich bin. Und du, Johannes, sollst in mir den Logos erkennen und danach den Herrn und dann erst den Menschen. Nachdem er das gesagt habe, sei er entschwunden und emporgehoben worden, ohne daß ihn irgendein Mensch gesehen habe. Und Johannes sei weggegangen und habe über den Irrglauben der Leute gelacht, die da meinten, sie hätten den Herrn getötet.

Akten des Johannes, 97–102

1. Die sogenannten Johannes-Akten stammen vermutlich aus dem frühen 3. Jahrhundert, als doketische und gnostische Vorstellungen noch unvermischt mit anderen biblisch-neutestamentlichen Stoffen erzählt wurden. Formal entsprechen die Johannes-Akten einem antiken Roman, denn das Reiseschema ist ein typisches Muster des antiken Romans wie die in ihm untergebrachten Reden. Es wird der Lebenslauf des Jüngers Johannes erzählt, sein Tod und seine Bestattung. Die Legende hat sich dieses Stoffes immer gerne angenommen. Der Verfasser kann im kanonischen Evangelium keinen Maßstab gesehen haben, weil er sehr frei mit den neutestamentlichen Stoffen umgeht. Daraus ist zu schließen, daß die Kenntnis der kanonischen Evangelien nicht so verbreitet war, zumal sonst die Hörer solcher Geschichten Widerspruch angemeldet hätten.

2. Mythologisch wichtig ist der virulente Doketismus. Am Kreuz hängt nur ein Scheinleib, und die ganze Welt befindet sich in einem gründlichen Irrtum über das wahre Wesen Jesu. Auch Johannes muß

erst belehrt werden. Das Bild des Gottesreiches, das der Dichter entwirft, ist der Gnosis sehr nahe. Es ist ein Lichtreich, in das nur die Menschen hineingelangen, die sich an die Lehre und das wahre Wissen Jesu anschließen, und erst durch sie wird Jesus zu dem wahren Herrn.

3. Mythologisch wichtig ist ferner, daß das Lichtreich oben ist, daß das Kreuz als kosmisches Ordnungsschema verstanden wird. Unten ist die Natur, die alles Leben hervorbringt, aber oben über dem Kreuz ist das Lichtreich; und an dem Kreuz scheiden sich die Geister, gibt es Rechts und Links, und die Summe alle Gegensätze wird vom Verfasser aufgezählt. Aber alle Begriffe, die menschliche Frömmigkeit erfindet, werden als Irrtum erwiesen. Der Dichter zählt gleich zu Anfang alles auf, was die ersten Christen an Symbolen und Begriffen erfunden hatten für das Kreuz. Diese werden alle als falsch abgelehnt.

4. Die Johannes-Akten stehen in der Tradition der neuplatonischen Ideenlehre, die die Personalität Jesu in dem Logos aufgehoben sehen will. Die biblischen Texte kennen diese Lehre noch nicht. Ferner hat dieser Text ein neues Mythologem eingeführt. Es gibt nur noch ein Oben und Unten, wobei eindeutig zu dem Unten die Erde und auch die Wirkungsstätte der Mächte gehört, geschieden bzw. getrennt durch das Kreuz. Diese Vorstellung geht auf die Einflüsse des gnostischen Dualismus zurück, der auch nur noch zwei Ebenen kennt. Aus der ägyptischen Mythologie kann das Ordnungsschema von rechts und links stammen, denn der Osten als Aufgangsort der Sonne war das Bild für das segensreiche Lichtreich; aber der Westen, an dem die Sonne untergeht, beherbergt Aminte, das Land der Toten. Für die Gnosis ist der Kosmos das Werk des Demiurgen, während die obere Achtheit der guten Kräfte über den Himmeln ist, die noch zu den Wirkungsebenen der Kräfte der Demiurgen gehören.

5. Zu den Vorstellungen über die Lage von Paradies und Hölle in den antiken Mythen ist noch anzumerken, daß die Bewohner der beiden Regionen sich offensichtlich gegenseitig sehen können, wie es in der biblischen Erzählung vom reichen Mann und armen Lazarus gedacht ist (Lukas-Evangelium 16, 19–31). Anders denkt der Verfasser der Offenbarung des Johannes, der klar zwischen der Hölle als Unterwelt und der Erde und dem Himmel trennt. Nur bei Matthäus Kapitel 25, 31–46 scheint der Gedanke schon angedeutet, der auch hier vorliegt, daß nämlich Jesus im Gericht der Völker, wie zwischen Schafen und Böcken, zwischen rechts und links, die Gerechten von den Ungerechten scheiden wird.

6. Gnostischen Ursprungs scheint auch die im biblischen Hebräerbrief vorkommende Ansicht zu sein, daß der Gott oberhalb der Himmel thront. Die antiken und gnostischen Schulen waren sich nicht einig in der Lokalisierung der Wohnstatt Gottes. Für die Gnostiker der strengsten Richtung durfte der oberste Lichtgott nur außerhalb der Himmel wohnen. Wenn Jesus nun den Johannes hier darauf vorbereitet, daß er in ein Dasein außerhalb der bisher wahrnehmbaren Daseinsformen kommen wird, so scheint hier dieser gnostische Topos vorzuliegen, den übrigens auch einer der großen islamischen Mystiker, al Ghazali, vertritt, daß Gott als das Licht aller Lichter außerhalb des vorstellbaren Kosmos sei.

(d)

Als Johannes eines Tages in den Tempel kam, trat einer der Pharisäer auf ihn zu und fragte ihn: Nun, wo ist denn dein Meister, in dessen Gefolge du warst? – Johannes sagte darauf: Er ist dorthin gegangen, woher er kam. Der Pharisäer aber verspottete ihn und bedrohte ihn, weil Jesus ihn und die anderen Jünger durch Lug und Trug von den Überlieferungen der Väter abgewendet hätte. Da wandte sich Johannes um und ging auf einen Berg und sann darüber nach, wer denn nun der Vater sei und der Äon, zu dem Jesus nach seinen Worten gegangen war, und warum Jesus sie nicht über diesen Äon genau belehrt habe. Und just als er so dachte, öffnete sich der Himmel über ihm, und die ganze Schöpfung erstrahlte in einem wunderbaren Lichte. Und vor Johannes erschien in dem Lichte ein Kind, das aber plötzlich wie ein Greis und wiederum wie eine Frau mit wechselnder Gestalt anzusehen war. Und als Johannes darüber sehr verwundert war, hörte er die Stimme Jesu: Johannes, warum grübelst du? – Ich bin der Vater und die Mutter und das Kind, ich bin der Ewige, der Unvermischte, der allein die Wahrheit offenbaren kann des Unsichtbaren wie des Sichtbaren und auch des wahren Menschen. Und er erklärte ihm den Weg des Menschen und endete dann seine Rede mit dem Hinweis: Siehe, ich gehe nun hinauf zu dem vollkommenen Äon, nachdem ich dir das Notwendige gesagt habe, und du sollst hingehen und es den Gleichgesinnten sagen, damit sie auch dorthin gelangen. Aber anderen soll es nicht gesagt werden.

Apokryphon des Johannes
BG 19$_6$–22$_1$ 75$_5$

1. Das gnostische Apokryphon Johannes, dessen Anfang und Ende hier zusammengefaßt sind, scheint im Ausgang des 2. Jahrhunderts entstanden zu sein. Es ist mehrfach tradiert. Hier liegt die koptische Fassung des Berliner Codex 8502 vor.

Das Motiv der Erscheinung als Kind – Frau – Greis – mit wechselnder Gestalt stammt aus der sethianischen Gnosis, wo der Erlöser als Sinnbild der Einheit der Gegensätze gedacht wird. Jesus erscheint hier als Prototyp des Menschen schlechthin – Vater, Mutter, Kind –, dessen Weg in den Himmel als eigentliche Heimstätte der Menschen für alle Menschen paradigmatisch ist.

2. Charakteristisch ist der Ansatz der Erzählung in dem Hinweis, daß Jesus offensichtlich nichts Konkretes über den Himmel gelehrt hat. Die nachbiblische christliche Mythenbildung nahm ja an solchen Mythologemen ihren Ausgangspunkt, für die biblische Ansätze fehlten. Schon die jüdische apokryphe Engellehre hatte den Topos geprägt, daß jeder Mensch seinen bestimmten Schutzengel habe und daß die Geschicke der Welt von den Aktionen himmlischer oder satanischer Mächte und Wesen abhängen. Aber als zukünftigen Ort der Menschen hat den Himmel erst die Gnosis angesehen, die die verschiedenen Himmel mit verschiedenen Menschengruppen besiedelt hat, wie z.B. auch die Himmelfahrt des Jesaja (siehe IV c und VI g). Diese Vorstellung hat die Bibel sonst nicht.

3. Himmel und Erde und Hölle waren für die antike Vorstellungswelt mögliche Aufenthaltsorte für Menschen in einer postmortalen Existenz. Mit der apokalyptischen Trennung der allgemeinen von der individuellen Eschatologie schied die Erde aus. Die aus dem Hellenismus eingedrungene Trennung des Menschen in Leib und Seele enthielt nur für die Seele eine Fortexistenz, und deren zukünftiger Aufenthaltsort, der neue Äon, wird zum allein erstrebenswerten Ziel, das nicht erst am Ende der Welt nach erfolgtem Gericht von den Erwählten erreicht wird, und dann immer noch als ein, – wenn auch neuer – Himmel und als eine – neue – Erde konzipiert war, sondern es wird als schon jetzt vorhanden und erreichbar für die Gestorbenen gedacht. Das gnostische Zyklusdenken hat die lineare Zeitvorstellung verdrängt. Dieser Verdrängungsprozeß wurde von der christlichen Hoffnung unterstützt, daß mit dem Kommen Jesu dieser neue Äon schon angebrochen sei. Nur wurde diese Hoffnung nicht mehr funktional verstanden, d. h. verstanden als Anbruch eines neuen Denkens, sondern ganz massiv metaphysisch als Vorhandensein eines neuen Raumes, nämlich dem Aufenthaltsort des gen Himmel gefahrenen Christus. Dieses gnostische Denken reißt die biblische Einheit von Schöpfung und Erlösung auseinander.

4. Johannes, als Verfasser der Offenbarung bekannt, war der glaubwürdigste Zeuge für solche Mythen. In einem anderen gnostischen Fragment, dessen Text allerdings völlig zerstört ist, diskutiert

er mit Jesus »alle Dinge, die im Paradies des Himmels sind«. Für die Gnostiker war diese himmlische Welt die eigentliche Heimat, und ihre detaillierten Beschreibungen über die Himmelsreise der Seele befriedigten offenbar die Erwartung vieler Menschen mehr als die biblische Zurückhaltung bei der Schilderung einer möglichen postmortalen Existenz der Menschen. Die gewaltsame Unterdrückung der gnostischen Gruppen durch die Kirchen hat aber ihre Schilderungen vom eigentlichen Himmelreich der Seelen nicht auszurotten vermocht.

(e)

Als Titus, der Schüler des Paulus, seine Lehre von der Keuschheit für alle Christen in einem Briefe niederschrieb, besann er sich einer Vision des Propheten Elia, dem einstmals der Engel des Herrn das Tal des Untergangs gezeigt hatte, und eines Briefes seines Herrn und Meisters Paulus von der Seligkeit der Heiligen. Die Seligen nämlich werden im Paradiese Gottes sein und von dem Baum des Lebens essen und von dem Baum der Weisheit die Blätter pflücken, die zur Heilung der Völker dienen sollen. Dort werden Gott und das Lamm thronen, und die Seligen werden wie die Engel um sie sein und ihnen huldigen. Sie werden aber nichts tun, was Gottes Unwillen erweckt. Sie werden den zweiten Tod nicht schmecken und leben von dem verborgenen Manna des himmlischen Paradieses schon zu ihren Lebzeiten. Und ihr Name wird nie aus dem Buche des Lebens gestrichen sein.   Pseudo-Titusbrief, 80

1. Der letzte Abschnitt des Pseudo-Titusbriefes stammt wie der ganze Text aus einer radikal-asketischen Gruppe des 5. Jahrhunderts aus Spanien bzw. Südgallien. Der Verfasser will nachweisen, daß die engelhafte Existenz der Seligen schon auf der Erde geführt werden soll, nämlich weder zu heiraten noch geheiratet zu werden.

2. Mythologisch bedeutsam ist, daß er die Schilderung des Paradieses zur Illustration einer ethischen Regel benutzt, also noch damit rechnet, daß es eine Analogie zwischen der zukünftigen und der gegenwärtigen Welt gibt. Das Lamm ist Bild für Jesus Christus, wie es schon in der Offenbarung des Johannes (vor allem Kap. 22) verwendet wird. Die Verwendung anderer biblischer Metaphern (Manna, Paradies, Buch des Lebens) darf nicht darüber hinwegtäuschen, daß hier ein unbiblischer Asketismus herrscht, der aus der gnostischen Tradition lebt.

3. Die Schilderung des Paradieses mit den Bildern und Motiven des Schöpfungsparadieses ist nicht ungewöhnlich. Ungewöhnlich ist nur das Mythologem von dem jetzt schon vorhandenen Paradies

Gottes, in dem die Seligen wohnen, also diejenigen, deren Namen für immer im »Buch des Lebens stehen« und die schon zu Lebzeiten himmlisches Manna genossen haben. Für sie gibt es den zweiten Tod, den endgültigen Tod nach dem Jüngsten Gericht, nicht mehr. Offensichtlich ist dies als Bild für die Existenz der Kirche gedacht, die ja die »Heilung der Völker« bewirkt. Augustin kann hier mit seinem Gottesstaat Pate gestanden haben, die Kirche als Erscheinung der himmlischen Herrschaft anzusehen. Der erste Tod, das Ende der biologischen Existenz, wird ihnen nämlich nicht erspart.

(g)

Als Jesaja auf seiner Himmelsreise bis in den siebten Himmel gelangt war, sah er dort alle Gerechten versammelt, von Adam angefangen, über Henoch und David, und sie waren alle in ihre Lichtgewänder gehüllt und standen vor dem Einen, der alle überragte mit seiner Herrlichkeit. Vor ihm beugten sich alle Engel und Gerechten und lobten und priesen ihn. Jesaja aber erfuhr von dem Engel, der ihn begleitete, daß dieses der Herr der Herrlichkeiten sei und der neben ihm der Engel des Heiligen Geistes, aber den Herrn, der Jesus Christus heißt, und der Jesaja in den Himmel gerufen hatte, konnte Jesaja nicht sehen, sondern nur hören. Und so erfuhr Jesaja denn, daß hier der Ort der Gerechten sei. Und der Engel wies ihn auf die Zahl der Kronen und Lichtgewänder hin, die im Raume bewahrt wurden, und erklärte ihm, daß diese aufbewahrt würden für die Schar derer, die im Gefolge des auferstehenden Herrn Jesus in den Himmel gelangen würden. Und auch die Thronsitze sah Jesaja dort stehen, auf denen sich nach der Rückkehr Jesu von seinem Erdenwandel alle Gerechten niederlassen würden.

Außerdem erfuhr Jesaja von seinem Begleitengel das Geheimnis, wie die Ereignisse der Welt im Himmel bekannt würden. Ein Engel schlug nämlich vor Jesaja Bücher auf, die aber nicht so waren wie die Bücher auf der Erde, und in denen waren die Taten der Kinder Israel aufgeschrieben und auch die Taten von Menschen, die Jesaja noch nicht kennen konnte, weil sie erst nach ihm geboren werden sollten. Und danach brachte der Engel den Propheten Jesaja wieder durch alle Himmel zurück, ohne daß sie auffielen. Als sie aber wieder auf der Erde angelangt waren, befahl der Engel dem Jesaja, nicht zu vergessen, welches Gesicht er nun noch sehen würde. Und er sah, wie Jesus vom Himmel herabkam, auf Erden lebte und starb, und wieder gen Himmel fuhr, und alle Himmelsbewohner ihn nun erkannten und lobten und priesen als den Herrn der Welt. Und er setzte sich nieder im siebenten Himmel zur Rechten jener großen

1   Erzengel Gabriel, Ravenna

2 Erzengel Raphael, Ägypten

3 Erzengel Michael, Faras, Nubien

4　Lehrender Christus in der Mitte der Apostel, Antiochia

5 Christus reitet auf einem Esel, begleitet von zwei Engeln, Ägypten

6 Geburt, Taufe, Kreuzigung und Kreuzabnahme Christi, byzantinisch

7   Kreuzigung Christi, Sizilien (?)

8   Höllenfahrt Christi, byzantinisch

Herrlichkeit, die Jesaja nicht genauer hatte sehen können. Und zur Linken dieser Herrlichkeit ließ sich der Engel des Heiligen Geistes nieder. Und Jesaja bedrohte seinen Sohn, dem er dieses alles gesagt hatte, daß er niemandem davon etwas sagen sollte, sondern zu den Israeliten sollte er nur von den Propheten bis zur Königszeit reden. Denn die Offenbarung der letzten Dinge würde Jesus selbst bringen.

Himmelfahrt Jesajas

1. Zur Himmelfahrt Jesaja siehe schon oben unter IV c. Das Thema dieser Schrift ist die Beschreibung der zukünftigen Lichtwelt in den Himmeln, die für alle Gerechten bereitet ist, zu denen auch Jesaja gezählt wird.

2. Mythologisch bedeutsam ist die Zeitaltervorstellung, die deutlich linear geprägt ist. Dieses Himmelreich hat im Gegensatz zu den vorangegangenen keine Ähnlichkeit mit dem anfänglichen Paradiesgarten. Zu dieser Tradition aus der iranischen Mythologie gehört, daß Gott und Jesus keine Gestalt haben. Sie sind die Herrlichkeit schlechthin. Hier greift der Dichter auf die Typologie von Jesaja 6 zurück. Der auferstandene Jesus Christus aber behält später seine Gestalt, die er bei der Himmelfahrt getragen hat, unverändert. Die dritte Gestalt der Trinität ist hier noch deutlich nachgeordnet, der Heilige Geist wird nur als »Engel des Heiligen Geistes« eingeführt. Die trinitarische Vorstellung dieser Schrift ist also der biblisch-neutestamentlichen Vorstellung noch sehr viel näher als der des Konzils von Nicäa 325. Sie ist additiv oder tritheistisch. Diese Eigenheit hat auch dazu geführt, daß diese Schrift nicht zu den Fontes fidei, den Glaubensquellen, gezählt werden durfte wie andere gnostische Schriften auch.

3. Die ausführliche Darstellung des Himmelreiches in der Schrift erfüllte offensichtlich ein echtes Bedürfnis. Das Neue Testament hatte darüber keine näheren Angaben gemacht. Typologisch wichtig ist die Rolle der Gerechten, der biblischen Heroen. Sie erfahren ihre Apotheose wie der antike Herakles. Dieser Text sieht nicht im Weltverzicht, sondern in der Weltbewältigung nach göttlichem Gebot die menschliche Grundaufgabe.

4. Die Vorstellung von dem immerwährenden Hallelujasingen in den himmlischen Hallen durch die Engel und die Gerechten mag für heutige Leser befremdlich sein, für den Leser der Spätantike war es die Projektion des byzantinischen Hofprotokolls in den Himmel.

Höfische und kirchliche Liturgie vor allem war ja schon vorweggenommene Himmelsseligkeit. Es war das erstrebenswerte Ziel des byzantinischen Bürgers, sich auch im Glanze der höfischen Sonne zu bewegen und alles zu unterlassen, was dem Kaiser aller Kaiser mißfallen konnte.

(h)

Als der Apostel Paulus einmal von seinem Begleitengel entrückt wurde, um die Zukunft der Welt zu erfahren, führte dieser ihn in den dritten Himmel, und sie hielten vor einer goldenen Pforte, inmitten zweier goldener Säulen. Über ihnen aber befanden sich goldene Tafeln mit Inschriften, die Paulus nicht lesen konnte. Der Engel aber erklärte ihm, daß das die Namen der Gerechten seien, die einstmals im Paradiese wohnen würden. Nachdem sie die Pforte durchschritten hatten, begegnete ihnen Henoch, der Schreiber der Gerechtigkeit, und auch Elias, und beide weinten, weil sie sahen, daß ihre Arbeit nur wenig Erfolg gehabt hatte. Und Paulus hörte dort Dinge, die er nach dem Worte des Engels nicht weitersagen durfte. Wohl aber sollte er öffentlich sagen, was er ihm nun vom Paradiese sagen wollte. Und er führte ihn in ein silberfarbenes Land inmitten des Ozeans und sagte ihm, dies sei das Land, das den Gerechten versprochen würde. Wenn sie stürben, würden die Seelen den Körper verlassen und in dieses Land kommen. Dieses Land werde das Königreich des Christus sein, und er werde darin tausend Jahre regieren. Und Paulus besah das Land. Und es war dort ein Fluß von Milch und Honig, und an seinen Ufern standen reiche Fruchtbäume und hohe Palmen. Und die Trauben trugen unzählig viele Beeren, und die Datteln waren so reich, daß die Zweige sich bis auf die Erde bogen. Und dieser Überfluß wurde den Gerechten gegeben, weil sie auf Erden sich Gott in allem willig beugten. Und dann kamen sie an den Acherusischen See, weiß wie Milch, wo Michael alle die mit Milch wusch, die sich von ihren Sünden bekehrt, aber noch nicht genügend Buße getan hatten. Dann bestiegen sie ein goldenes Schiff und fuhren zur Stadt Christi inmitten des Sees, und sie war ganz aus Gold und umgeben von zwölf Mauern. Es waren um die Stadt noch einmal vier Flüsse, einer von Honig, einer von Milch und einer von Wein, der letzte aber von Öl: Pison, Euphrat, Gihon und Tigris. Und als sie durch das Tor kamen, wandelten Männer unter den Bäumen und weinten, als sie sahen, wie einige durch ein zweites Tor gingen. Die Weinenden aber hatten auf Erden noch nicht allen Stolz abgelegt. Und am Honigfluß Pison saßen Jesaja und die anderen Propheten, die nicht weiter gehen durften, weil sie trotz allen Gehorsams noch in ihren Seelen betrübt waren. Am Milchfluß Euphrat aber lagerten die Kinder von Bethlehem und alle, die ihre Unschuld bewahrt hatten, ohne zu wissen, wie groß Gott ist. Und am Weinfluß Gihon lagerten Abraham, Isaak und die Erzväter und viele andere Heilige, die dort auf das Kommen des Erlösers warteten. Denn sie hatten Gastfreundschaft und Liebe geübt an Fremden und warteten nun auf den Lohn, den ihnen der Erlöser geben wird, wenn er kommt. Und am östlichen Rand, am Ölfluß Tigris, saßen Männer, die schwangen Palmzweige und sangen Hosianna, das waren aber alle, die ihr ganzes Leben uneingeschränkt Gott mit Fasten, Wachen und Beten gewidmet hatten. Mitten in der Stadt aber stand bei einem goldenen Altar David und sang die Psalmen, weil denn nach dem Willen Gottes kein Opfer ohne die Mitwirkung Davids möglich ist. Und von dort führte ihn der Engel wieder an den Ozean zurück.

Apokalypse des Paulus, Kap. 19–30

1. Die Darstellung nach der Apokalypse des Paulus stammt vermutlich vom Ende des 4. Jahrhunderts aus Byzanz. Sie bewegt sich in den traditionellen Bahnen. Die Verfasserschaft des Paulus war die Bürgschaft für die Wahrheit dieser Dichtung. Die Dichtung war bis in das frühe Mittelalter beliebt, wie die Handschriften zeigen. Der Verfasser kommt offensichtlich aus griechischer monastischer Tradition. Die Bilderwelt stammt aus der griechischen Antike wie etwa der Acherusische See oder die Überfahrt mit dem Schiff und aus dem Alten Testament mit der Verheißung des Landes Kanaan und dem Paradies mit den vier Paradiesströmen und den Namen der Gerechten, Heroen und Erzväter, die an die Stelle der antiken Herren getreten sind. Das Erdreich der Seligen in der Paulusapokalypse hat dieselbe Funktion wie der antike Mythos vom Hades. Der Tod wird nicht als letzte Daseinsform akzeptiert.

2. Besonderheiten in dieser Darstellung sind einmal die Betonung der Rolle Davids und des chorischen Wechselgesangs im himmlischen Jerusalem, getreu dem monastischen Verständnis des Stundengebets. Zum anderen aber wird mit dem Hinweis auf die Anwesenheit der aus Gehorsam gegenüber dem Gesetz Erlösten, der alttestamentlichen Heroen, ein durchaus judenfreundlicher Gestus eingeführt.

Es gehört zu der besonderen Entstehungsgeschichte dieser Dichtung, die eine Sammlung sehr heterogener Stoffe darstellt, daß mit Kap. 45 ein erneuter Besuch des Paulus im Paradies stattfindet, dessen Schilderung nur auf biblischen Mythologemen beruht. In diesem Teil der Dichtung teilt Moses dem Paulus mit, daß alle seine Bemühungen umsonst waren und keiner der Israeliten ihm oder Paulus gefolgt sei. Dieses Paradies wird mit dem Gottesgarten des ersten Mosebuches gleichgesetzt. »Dies ist das Paradies, in welchem Adam und sein Weib irrten.« Die vier Paradiesströme werden wieder namentlich genannt, und das von ihnen berührte Gebiet umfaßt Äthiopien und Ägypten, Assur und Babylon und das Land Hevila, Arabien. »Und Paulus sah, wie auf einem Baume der Geist Gottes ruhte, bei dessen Bewegung die Paradiesströme in Bewegung gerieten, und dann sah er auch den Baum, von dem Eva und Adam gegessen hatten, wodurch der Tod in die Welt gekommen war, und jenen anderen Baum des Lebens, von dem das Leben in die Welt durch Jesus gekommen ist.« Diese im Detail unterschiedlichen Schilderungen des Paradieses belegen einmal den Sammlungscharakter des gesamten Textes, zum anderen aber das Nebeneinander verschiedener mythologischer Traditionen. Dieses Nebeneinander haben Konzilsbeschlüsse und Dogmatisierungen niemals beenden können.

3. Mythologisch bedeutsam ist auch hier, daß die unterschiedlichen Teile mit der detaillierten Darstellung des Paradieses und seiner Bewohner den biblischen Grundansatz von der Vollendung aller göttlichen Weissagungen in Jesus Christus verlassen haben und dem Einbruch der Metaphysik Tür und Tor in die Kirche öffneten. Dichtungen wie diese leben von der Möglichkeit, daß sich mythische Bilder verselbständigen und jeweils neue Fabeln tragen können. Die Fabel dieser pseudopaulinischen Apokalypse beschränkt das messianische Heilsreich auf einen postmortalen außerkosmischen Raum für Menschen, die sich durch besondere Frömmigkeit ausgezeichnet haben.

4. Unberücksichtigt bleibt hier, daß in einer Handschrift noch ein dritter Paradiesesbesuch des Paulus im dritten Himmel dargestellt wird, in dem auch die Bäume des Paradieses Gott dreimal täglich mit Psalmengesang loben. Drei Mauern umgeben dieses Paradies. Offensichtlich ist dem Redaktor auch diese Tradition bekannt gewesen, weshalb er sie eingefügt hat. Die Sehnsucht nach dem Paradies beschäftigte Leute sehr, die unter der enttäuschten Hoffnung auf die endgültige Wiederkehr von Jesus Christus in diese Zeit und auf diese Erde litten, und deshalb auf jene antiken Vorstellungen zurückgegriffen, die von einem Endreich nach der Zeit lebten.

Der biblische Ansatzpunkt für diese Visionen des Paulus ist die kurze Notiz in 2. Kor. 12, 1–4 (siehe oben VI b), wo Paulus von zwei Entrückungen spricht.

(i)

Ein unbekannt gebliebener Lehrer schrieb an seinen Schüler Rheginus, der ihn wohl über die Auferstehung von den Toten befragt hatte, einen Brief, um ihm zu erklären, worin das Geheimnis der Auferstehung von den Toten liege: Wenn ein Mensch nämlich hinaufsteigt zu dem Äon, aus dem er gekommen ist, wird er seinen Leib, das Fell des Alters, verlieren, weil es zu den Dingen des Vergänglichen gehört. Und wenn der Gerettete seinen Leib verläßt, wird er sofort in den sicheren Hafen, den Ort der Ruhe und Geborgenheit, eingehen, daran ist nicht zu zweifeln. Und Auferstehung von den Toten ist ganz einfach das Offenbarwerden der Erlösten, so wie Moses und Elia schon zu Lebzeiten Jesu erschienen sind, und Jesus selber den Jüngern erschien. Und das ist keine Illusion, keine trügerische Hoffnung, sondern einfache Wahrheit und sehr reale Gegenwart. Das alles ist neu, weil nämlich das Licht aus der Höhe herabkommt, und die Vergänglichkeit überwunden wird. Deshalb soll Rheginus sich von der Welt schon jetzt lösen, sich befreien aus den Fesseln des Daseins und sich erinnern, daß er schon gerettet ist, und sofort würde die Auferstehung für ihn zur unmittelbaren lebendigen Gegenwart.

Brief an Rheginus

1. Der Brief an Rheginus aus Codex I von Nag Hammadi ist vermutlich am Ende des 2. Jahrhunderts als gnostisches Lehrstück entstanden. Er steht auch noch auf der Grenze zwischen der biblisch-neutestamentlichen Lehre des Paulus, daß mit dem Tode und der Auferstehung Jesu alles neu geworden ist, und der aus der Parusieverzögerung gewonnenen leidvollen Erfahrung, daß die neue Erde und der neue Himmel noch auf sich warten lassen, und sich eigentlich auf Erden nichts geändert hat.

2. Die gnostische Antwort auf die Frage nach dem Paradies, dem Ort der Ruhe und Seligkeit, unterscheidet sich formal kaum von der kirchlichen: Es ist der Ort für die frommen Gerechten. Mythologisch liegt dennoch ein Unterschied vor. Der neue Äon kommt für den Gnostiker herab, das Hinaufsteigen ist eigentlich ein Innewerden des Herabkommens, wie denn der Gnostiker die eigentliche Befreiung des Menschen in der bewußten Erinnerung, dem Wissen von seiner einstmaligen Herkunft aus der göttlichen Lichtwelt erfährt. Im 3. Jahrhundert verteufeln schon Kirche und Gnosis die Welt und das natürliche Leben. Der Himmelsraum war bevölkert von göttlichen und menschlichen Wesen und noch nicht zur leblosen Todeszone geworden, in die der Mensch nicht ohne technische Meisterleistungen eindringen kann. Es war der Ort der Ruhe und Geborgenheit, das ersehnte Refugium für den in der Welt geplagten und bedrohten Menschen, aber, und das ist das Besondere am Text,

für den Gnostiker ist dieser Himmel schon auf Erden heilsame Wirklichkeit, indem er sich an seine Herkunft und Zugehörigkeit zu ihm erinnert. Diese Erkenntnis (griech. Gnosis) befreit ihn von allen dämonischen Fesseln an die Welt.

(k)

Ihr (der Seele) Brautgemach ist licht,
es duftet von Balsam und edlen Gerüchen,
Myrrhen und Weihrauch strömen süß,
in ihm sind Myrtenzweige und Blüten gestreut,
mit Rohr geschmückt,
sie ist umringt von sieben Erwählten,
sieben Brautführerinnen tanzen vor ihr im Reigen.
Um sie sind zwölf, die ihr dienen
und ihr gehorchen. Sie alle sehen auf den Bräutigam,
denn sie werden licht durch seinen Anblick.
Und ewig bleiben sie bei ihm in ewiger Freude
bei der Hochzeit, zu der sich alle Vornehmen versammeln,
bei dem Festmahl, das allen Ewigen bereitet ist.
Und sie tragen königliche Gewänder und glänzende Kleider,
sie jubeln und jauchzen und preisen den Vater des Alls.
Von ihm haben sie ihr strahlendes Licht empfangen,
von ihm wurden sie erleuchtet und empfingen die Götterspeise,
die niemals hungern läßt, und tranken den Wein,
der niemals Durst und Begierde weckt.
Und sie loben und preisen den Vater der Wahrheit und die
Mutter der Weisheit mit dem Geiste des Lebens.

Aus dem Brautlied der Thomas-Akten

1. Die Thomas-Akten stammen aus dem 3. Jahrhundert und sind vermutlich in Syrien geschrieben bzw. redigiert. Der Redaktionsprozeß wird aber erst im 4. Jahrhundert abgeschlossen worden sein. In diesem einem Roman ähnlichen Text sind mehrere Hymnen gnostischen Ursprungs aufbewahrt, zu dem das Brautlied gehört, das die Hochzeit der Seele mit dem himmlischen Bräutigam beschreibt. Das Mysterium des Brautgemachs war in der valentinianischen Gnosis das höchste, es bedeutete die Einung des Menschen mit Gott.

2. Im neutestamentlichen Bilderschatz ist die Hochzeit bei Matthäus 25 ein eschatologisches Bild für den Anbruch der Endheilzeit. Mit dem Eindringen der gnostischen Mysterientraditionen werden diese kosmischen Bilder individualisiert, auf das Schicksal des einzelnen bezogen: Jesus wird der Seelenbräutigam. In der weiblichen

monastischen Frömmigkeit und im protestantischen Pietismus ist
dieses unbiblische Bild lebendig geblieben.

3. Es ist nicht zu übersehen, daß mit diesen Metaphern sich auch
eine sublimierte Erotik in die kirchliche Mythologie eingeschlichen
hat, die allen asketischen Traditionen entgegensteht.

(l)

Wir wollen dich preisen Mani, o Herr!
Wir wollen dich preisen, Mani, Herr, König der heiligen Religion!
Wir wollen dich preisen, Mani, Weisester aller großen Gesandten!
Wir wollen deinen Namen preisen, Mani, Gott, Herr!
Der du die Toten belebst, laß uns vollkommen werden nach deinem
Wort!
Aus dem Paradiese ist Mani gekommen, freut euch, ihr Brüder!
Nun ist der helle Tag angebrochen für die Söhne zur Rechten,
Das Tor des Paradieses ist geöffnet, und Freude ist da!
Der große Gesandte ist gekommen, Mar Mani, der Herr.
Die Götter öffneten das Tor des wunderbaren Paradieses.
Kranz, Krone und Diadem erschienen für jeden von uns,
Möge mein Wunsch erfüllt werden, einzugehen in das ewige
Lichtparadies...
Zu dir Herr, rufe ich! Herr antworte! O Herr, Mar Mani,
erlasse mir meine Sünden! Buddha Maitreya ist gekommen,
Mar Mani, der Apostel! Er brachte den Sieg vom gerechten Gott!
Dir, Gott, will ich danken, erlasse mir meine Sünden, erlöse
meine Seele, führe sie hinauf zum neuen Lichtparadies.

Mittelpersischer Bema-Hymnus, aus:
Manichäisches Bet- und Beichtbuch,
ed. von W. Henning, Berlin, 1936, 18–21

1. Dieses manichäische Gebet stammt aus dem 4. Jahrhundert
und weist Einflüsse aus dem iranisch-indischen Grenzgebiet auf.
Mani gilt als Inkarnation von Buddha und Jesus. Wichtiger als diese
synkretistische gnostische Gottesbildung – Mani wird zum Gott ernannt – ist die Übernahme bzw. Aufnahme biblischer Begriffe und
gnostischer Mythologeme, um die zukünftige Daseinsform des
Menschen zu beschreiben. Der Manichäer erhält durch die Teilnahme an dem Bema-Mysterium Anteil an diesem Paradies. Das
Bema-Fest entspricht etwa der christlichen Vergegenwärtigung des
Karfreitagsgeschehens, wonach durch den Tod Jesu die Vergebung
der Sünden bewirkt wird.

2. Mani teilt mit anderen Gnostikern die Verachtung der Welt und
sieht im Streben nach der Heimkehr in die Lichtwelt das Ziel für

jeden Menschen. Dieser Tenor beherrscht zunehmend auch andere christliche Gruppen und verstärkt den unbiblischen Trend, Welt und Gott, die Schöpfung und die Erlösung, auseinanderzureißen. Himmel und Erde sind nicht mehr durch ein positives Analogiegeschehen miteinander verbunden, wie es antikes und altorientalisches Weltbild kannten, sondern getrennt. Das wahre Dasein des Menschen ist das himmlische Sein im Paradies, das nun durch Mani für die Menschen geöffnet ist.

›facit‹

Der Mythos vom Paradies, einstmals ein Bild für den Urzustand der Menschen auf der Welt, wird bereits in der vorchristlichen Antike zur Metapher für die bessere Welt einer ersehnten Zukunft. Dabei wird das Paradies von der Erde allmählich in den Himmel versetzt.

Die dargestellten Texte zeigen, welche Folgen die sogenannte Parusieverzögerung hatte. Schon die neutestamentlichen Texte sahen sich genötigt, die Diskrepanz zwischen dem Glauben der ersten Christen, daß Jesus noch zu ihren Lebzeiten wiederkommen werde, um das Königreich Gottes auf Erden zu errichten, und der Wirklichkeit, daß diese Hoffnung nicht in Erfüllung ging, auszugleichen. Die Mythologie hat diese Lücke durch antike Mythologeme, in erster Linie die Vorstellung vom Paradies, gefüllt.

Hier wurde von einem neuen Äon geträumt, der als utopischen Kern immer die Vision enthielt, nur von lauteren Menschen besiedelt zu sein. Die Hoffnung auf eine besser eingerichtete Welt unter der unmittelbaren Herrschaft Gottes verwandelte sich damit in die Hoffnung auf ein besonderes Reich Gottes für die Auserwählten, das im wesentlichen nach deren Tod anbrechen sollte.

Der Mythos vom besseren zukünftigen Äon impliziert die Kritik am gegenwärtigen alten, was zur Verachtung und Verteufelung dieses alten Äons in Askese und Mönchswesen führt, und zu dessen massiver Bekämpfung, um dem neuen Äon zum Siege zu verhelfen. Wird dieser Kampf wie im Mittelalter geführt, so mußte er zur Rechtfertigung von Inquisition und Kreuzzügen führen.

VII
DIE HÖLLE

(a)

Es war einmal ein reicher Mann, der kleidete sich mit Purpur und köstlicher Leinwand und lebte alle Tage herrlich und in Freuden. Es war aber ein armer Mann Lazarus, der lag vor seiner Tür voller Schwären. Er begehrte sich zu sättigen von den Brosamen, die von des Reichen Tische fielen; doch es kamen die Hunde und leckten ihm seine Schwären. Es begab sich aber, daß der Arme starb und ward getragen von den Engeln in Abrahams Schoß. Der Reiche aber starb auch und ward begraben. Als er nun in der Hölle war und in der Qual, hob er seine Augen auf und sah Abraham von ferne und Lazarus in seinem Schoß. Und er rief und sprach: Vater Abraham, erbarme dich mein und sende Lazarus, daß er das Äußerste seines Fingers in Wasser tauche und kühle meine Zunge; denn ich leide Pein in dieser Flamme. Abraham aber sprach: Gedenke, Sohn, daß du dein Gutes empfangen hast in deinem Leben, und Lazarus dagegen hat Böses empfangen; nun aber wird er getröstet, und du wirst gepeinigt. Und außerdem ist zwischen uns und euch eine tiefe

Kluft, daß die, die von hier zu euch hinabfahren wollten, es nicht könnten, wie auch von euch niemand hierherauf kommen kann.

Evangelium nach Lukas 16, 19–26

1. Zum Lukas-Evangelium siehe oben bei II b 1. Die Episode, die hier mit Luther wiedergegeben wird, ist lukanisches Sondergut und wird von den drei anderen Evangelien nicht geboten. Sie wird von Lukas als ein Gleichnis Jesu erzählt. Hier darf nun der sozialkritische Inhalt dieser Bildrede vernachlässigt werden zugunsten der Rahmenhandlung. Für die Zuhörer Jesu ist deutlich, daß Abraham schon zu den Erlösten gehört und auch der arme Lazarus vollständig mit Leib und Seele bei Abraham weilt, während der reiche Mann in der Hölle weilen muß, in der Flammenqual, von der es keine Rückkehr gibt.

2. Auch andere Belege in den Reden Jesu zeigen, daß die Hölle als Aufenthaltsort für Gesetzesbrecher gilt, und daß dort Flammen lodern (Matthäus 5, 29; Markus 9, 43–47; Lukas 8, 31 u. öfter). Diese Vorstellung war schon bei den letzten Propheten des Alten Testaments aus der Begegnung mit iranischer Mythologie übernommen worden und scheint so bekannt gewesen zu sein, daß die Leser und Zuhörer der Evangelisten daran keinen Anstoß nahmen. Die Vorstellung, daß die Verdammten in der Hölle die Erlösten im Paradies sehen können, war auch sonst im Judentum verbreitet.

3. Lukas verwendet hier ausdrücklich das Wort »Hades« und meint also wirklich die Hölle, das Totenreich »Scheol«, und nicht den Ort der Läuterung unter Qualen »Gehenna«. Mythologisch wichtig ist nur der Gedanke des Totengerichts, d. h., daß der Mensch für sein Leben zur Verantwortung gezogen und bestraft oder belohnt werden kann.

(b)

Einstmals waren Johannes und der Herr in ein Gespräch verwickelt über den Weg der Seelen, welche zur Lichtreinheit errettet werden, und derer, welche das Wissen über das All nicht gewonnen haben. Und auf die Frage des Johannes nach dem Verbleiben der letzteren sagte Jesus, daß über diese ein fremder Geist »Antimimon« Macht gewonnen hätte, als sie geschaffen wurden. Und er habe ihre Seelen so schwer gemacht und zu allen Werken der Bosheit verführt, daß sie kein Verlangen nach dem Wissen um die Zusammenhänge mehr gehabt hätten, sondern in den Zustand der Vergessenheit gefallen wären. Und nach dem Verlust des Leibes im Tode würden diese Seelen dem Archonten der unteren Mächte übergeben, der sie erneut in die Fesseln eines anderen Leibes gebe. Und so könne es sein, daß sie dann dort Gnosis empfingen und geläutert würden. Aber diejenigen, die schon einmal die Gnosis erlangt hätten und sich dann wieder abwendeten, deren Seele werde nach dem Verlassen des Leibes an den Strafort gebracht wie die Seele eines jeden, der das Heilige Pneuma (den Heiligen Geist der Gnostiker) gelästert habe.

Apokryphon Johannis 67–71

1. Der Abschnitt aus dem Apokryphon Johannes nach dem Berliner Codex zeigt deutlich, daß in dieser christlichen Mythologie der gnostische Dualismus schon gesiegt hat. Es wird deutlich zwischen Leib und Seele geschieden, und nur die Seelen der Menschen werden weiterleben. Der Mythos von der Seelenwanderung scheint griechisches Erbe aus der Orphik zu sein. Er ist der alttestamentlich-jüdischen Gedankenwelt fremd. Zum Text siehe VI d 1.

2. Wichtig ist nur das Mythologem vom Strafort mit der ewigen Qual der Lästerer gegen den Heiligen Geist, weil dieser Topos aus der kirchlichen (Matthäus 12, 31) und der synagogalen Tradition stammt. Der Satz an dieser Stelle zeugt dafür, daß das Apokryphon Johannes Bestandteil der christlichen Gnosis ist. Ganz offensichtlich wird also nicht die gesamte Lichtwelt, die auf die Erde gefallen ist, gerettet.

3. Im übrigen benutzt das Apokryphon Johannes in den Kapiteln 63–66 Bilder, wonach das irdische Dasein der Menschen das Dasein im Totenreich ist, denn aus »der Schlechtigkeit des Grabes« sollen die Nachkommen Adams und Evas erlöst werden. Das Dasein der Menschen findet statt »im Schatten des Todes«, wie denn das biblische Paradies auch zum Schattenbild des Todes wird. Das Antimimon Pneuma ist der Nachahmegeist, den die Archonten zur Täuschung der Menschen schaffen, um sie vom wahren Geist abzuhalten, und der ausgestattet wird wie die alttestamentlichen Gottesdarstellungen.

(c)

Die Seelen der Menschen befinden sich auf der Erde wie in einem tiefen Schlafe. Sie können sich nicht allein wecken und den Weg nach Hause in den Ort des Lichtes finden. Aber es wird zu ihnen ein Uthra (ein Lichtwesen) kommen und sie wecken und ihnen den Weg weisen, den sie ohne seine Hilfe nicht finden und bewältigen können, weil sie vor sich ein großes Meer ohne Übergang sehen, einen Fluß ohne Brücke, ein Wachthaus, mit Räubern besetzt, Doppelgruben, einen Weg, von lodernden Feuern begrenzt, und schließlich eine unüberwindliche Eisenmauer.

Alle diese Hindernisse wird die Seele aber mit Hilfe des Uthra überwinden, wenn sie ihm nur Gehorsam leistet.

Linker Ginza III, 550–551

1. Diese mandäische Quelle aus dem 1. Jahrhundert vereint mehrere mythologische Topoi in einem. Es sind dies der klassische Dualismus von Seele und Leib, himmlischem Lichtreich und teuflischer Erde und der Topos von dem kommenden Erlöser, ohne den keine Rettung möglich ist.

2. Die Gestalten der Uthras sind biblischen und zurvanitischen persischen Traditionen entlehnt. Ihre Funktion entspricht der des antiken Psychopompos, des Seelenführers. Die vorkommenden Gefahren werden mit den Elementen Wasser, Erde, Feuer beschrieben. Sie sind aber nicht unüberwindlich. Um sie zu überwinden, bedarf es allerdings eines himmlischen Uthra.

3. Hier manifestiert sich allerdings ein großer Unterschied zu allen bisher gebotenen Texten. Der Mensch besitzt keinen freien Willen, mit dessen Hilfe er den Widerstand überwinden oder sein Leben wirklich bewältigen könnte, sondern er ist entweder Gefangener der Tibil (Erde) oder der Uthra. In der Apokalyptik war die Hölle noch Ausdruck einer Weltbejahung, weil sie den Gegnern des einzelnen Menschen noch als transzendentales Entgelt für das widerfahren konnte, was der gesellschaftlich Ohnmächtige nicht ahnden oder ändern konnte. In der Gnosis ist der Mensch der Erde als Hölle ausgeliefert, das heißt, daß nicht nur ein dritter Teil des Kosmos, die Unterwelt, verteufelt wird, sondern die gesamte Erde, wobei es Rettung nur durch himmlisches Eingreifen gibt.

(d)

Die Mächte der Finsternis schufen die Welt und bevölkerten sie mit Ausgeburten der Hölle, um zu verhindern, daß die Lichtseele des Menschen den Weg zurück in die Lichtheimat findet. Die Seele aber hat Heimweh nach der Heimat und will zurück und sinnt auf manche Art und Weise: Wer wird mich befreien aus all den Gruben und Gefängnissen und mich über die Flut des Meeres führen, wo keine Ruhe ist? – Wer wird mich über die Gräben leiten und aus den Mauern herausführen, in denen die Dämonen wüten? – Wer erlöst mich von den Schrecken der wilden Tiere, rettet mich vor den Menschen, den Vögeln, den Fischen und allem Gewürm? – Wer wird mich so sicher durch dies alles hindurchgeleiten, daß ich nicht umfalle und der Vernichtung dieser Hölle preisgegeben werde? – Wer wird mich aus der Gefahr der hohen Berge und der dunklen Täler retten, die Hölle und Bedrängnis sind? – Elend und ewige Vernichtung ist dort, aber kein Mitleid. Wer bewahrt mich vor den Höllentiefen, dort, wo alles Qual und Todesstiche ist? – In ihren Tiefen gibt es in alle Ewigkeiten kein Heil, Dürre herrscht dort, und heiße Winde verdorren alles. Es gibt keine Heilung für die Kranken, kein Mitleid mit den Siechen; Idole, Altäre, Bilder helfen nicht, niemand kommt, um die Pforten der Hölle zu öffnen. – Und als ich so weinte, hörte ich die Stimme des wohltätigen Königs: Ich werde dich erlösen … ich werde dich aus der Hand der Höllenmächte befreien und dich an den Ort der Ruhe bringen.

Parthischer manichäischer Hymnus IV

1. Aus dem Hymnus IV der parthischen manichäischen Hymnen des 5. Jahrhunderts ist zu ersehen, daß in der manichäischen Mythologie die Welt als Hölle gilt, in der die göttliche Lichtseele eingesperrt ist. Das manichäische mythologische System kennt allerdings noch eine Hölle »außerhalb des Gesamtkosmos, oberhalb der Hölle, der Finsternis und den fünf Höllen«, nämlich das Gefängnis für all die schrecklichen Ausgeburten der Hölle. In ihm sollen die Dämonen und Hexen auf ewig gefesselt sein, nachdem das göttliche Licht insgesamt die Welt verlassen hat. Die sieben Höllen sind das Pendant zu den sieben Himmeln.

2. Die Ähnlichkeit der manichäischen Bilder für die Hölle mit der Höllengeographie der Paulus-Apokalypse und anderer apokrypher Dichtungen ist nicht zufällig. In Manis und seiner Anhänger Vorstellungen sind Traditionen aus Christentum und Parsismus eingeflossen und haben durch die mythopoetische Kraft des Kirchengründers Mani eine neue Qualität erhalten.

3. Die dualistische Grundstruktur des Manichäismus, die sich in seiner Mythologie widerspiegelt, hat natürlich zu seiner weltweiten Verbreitung und tiefgreifenden Nachwirkung beigetragen. Die Grundidee von Augustins berühmtem Buch »De civitate Dei (Vom Gottesstaat)« ist davon beeinflußt. Hier muß nicht weiter auf die philosophischen Voraussetzungen des Manichäismus eingegangen werden, wohl aber festgehalten werden, daß die Verteufelung der ganzen Welt zugunsten einer radikalen Transzendierung des Menschen in den Kirchen des Ostens und Westens auf einen fruchtbaren Boden fiel. Ungesühnte Verbrechen, Beleidigungen, physische und psychische Vergewaltigungen in Form der Sklaverei und despotischer Ausbeutung sowie Mißbrauch bürokratischer Macht durch Kirchen und Regierungen waren ja an der Tagesordnung. Dreihundert Jahre nach dem Tode Jesu stellte sich heraus, daß sich die Welt nicht geändert und das Los der Christen sich nicht verbessert hatte. An dieser Schwachstelle des kirchlichen Glaubensverständnisses drang das gnostische Daseinsverständnis ein.

4. Das Heil liegt allein in der Mitgliedschaft in der Kirche Manis,

denn die Sekten oder anderen Kirchen lehren nur die Gesetze des Todes, und ihre Lehren führen in die Feuerqualen der Hölle. Aber Manis Kirche verbürgt, daß sich die Erwählten erheben zu der Säule der Herrlichkeit und sie eingehen können in den Vater, den Gott der Wahrheit.

5. Alle diese Dichtungen, unabhängig von ihrem literarischen Rang oder ihrer nachweisbaren Verbreitung, lassen sich natürlich vorzüglich verwenden als ideologisches Druck- und Drohmittel. Aber Menschen, die sich von ihrer Zeit und Gesellschaft emanzipieren wollten, sahen in ihnen befreiende Antworten auf den Sinn ihrer Existenz.

6. Keinem dieser Dichtwerke, einschließlich der das Mittelalter abschließenden »Göttlichen Komödie« Dantes, in der alle diese Bilder erneut auftauchen, war es an der Wiege gesungen, daß sie in Beichtspiegel, Inquisitionsinstruktionen oder in den »Hexenhammer« Eingang finden würden. Es gehört zum Schicksal von Mythen, daß sie wie alle anderen Kunstwerke auch zum religiösen Mißbrauch sich eignen, weil kein Autor seine Urheberrechte einklagen kann. Nießbrauch und Mißbrauch liegen dicht beieinander. Unterdrückte Freiheit, gefesselte Erotik, ökonomische und soziale Entrechtung waren oft ihre Geburtshelfer, ihre Pädagogen öfter diejenigen, die diese gesellschaftlichen Pressionen für gut und gottgefällig hielten.

(e)

Als Petrus mit dem Herrn auf dem Berge weilte, erschienen vor ihm zwei Männer in strahlendem Gewand, so daß man sie nicht erkennen konnte. Und auf die Frage des Petrus, wer diese Männer wären, sagte Jesus, daß das Männer der Gerechtigkeit seien, die im Himmel wohnten. Und Petrus sah den Himmel offen, voller Licht und nimmer verblühender Blumen und Gewächse, die einen Duft ausströmten, der bis zu ihm drang. Dann aber sah er auch einen anderen Ort, der voller Finsternis war. Und alle, die sich dort befanden, trugen dunkle Gewänder. Es war aber der Ort der Strafe. Und es waren welche dort, die waren an ihren Zungen aufgehängt über lodernden Feuern, und das waren die, die zu Lebzeiten den Weg der Gerechtigkeit gelästert hatten. Und dann war da ein See mit brennendem Schlamm, in dem die Gotteslästerer von Engeln gefoltert wurden. Und dann waren Frauen an ihren Haaren aufgehängt über dem Schlamm, und mit dem Kopf in den Schlamm tauchend waren die gehängt, die sich mit diesen Frauen ehebrecherisch vermischt hatten. Und an einem anderen Ort voller Gewürm wurden Menschen geplagt, die auf Erden Mörder gewesen waren. Ihre Opfer aber standen von ferne und lobten Gott für dieses Gericht. In einem See voller Blut und Unrat saßen Frauen, die nur mit dem Kopf herausragten, und sie wurden von Feuerstrahlen in ihren Gesichtern geplagt, die von Kindern ausgingen, die am Rande saßen; das waren aber diejenigen, die ihre unehelichen Kinder abgetrieben hatten. Und andere Männer und Frauen waren von Flammen umlodert, und ihr Inneres wurde von Gewürm gefressen, ohne daß sie daran starben. Und das waren jene, die die Gerechten verfolgt und verraten hatten. Und wieder andere, die gelästert hatten, wurden von glühendem Eisen im Gesicht gebrannt und zerbissen sich ihre Lippen. Andere aber wurden von Flammen geplagt, die in ihre offenen Münder hineinschlugen, das aber waren jene, die falsche Aussagen beeidet hatten. Die Reichen aber, die sich der Armen, Witwen und Weisen nicht erbarmt hatten, wurden auf glühenden spitzen Steinen geschüttelt, die Wucherer aber und alle, die Zinseszins gefordert hatten, standen in einem großen See, der mit brodelndem Schlamm, Blut und Eiter gefüllt war, und sie konnten ihre Füße nicht aus dem Schlamm ziehen, wie sehr sie sich mühten. Andere Männer und Frauen aber wurden einen großen Abhang hinabgestürzt und von Dämonen wieder hinaufgetrieben, um erneut hinabgestoßen zu werden, das aber waren diejenigen, die nur der Lust auf das eigene Geschlecht nachgegeben hatten. Und dort am gewaltigen Feuer standen die, ohne sich retten zu können, die sich Götzenbilder gemacht hatten. Auf glühenden Rosten aber wurden die gebraten, die von Gott abgefallen waren.

Griechische Apokalypse des Petrus aus Akhmin 19–33

1. Das griechische Fragment einer Petrus-Apokalypse stammt aus dem 8. bis 9. Jahrhundert, geht aber sicher auf ältere Quellen zurück. Andere griechische Funde aus Ägypten sind ins 3. Jahrhundert zu datieren. Eine Apokalypse des Petrus kennt schon Clemens von Alexandria. Es dürfte kein Zufall sein, daß in dem Grab von Akhmin nur diese Abschnitte der Petrus-Apokalypse aufbewahrt sind, sie erfüllen den gleichen Zweck wie einstmals die ägyptischen Totenbücher, nämlich die Seele zu belehren über das Dasein nach dem Tode.

2. Trotz des rudimentären Zustandes der Apokalypse, auch die jüngere äthiopische Fassung bietet keinen anderen Anhaltspunkt, darf festgehalten werden, daß sich in der Darstellung der Strafhölle unschwer ein christlicher Lasterkatalog wiederfinden läßt. Diese sind sonst in den paränetischen Teilen der neutestamentlichen Briefe enthalten, nur fehlt ihnen dort die Darstellung der Höllen-

strafen. Diese Höllenstrafen (vgl. die kanonische Ordnung der sieben Todsünden) sollen die Frommen vor Sünden bewahren.

3. Für die einzelnen Motive in der Beschreibung der Höllenstrafen sind Belege aus der Antike und aus der ägyptischen Totenbuchliteratur beizubringen. Die Vorstellungen von den Zuständen im Totenreich waren so verbreitet um die Zeitenwende, daß man schwer entscheiden kann, ob wirkliche literarische Abhängigkeit vorliegt. An der Entstehung in Alexandria in Ägypten sollte nicht gezweifelt werden. Wichtig für eine kirchliche Mythologie ist vielmehr, daß diese Bilderwelt die Stelle ausfüllt, die durch die kanonische biblische Literatur nicht gedeckt ist.

4. Von Gewicht ist ferner das Mythologem von der unwiederbringlichen Verlorenheit der Frevler. Darin geht der christliche Dichter über Vergil hinaus, der in Buch VI der Äneis noch mit der Möglichkeit der Läuterung rechnet, wie Origines später mit der Apokathastasis pantōn, der Wiederbringung aller. In der vorliegenden Dichtung, die sehr beliebt und weit verbreitet war, wie wir aus verschiedenen Nachrichten altkirchlicher Autoren wissen, ist Jesus der Totenrichter, der über beide Bereiche herrscht. In der neutestamentlichen Apokalypse des Johannes ging es nur um die erlösende Funktion des Messias; der Person ordneten sich die Bilder unter. In dieser Petrus-Apokalypse gewinnt die Welt der Toten ein eigenes Gewicht. Der gnostische Dualismus ist unverkennbar.

5. Mythologisch gewichtig bleibt auch die Interpretationsmöglichkeit der Apokalypsen als Horrorbild zur Rechtfertigung christlicher Frömmigkeit, wie sie in den Klöstern geübt wurde. Die Qualen der jenseitigen Welt werden als Fixierbild auf die Gegenwart übertragen, die bei dem Klosterbewohner nur Ekel erregen kann.

(f)

Der Prophet Elia hatte einstmals eine Vision von der Hölle in der Unterwelt. Der Engel des Herrn führte ihn an ein Tal, das Gehenna hieß, in dem fortwährend Pech und Schwefel brannten. An diesem Ort nämlich hausen die Seelen der Sünder und werden für die Sünden gestraft, die sie auf Erden begangen haben. Die Seelen aber haben Körpergestalt, und so hängen unter gräßlichen Qualen alle Hurer an ihren Geschlechtsteilen über den Wassern, aus denen ihnen die Schwefelflammen entgegenschlagen. Andere Frauen werden an ihren Brüsten gefoltert, und die unzüchtigen Jungfrauen werden auf glühenden Rosten gebraten. Die Gotteslästerer werden an ihren Zungen aufgehängt, und die Meineidigen und Verleumder an ihren durchbohrten Lippen. Mit brennenden Augen, aus denen die Pechflammen lodern, irren die herum, die einstmals sich frevelhafte Dinge mit Vergnügen angesehen haben. Kopfüber in den Feuersumpf hängen alle, die auf Erden die Gerechtigkeit mit Füßen getreten haben, und in den Flammen brennen diejenigen, die Hurerei getrieben haben.

Pseudo-Titusbrief

1. Zum Pseudo-Titusbrief siehe oben unter VI e 1. Die Schilderung der Hölle in dieser Dichtung ist vermutlich ein Zitat aus einer sonst verschollenen Elia-Apokalypse. Sie dient in diesem Text zur Illustration des Schicksals all jener Menschen, die den christlichen Tugendkanon übertreten haben. Allerdings werden hier vorwiegend die sexuellen Moralverstöße mit ihren nachfolgenden Strafen benannt.

2. Die biblischen Texte haben keine ausführlichen Höllendarstellungen, denn die apokalyptischen Schreckensvisionen versuchen, das Jüngste Gericht als Vernichtung alles Verdammten zu schildern, und nicht, wie die außerbiblische Apokalyptik, als einen Dauerzustand körperlicher Qualen, der schon zu Lebzeiten der Verfasser existiert. Diese Auffassung war den alten Ägyptern geläufig. Elia mußte hier diese mythische Dreiteilung – Erdenleben, Paradies, Hölle – legitimieren, weil von ihm als einem bekannten Propheten ja weiter keine kanonischen Bücher nachweisbar waren.

3. Mythologisch von Gewicht ist diese Schrift auch deshalb, weil sie zeigt, wie Bilder aus einer anderen Tradition sich durchsetzen können, weil die Hoffnung auf eine baldige Vollendung des Gottesreiches nicht in Erfüllung ging. Die gesellschaftliche und kirchliche Ohnmacht asketischer Gruppen drückte sich hier in der Aneignung griechischer und ägyptischer Mythen aus; sie verurteilten die sexuellen Libertinisten zu Höllenstrafen und Höllenqualen. Die christlichen Asketen wollten, daß die Menschen wie Engel lebten, und lieferten jene, die ihnen nicht folgen wollten, der Hölle aus. Heimstätten dieser Askese waren rigorose monastische Gruppen.

(g)

Nachdem Paulus das Paradies im Himmel gesehen hatte, führte der Engel ihn wiederum durch den Ozean an ein anderes Ufer, an dem die Finsternis herrschte. Und dann war dort ein Fluß von Feuer, in dem eine Schar von Menschen stand, manche waren bis an die Knie in den Feuerfluten, andere bis zum Nabel, andere wiederum bis zum Halse und andere bis zum Haaransatz. Das waren alle jene, deren Glaubenskraft nicht ausreichte, um die kirchlichen Pflichten zu erfüllen.

Im Norden aber strömte ein anderer Feuerfluß herab und stürzte in Gruben, die mehr als 3000 Ellen tief waren. Sie waren unergründlich, wie der Engel erklärte, um alle die aufzunehmen, die auf der Erde nicht begreifen wollten, daß sie nur einen Herrn und Helfer, nämlich Jesus Christus, haben sollten. Nun aber waren die Gruben angefüllt mit dem Schrei der Leute: Herr, erbarme dich. Paulus aber verstand nicht, warum das so sein sollte, aber der Engel belehrte ihn, daß Gott in seiner Geduld die Menschen auf Erden tun ließe, was sie wollten, weil er gemäß ihren Taten für sie dann die Strafen festgesetzt habe.

Paulus fiel aber noch ein Mann auf, der von den Engeln, die den Tartaros bewachten, gewürgt und mit eisernen Gabeln gestochen wurde, und erfuhr, daß dies ein Priester bzw. Presbyter gewesen sei, der den Opferdienst am Altar im kultisch unreinen Zustand gefeiert habe. Ferner ließ ihn der Engel das Bild sehen, wie vier Racheengel einen Bischof in den Fluß stießen und ihn mit Steinen bewarfen, so daß er nicht einmal sich aufrecken und beten konnte: Herr, erbarme dich unser. Ferner sah Paulus auch noch, wie die Würmer aus dem Munde und den Ohren eines Menschen herauskrochen, der inmitten des Feuerstromes stand und flehentlich um Hilfe und Erbarmen schrie. Und der Engel erklärte ihm, daß dieses ein Diakon sei, der die Opfergaben seiner Gemeinde verpraßt und verhurt habe, während der andere Mann daneben, dem die Engel fortwährend mit einem Messer die Lippen und die Zunge aufschnitten, ein Lektor gewesen sei, der zwar den Leuten das Gesetz und das Evangelium vorgetragen habe, aber selbst nicht im geringsten danach gelebt hätte.

Und der Ort des Schreckens wies Gruben auf, in denen Würmer an Menschen nagten, und das waren die, welche Zinseszins genommen und auf ihren Reichtum ihre Hoffnung gesetzt hatten. Und an anderen Orten waren Leute im Feuer, die ihre eigenen Zungen kauten, und das waren alle jene, die Gottes Wort in der Kirche verunglimpft und nicht darauf gehört hatten. Und da waren auch die Zauberer, die Ehebrecher, die Jungfrauen, die ihre Keuschheitsgelübde gebrochen hatten, und andere, die die Witwen und Waisen um ihr Hab und Gut gebracht hatten, und die Menschen, die nur Partner des gleichen Geschlechts liebten. Und andere waren gepfählt und wurden von wilden Tieren zerrissen, und das waren alle, die wohl Kinder gezeugt und in die Welt gesetzt hatten, aber dann die Kinder nicht auf den Weg des Heils gebracht, und die von ihren Kindern bei Gott angeklagt wurden. Die Engel aber nahmen die Kinder und brachten sie an den Ort des Erbarmens, die Eltern aber litten die ewigen Strafen. Und wiederum waren da Menschen, gekleidet in Kleider von Lappen mit Pech und Schwefel und von feurigen Drachen umschlungen, das aber waren all jene, die ein geistliches Gewand und somit ein kirchliches Amt getragen hatten, aber inwendig Menschenverächter waren. Und Paulus erschrak und weinte noch mehr, als er sah, welche Folgen die Freiheit des Menschen hatte, auf Erden alles tun und lassen zu können.

Aber der Engel führte ihn noch weiter in die Hölle hinein, weit nach Norden, den Ort aller Strafen, und wies ihm einen Brunnen, der mit sieben Siegeln versiegelt war. Und darin verbargen sich alle die Menschen, deren Namen niemals mehr vor Gott erwähnt werden. Aber im Westen sah Paulus dann eine große Schar von Menschen, die erstarrt waren in Kälte und Frost und von einem großen Wurm geplagt wurden. Im Brunnen waren die verborgen, die die Gottessohnschaft Jesu und die Realpräsenz im Abendmahl abgelehnt hatten, während die in der Todeskälte Zitternden die Auferstehung Jesu von den Toten und die Auferstehung der Menschen geleugnet hatten. Und Paulus weinte über ihr Los und hatte Mitleid mit ihnen.

Das Klagen des Paulus und das Schreien der Opfer aber vernahm der Himmel, denn plötzlich kam Michael aus den Himmeln herab und verkündete, daß wegen der Fürbitte des Paulus alle Engel mit ihm um Gnade beten würden, daß diese Menschen am Sonntag von den Plagen des Wurmes und der Kälte verschont bleiben sollten. Und Paulus sah, wie sich der Himmel auftat und der Sohn Gottes herabstieg und verkündete, daß er allen aus Gnade einen Tag und eine Nacht Erquickung von den Plagen gewähren würde. Die Engel aber zürnten, weil die Menschen ihr Leben lang kein Erbarmen mit anderen Menschen geübt hatten, und sollten nun solche Gnade empfangen: in der Nacht und am Sonntag Erquickung um des hochgeliebten Paulus willen, der zu ihnen hinabgestiegen war.

Paulus-Apokalypse, Kap. 31–45

1. Zur Paulus-Apokalypse siehe schon unter VI h 1. Auch die Kapitel 31–45 stammen aus dem ausgehenden 4. Jahrhundert. Zu den besonderen literarischen Stilmitteln in diesem Abschnitt gehört das Zitat des Kyrie eleison (Herr, erbarme dich) aus der sonntäglichen Meßliturgie durch die Verdammten. Der Topos der Bestrafung von Kultfrevlern stammt aus antikem Erbe. Pausanias berichtet in seiner Perigeis Buch X von solchen Kultfrevlern wie auch Aristophanes in den »Fröschen« bei der Katabasis des Dionysos.

2. Die Bewohner der Hölle vor einem zweiten und letzten Tod

sind in dieser Dichtung alles Leute, die kirchliche Gebote und Gesetze übertreten haben. Zu den Frevlern gehören auch höchste kirchliche Würdenträger, nicht nur Angehörige des niederen Klerus. Ordensgeistliche sind nicht darunter, obwohl man gemeint hat, daß sich hinter denen, die mit den Lappenkleidern voll Pech und Schwefel herumlaufen, Mönche und Nonnen verbergen. Ganz eindeutig ist der Text aber nicht. Eindeutig ist er nur in der Intention, daß nur strikter Gehorsam gegenüber dem kirchlichen Gebot einen Menschen vor dem Abstieg in die Hölle bewahren kann.

3. Kirchliche Weihen bewahren so wenig einen Menschen vor der Hölle wie die antiken Priesterweihen. Vermutlich liegt in unserem Text nur eine einfache Adaption antiker Vorstellungen vor, für die der »hochgeliebte Paulus« die Bürgschaft übernehmen muß. Es ist ja nicht zu übersehen, daß diese Dichtung den kanonischen Paulus mit seiner Lehre von der Gerechtigkeit allein aus Glauben korrigiert, denn nicht der Glaube zählt hier, sondern die Erfüllung sittlicher bzw. moralischer Normen oder Gesetze. Charakteristisch ist auch, daß unter den Höllenbewohnern jene Christen sich befinden, die nicht an die Festlegung der Kirche von der Realpräsenz Christi in Brot und Wein des Abendmahles glauben und an Jesu wirkliche Gottessohnschaft sowie an die leibhaftige Auferstehung Jesu von den Toten.

4. Es ist nicht verkehrt, in diesem Mythos wie in den ägyptischen Totenbüchern eine Schilderung irdischer Zustände in der Gesellschaft zu sehen. Es ist die monastische Kritik an einer verweltlichten Kirche. In der Paulus-Apokalypse regiert die moralische Meßlatte eines Mönches. Maler wie Hieronymus Bosch haben diese Texte gelesen und sich inspirieren lassen. Und es ist ebenso nicht zu übersehen, daß die Torturen, denen die Opfer in der Hölle von den dazu abgeordneten Racheengeln unterworfen werden, denen ähneln, die in der Inquisition und anderen mittelalterlichen Folterregeln für die Bestrafung von Gesetzesübertretern angewendet wurden. Zur Verlebendigung des Mythos trägt natürlich auch die Sonntagsheiligung bei, die Paulus den Bewohnern in der Hölle verschafft. In der Nacht und dem Tag des Sonntags werden die Gepeinigten in Ruhe gelassen, können sie sich erholen, erquicken. Das ist »das Verdienst des Paulus«, der für die Opfer betet.

5. Besonders deutlich wird der mythische Charakter der Erzählung in der mehrmaligen Ablehnung der Klagen des Paulus durch die amtierenden Racheengel mit dem Hinweis auf die Gerechtigkeit Gottes, der dem Menschen zwar den freien Willen gegeben habe,

ihn aber dann auch für sein Verhalten zur Verantwortung ziehen wird. Barmherzigkeit und allgemeine Vergebung sind keine Verhaltensweisen Gottes. Nach ihnen wird hier nicht gefragt, denn die Paulus-Apokalypse verfolgt keinen eigentlichen religiösen Zweck, zu deutlich schimmert noch der Charakter des antiken Mythos durch, der die Einteilung der Welt und der Menschen in gute und schlechte für eine sinnvolle Einrichtung hält.

6. Dem allgemeingültigen Mythologem von einem Totengericht ist die in diesem Abschnitt durchscheinende Kirchenkritik untergeordnet. Die Typisierung der Bewohner der Hölle erfolgt zwar mit Mitteln und Bildern aus der kirchlichen Struktur, die ein Papsttum und die Existenz der Patriarchate und Erzbistümer scheinbar noch nicht kennt. Formal scheinen diese exemplarischen Kleriker aber dieselbe Rolle zu spielen wie die bürgerlichen und bäuerlichen oder feudalen Vertreter in den späteren mittelalterlichen Totentänzen. Aber für den Klosterbewohner des 4. Jahrhunderts ist der Weltklerus eben Teil und Abbild der Welt schlechthin und deshalb verwerflich.

7. Wie schon mehrfach angemerkt, ist diese Vorstellungswelt von der Hölle in die Kirchen eingedrungen, weil das biblische Zeugnis und die Frömmigkeit der ersten Christen ausschließlich von der Naherwartung des apokalyptischen Endgerichtes lebten. Erst als sich diese Hoffnung nicht erfüllte, nahm das Christentum Anleihen bei seinen kulturellen Nachbarn auf. Das Neue Testament kennt keine Jenseitsvorstellungen und weiß nur, daß der Abyssos der Ort für die Dämonen ist, die Gehenna der endzeitliche Strafort. Im Mythos in der Paulus-Apokalypse aber geht es um die mit der Geschichte gleichlaufende Daseinsform der Hölle als einer der drei Existenzformen der Welt.

›facit‹

Das Bild von Hölle und Unterwelt ist im Mythos das Bild für Nichtwelt, Unwelt; ihre Mächte und Gewalten sind die von den neuen Mächten überwundenen Kräfte einer alten, vergangenen Welt.

Die neutestamentlichen Autoren bewegten sich noch in einer der alttestamentlichen Vorstellung nahen Darstellung, für die nur der lebende Mensch, der durch die Taufe und den Glauben an den auferstandenen Jesus als erlöst gilt, wichtig ist. Christianisierte hellenistische Vorstellungen, wonach eine postmortale Daseinsweise des Menschen entweder im göttlichen Lichtreich oder im Schattenreich des Todes denkbar ist, dienten z. B. dem Paulus als Metaphern zur Beschreibung der neuen Seinsweise.

Aber in den dargestellten Texten aus den ersten nachchristlichen Jahrhunderten wird sichtbar, wie sich diese Bilder von der Beziehung auf die Person Jesu wieder lösen und sich erneut zu selbständigen Vorstellungen entwickeln, wobei die Hölle z. B. in der Gnosis zum Bild für die abzulehnende Weltwirklichkeit wird. Die im Mythos implizierte Zeit- und Gesellschaftskritik, dargestellt an den Bewohnern von Himmel und Hölle, wird nun zum Abbild eines realen Zeitverlaufs, zu einem metaphysischen Weltbild.

VIII
DAS KÖNIGREICH GOTTES AUF ERDEN

(a)

Es war unter den Pharisäern, den Obersten unter den Juden, einer mit Namen Nikodemus, der von Jesus wissen wollte, wie es denn nun mit dem Reich Gottes stünde. Jesus versuchte ihm das zu erklären mit dem Hinweis, wie Gott schon früher mit seinem Volke verfahren sei, um Menschen zu retten vor dem sicheren Untergang, und wie nun Gott zu seinem letzten Mittel gegriffen habe: Gott habe seinen Sohn dahingegeben, damit alle, die an ihn glauben, nicht verlorengingen, sondern das ewige Leben erhielten, weil er die Welt geliebt habe. Denn Gott habe seinen Sohn nicht in die Welt gesandt, um sie zu richten, sondern sie selig zu machen. Wer nun an ihn glaube, werde selig werden, die anderen aber seien schon dadurch gerichtet, daß sie nicht an ihn glauben.

Ein andermal betete Jesus zu seinem Vater: Das ist aber das ewige Leben, daß sie dich als allein wahren Gott und mich als den erkennen, den du gesandt hast.

Und von seinen Jüngern nahm er u. a. mit den folgenden Worten Abschied: – Solches habe ich zu euch gesagt, daß ihr in mir Frieden findet. In der Welt habt ihr wohl Angst, aber tröstet euch, ich habe die Welt überwunden. –

Das ist aber mein Gebot für euch: Liebet euch untereinander, wie ich euch auch geliebt habe und gleich wie mich mein Vater liebt.

Nach dem Evangelium des Johannes,
Kap. 3, 1–21;17,3; 16,33; 15, 1–17.

1. Zum Text siehe schon oben I a 1. Die Zusammenstellung der Texte aus dem Johannes-Evangelium will deutlich machen, daß der Verfasser unter Welt/Kosmos das Universum versteht, in das Jesus als Licht gekommen ist und für das nun die Christen auch das Licht sein sollen. Jesus ist der Heiland des Universums, der Soter des Kosmos (Kap. 4,42). Die Christen zählen nicht mehr zum Kosmos, denn der hat durchweg den Christus nicht angenommen, während nach Johannes 1, 12–13 diejenigen, die ihn aufnahmen, »nicht von dem Geblüt noch von dem Willen des Fleisches, noch von dem eines Mannes, sondern von Gott geboren sind«, wie Luther übersetzt.

(b)

Paulus schrieb an die Gemeinde in Kolossä einen Brief, in dem er die Gemeinde auch über ihren besonderen Status unterrichtete: Danksaget dem Vater, der uns tüchtig gemacht hat zu dem Erbteil der Heiligen im Licht, welcher uns errettet hat von der Herrschaft der Finsternis und uns versetzt hat in das Reich seines lieben Sohnes.

Kolosserbrief 1, 12–13.

1. Zum Text siehe schon oben I b 1. Wie aus dem Text hervorgeht, wird unter Kosmos oder Welt weniger die räumliche Gegebenheit, also der Planet Erde oder das Universum, sondern mehr das, was sie bevölkert, also die Menschen zusammen mit den sie beherrschenden Mächten verstanden. Zu diesen Mächten werden gute und böse Kräfte des Himmels, der Erde und der Unterwelt gezählt. Nur die Christen, die Angehörigen einer Kirche, sind davon schon geschieden. Sie sind schon durch ihren Herrn aus dieser Welt, diesem Äon der Finsternis, erlöst und in den Äon des Lichts gebracht. Äon meint dabei im neutestamentlichen Sprachgebrauch auch weniger eine Zeitphase als vielmehr eine Daseinsweise unter einem bestimmten Aspekt, nämlich der Herrschaft »seines lieben Sohnes«, wie denn Herrschaft auch nur eine Beziehung zwischen Menschen und Jesus beschreibt und nicht einen räumlichen oder zeitlichen Komplex.

2. Das biblische Neue Testament entlehnt seine Anschauung vom Aufbau der Welt seiner hellenistischen Umgebung, zu der griechische Elemente ebenso gehören wie jüdische. Deshalb sind Differenzen in der Bibel unausbleiblich. Unterschiede etwa zwischen dem Kapitel 13 des Markus-Evangeliums, in dem die apokalyptische Erscheinung des Menschensohnes beschrieben wird, oder dem 15. Kapitel des 1. Korintherbriefes über die erwartete Auferstehung der Toten zeigen nur, wie bunt gemischt die Vorstellungen des ersten nachchristlichen Jahrhunderts waren. Es gibt also keine spezifische, eindeutig biblische Lehre von der Herrschaft Gottes oder Jesu, sondern nur sehr verschiedene Aussagen, wie sich die Herrschaft Gottes oder Jesu darstellte. Einigendes Band allein ist das Mythologem von der Herrschaft Gottes über die Menschen. Gott und Jesus sind Götter der Menschen, die Natur spielt eine nur unbedeutende Rolle. Von ihr wird nur als Schöpfung gehandelt.

(c)

Und Jesus sagte einmal dieses Gleichnis: Mit dem Reiche Gottes ist es wie mit einem Menschen, der Saatgut auf den Acker streut, dann schlafen geht und wieder aufsteht, und zwar Tag für Tag. Und die Saat geht auf und gedeiht, und er weiß es nicht einmal. Die Erde bringt von allein die Frucht, zuerst den Halm, dann die Ähre, und schließlich wird die Ähre schwer vom Korn. Wenn aber die Saat so weit gediehen ist, schickt er den Schnitter, damit das Korn gemäht wird.

Nach dem Evangelium des Markus 4, 26–29.

1. Das biblische Markus-Evangelium ist kurz vor der Zerstörung des jerusalemischen Tempels im Jahre 70 vermutlich in Rom geschrieben für Leute, die kein Aramäisch konnten. Es enthält mehr Erzähl- als Redestoffe. Dieses Gleichnis ist eines der weniger bekannten Himmelreichsgleichnisse oder Gleichnisse von der Königsherrschaft Gottes; der griechische Begriff »Basileia theou« ist ein Synonym zu »Königsherrschaft der Himmel«. Sie ist gegenwärtig unter den Menschen (Lukas-Evangelium 17, 20–22), aber man kann sie nicht immer sehen. Und trotzdem soll der Mensch sich ihrer Nähe immer bewußt sein. Nach den neutestamentlichen Evangelien war es die Aufgabe des Täufers Johannes (Matthäus 3,2), die Ankunft der Königsherrschaft anzukündigen, die mit der Person Jesu verknüpft war. Dem natürlichen Bild vom Reifen der Ackerfrucht entspricht in den anderen Gleichnissen das Heilen von Krankheiten, die Vergebung von Schuld und Sühne, und zum Königreich Gottes gehört auch das gemeinsame Essen und Trinken (Markus 14, 25).

2. Typologisch wichtig für das biblisch-neutestamentliche Verständnis ist die Unberechenbarkeit in Raum und Zeit für das Königsregiment Gottes, von dem gilt, daß es schon wirksam ist, aber nicht von jedermann begriffen werden kann; daß es schon angebrochen, aber noch nicht vollendet ist, weil immer noch nicht alle Menschen den Glauben gefunden haben. Diese neutestamentliche Tradition verbindet die Vollendung der Königsherrschaft Gottes nicht mit der kosmischen Katastrophe des Weltuntergangs, sondern mit der Vollendung der Zahl der Erlösten. Diese Meinung vertritt auch noch das koptische Thomas-Evangelium (NHC II/2) in Logion 3. Dort sagt Jesus, daß manche das Reich in den Himmeln suchten, für die möchten dann wohl die Vögel die Boten und Wegweiser werden. Andere suchten es im Meer, aber dann sollten die Fische wohl die geeigneten Wegweiser sein. »Aber das Reich ist in euch und auf euch. Wenn ihr euch erkannt haben werdet, dann wird man euch erkennen, und ihr werdet dann wissen, daß ihr Söhne des lebendigen Vaters seid.«

(d)

Jesus lehrt die Apostel: Selig ist der, welcher die Welt gekreuzigt hat und sich nicht von der Welt hat kreuzigen lassen! – Das verstanden die Apostel nicht, weil sie doch gesehen hatten, daß man Jesus gekreuzigt hatte. Sie wußten nicht, daß es nur ein Scheinleib war. Jesus belehrte sie nun, daß er nicht wirklich gekreuzigt sei und daß sie die Welt kreuzigen, wenn sie nach dem Worte Jesu lebten. Darauf wollten diese von ihm wissen, ob es ausreichte, wenn sie ihm mit ganzem Herzen gefolgt, Vater und Mutter, Weib und Kinder, Haus und Hof, Acker, Vieh und alle Güter wie auch die Botmäßigkeit unter dem König verlassen hätten, nur um bei ihm zu sein und das Leben seines Vaters zu lernen. Jesus bestätigte das und fügte dann hinzu: Das Leben meines Vaters ist aber erst dann vollendet, wenn ihr aufhört, mit eurer Seele irdisch zu empfinden, und allein das tut, was ich euch lehre. Denn nur so kann ich euch heil und frei machen von aller Gewalt des Archonten dieser Welt, und ihr werdet heil werden durch den Geist des Trösters.

Bücher des Jeû, Kap. 1–3

1. Diese koptische gnostische Lehrschrift stammt vermutlich aus dem 3. oder 4. Jahrhundert. Sie steht noch in engem Kontakt zu kirchlichen Traditionen und vertritt eine sehr asketische Grundhaltung, ohne die Welt völlig zu verteufeln, wie es die gnostischen Schulen anderer Provenienz tun. Die ganze Schrift soll geheimgehalten werden.

Diese Arkandisziplin übten bis in den Anfang des 4. Jahrhunderts auch kirchlich orthodoxe Gruppen.

2. Mythologisch wichtig ist, daß die erwählten Apostel im treuen Gehorsam gegenüber den Worten Jesu heil und frei sein werden, auch frei von aller Botmäßigkeit gegenüber einem König. Sie besitzen nämlich eine engelgleiche Existenz, insofern sie ihre Existenz nur noch von Jesus allein abhängig machen, nicht mehr von den normalen menschlich-sozialen Gegebenheiten. Zu ihren Pflichten gehört allerdings auch die Predigt bzw. Verkündigung der Worte, die sie von ihrem Herrn gelernt haben. Dieser Topos spielt im übrigen vor allem in der Epistula apostolorum, einer koptischen Lehrschrift gegen die Gnosis aus dem Anfang des 2. Jahrhunderts, eine große Rolle. Dort verlangt Jesus, daß die Freiheit des Erlösten einschließt, daß er auch den, von dem er materiell abhängig ist, öffentlich tadelt, wenn er ihn Unrecht tun sieht.

(e)

Die gegenwärtige Welt ist zeitlich, aber die zukünftige ewig.

Zuerst war die Unwissenheit, aber dann erschien die Gnosis. Und genauso ist nach dem Willen Gottes die Welt eingerichtet, insofern die gegenwärtige Welt weiblich ist, und auch eine erste Prophetin über sie herrscht. Die gegenwärtige Welt bringt wie eine Mutter das Leben hervor, aber der zukünftige Äon ist männlich und erwartet wie ein Vater die Kinder. Und deshalb gibt es auch zwei Prophetien, nämlich eine männliche für den zukünftigen Äon und die weibliche Prophetie, die verkündet, was zu der gegenwärtigen Welt gehört. Sie will gerne männlich sein und stiehlt deshalb den Samen des Männlichen und gebiert ihn als eigene Frucht, aber ihre Worte bleiben, was sie sind, eitle Frucht. Sie gebiert Könige und Krieg, Neid und Mißgunst, und ihr Erstgeborener ist Kain, der später seinen Bruder Abel beneidet und ihn auch erschlägt. Seine Nachkommen aber sind Ehebrecher, auch wenn sie Harfen und Zithern verfertigen; sie schaffen Kriegsgeräte, und selbst mit den friedlichen und freundlichen Dingen sinnen sie heimlich auf Krieg.

Kerygmata Petrou, H III, 22–24.

1. Der vorstehende Abschnitt gehört zu den sogenannten pseudoclementinischen Texten, die aus judenchristlicher palästinensischer Tradition hervorgegangen sind. Sie stammen aus dem Beginn des 3. Jahrhunderts und enthalten z. T. älteres Erzählgut. Mit dem Apostel Petrus verbinden sie nur der Name. Die Gesamtkonzeption geht bei diesen Texten davon aus, daß Eva die archetypische Prophetin ist, von der alles Unheil ausgeht, während Adam der erste

123

männliche Prophet ist, der die wahre Lehre hat. Ihm folgen Abel, Moses und als letzter natürlich der Jesus Kyrios. Bedeutsam ist nur, daß Paulus in dieser Schrift zu den Vertretern der weiblichen Prophetie gerechnet wird, während Petrus zu den Nachfolgern Jesu gezählt wird. Zum Gesamtverständnis dieses Textes ist anzumerken, daß die Erfüllung des Gesetzes die Voraussetzung für den Eingang in die zukünftige Welt ist.

2. Die ganze Schrift ist schon von der Gnosis und ihrem Dualismus von weiblich und männlich bestimmt. Dieser Dualismus, den der Verfasser in das gesamte Alte Testament projiziert, wird auch von Augustin in seinem Buche »Vom Gottesstaat« geteilt. Mythologisch wichtig ist nur, daß für den Verfasser der von ihm erlebte Weltzustand sich nicht von dem seiner Vorväter unterscheidet, also das Kommen Jesu keine qualitative Veränderung bewirkt hat, sondern die ganze Welt immer Offenbarungen der männlichen Prophetie erhalten hat und also beide nebeneinander bestehen; die weibliche ist aber zum sicheren Untergang bestimmt.

3. Unübersehbar ist der altorientalische und auch judenchristliche Gedanke von der Verführbarkeit der Frau und dem verderblichen Einfluß, der von ihr ausgeht, während von dem männlichen Propheten als Garant der zukünftigen Welt nur Heil zu erwarten ist. Dieser Topos ist für das gesamte christliche Mittelalter bestimmender geworden, als man bisher zuzugeben geneigt war. Die Welt wird zum Inbegriff des Unvollkommenen, Unfertigen, Verlogenen, denn sie versucht, göttlichen Samen zu stehlen und sich wie ein Mann zu gebärden. Dagegen steht die Wahrheit der männlichen Prophetie als Inbegriff für den ewigen, zukünftigen Äon.

(f)

Jesaja, der Prophet, hatte in einem Gesicht gesehen, wie die Welt nach dem Tode Jesu aussehen würde: Die zwölf Jünger wandten sich in alle Welt und verkündeten überall das Evangelium von Jesus Christus, und alle, die an sein Kreuz und die Himmelfahrt in den siebenten Himmel glaubten, wurden gerettet. Und es geschahen auch viele Zeichen und Wunder auf der Erde, und es war eine gute Zeit. Aber dann verließen plötzlich seine Jünger die Lehre der zwölf Apostel und den Glauben, die Liebe zu allen Menschen, und vermischten sich mit den Ungläubigen. Dann entstand Uneinigkeit und Streit über ihren Herrn. Und sie neideten sich die Ämter und begehrten sie, ohne dafür geeignet zu sein, und sie waren keine Hirten mehr, sondern Räuber; es gab viel Schmeichelei gegenüber der Welt und den Menschen im Namen Jesu und großen Streit in den

Gemeinden zwischen den Hirten und den Lehrern, weil sich niemand mehr an die Worte der Propheten hielt, sondern jeder aus sich heraus meinte, recht zu haben.

Die Himmelfahrt des Jesaja, 3, 13–31.

1. Zum Text siehe IV c 1. Die koptischen Partien stammen wohl schon aus dem Anfang des 3. Jahrhunderts. Die christlichen Partien der Schrift hat man von einer jüdischen Grundschrift zu trennen versucht, zu der vor allem das Martyrium des Jesaja gehören soll.

2. Mythologisch wichtig ist die Beschreibung der Welt insoweit, als sie den Zustand zur Zeit des Verfassers als Endzeit ausgibt. Das Bild ist eine Karikatur des Gottesreiches und kündigt das Gericht Gottes an, das schon oben (IV c) beschrieben ist. Mit dem alten jüdischen Text verbindet die christliche Version, daß beide die Welt zugunsten des Gottesvolkes herabsetzen. Vielleicht war es ein judenchristlicher Redaktor, der diese kirchenkritische Passage in das Kapitel 3 einfügte, in dem auch die Assyrer und Babylonier getadelt werden, weil sie das Volk Israel angegriffen haben.

(g)

Als Paulus schon lange gestorben war und niemand mehr an sein Haus in Tarsus dachte, erschien dem Besitzer dort dreimal hintereinander ein Engel und befahl ihm, das Fundament seines Hauses aufzugraben und den Fund dann zu veröffentlichen.

Als der Mann es dann schließlich tat und ein Marmorkästchen ergrub, sandte er es dem Kaiser Theodosius, und der ließ es öffnen und fand darin eine Schrift des Apostel Paulus. Darin war zu lesen: Gedenkt, Menschenkinder, daß die ganze Schöpfung Gott untertan ist, aber nur das menschliche Geschlecht sündigt! Ihr herrscht ja auch über die Natur, und auch da sündigt ihr Menschenkinder ohne Unterlaß! Und schon oft hat sich die Sonne bei Gott beschwert über die Gottlosigkeiten und Ungerechtigkeiten und wollte die Menschen ausrotten, aber Gott in seiner Barmherzigkeit hinderte sie daran. Und manchmal haben auch Mond und Sterne bei Gott Beschwerde eingelegt: Uns hast du Macht über die Nacht gegeben, aber wie lange sollen wir noch zusehen, wie Menschen derweil Gottlosigkeit, Hurerei und Mord betreiben? – Laß uns doch etwas tun, damit die Menschen erkennen, daß du Gott bist. Aber Gott wies auch ihr Strafangebot zurück, um den Menschen Gelegenheit zur Buße zu geben. Und beiläufig hat sich auch das Meer beschwert und wollte die ganze Erdoberfläche zudecken und alle Menschen ausrotten, aber Gott hinderte auch das. Und auch die Wasser der Flüsse und Bäche beschwerten sich, weil die Menschen sie befleckten, und oft hat auch die Erde Klage vor Gott gegen die Menschen erhoben und gesagt: Ich werde mehr als die übrige Kreatur geschändet durch die Menschen und muß zusehen, wie alle Sitten und Ordnungen verkehrt werden, und ich werde geschändet, obwohl ich ihnen doch Nahrung und alle meine Früchte und Schätze gebe. Und wiederum läßt Gott sich hören: Ich weiß alles und kenne alle Gottlosigkeiten der Menschen. Aber meine Heiligkeit erträgt sie noch, bis sie sich bekehren und Buße tun. Wenn sie sich aber nicht bekehren, dann werde ich sie richten.

Apokalypse des Paulus, 1–7

1. Dieser Text ist vermutlich auf einen griechischen Urtext aus dem Anfang des 3. Jahrhunderts zurückzuführen. Die koptische Version wird schon in der Mitte des 3. Jahrhunderts übersetzt worden sein. Die armenischen, lateinischen und slawischen Übersetzungen sind alle jünger. Zur Schrift gehört auch noch eine Beschreibung von Hölle und Paradies.

2. Mythologisch wichtig an diesem Abschnitt ist die Personifizierung der natürlichen kosmischen Größen, die sich als Geschöpfe Gottes verstehen und bei Gott Beschwerde über die Menschen führen. Hier ist ein deutlicher Unterschied zu den neutestamentlichen Texten vorhanden, und nur Paulus scheint eine ähnliche Überlegung in Römer 8, 17–23 anzustellen. Im Unterschied zu Paulus aber läßt der Dichter hier die Natur von Gott verlangen, die Menschen ausrotten zu dürfen. Dieses bereits aus Sumer und Hellas wie aus dem alten Ägypten bekannte Mythologem von der Belästigung der Natur durch den Menschen wird hier aber durch den Hinweis auf die Barmherzigkeit Gottes entschärft. Der Protest der Natur wird vor allem zum Spiegel für die Langmut und Freundlichkeit Gottes.

(h)

Zu Lebzeiten Jesu regierte in Edessa der König Abgar. Als dieser von den Wundertaten Jesu hörte, schrieb er ihm einen Brief, in dem er ihn bat, zu ihm nach Edessa zu kommen, weil er nicht nur für sich, sondern auch für sein Volk Heilung von Krankheit und Dämonenaustreibungen erwartete. Er bekannte: Entweder bist du Gott selbst, vom Himmel herabgestiegen, oder du bist der Sohn Gottes.

Jesus antwortete ihm, daß er nicht selbst kommen könne, aber ihm nach seiner Erhebung in den Himmel einen seiner Jünger schicken werde. Und bald darauf kam auch Thaddäus nach Edessa, heilte den König und viele andere Menschen und verkündigte mit so eindrücklichen Worten das Evangelium, daß sich der König und sein Volk taufen ließen.

Eusebius, Kirchengeschichte, I, 13

1. Eusebius hat in seiner Kirchengeschichte den Briefwechsel zwischen dem König Abgar von Edessa und Jesus und einen Bericht über die erfolgreiche Missionstätigkeit des Thaddäus überliefert, die er aus einer syrischen Abschrift aus dem Archiv in Edessa erhalten haben will. Ihm ist nicht abzusprechen, daß er diese Quelle ernst genommen hat und daß ihm die historische Unglaubwürdigkeit nicht voll bewußt geworden ist. Wir müssen also annehmen, daß der Bericht im Anfang des 4. Jahrhunderts glaubbar war.

2. Einer historischen Überprüfung hält diese Geschichte nicht stand. Man darf vermuten, daß die Doctrina Addai, eine syrisch und armenisch erhaltene Geschichte von der Missionierung Syriens die Grundlage einer solchen Königsgeschichte gewesen ist. Mythographisch interessant ist nur, daß in die Königsideologie Edessas solch ein Topos von der Mitwirkung Jesu bei der Gründung eines christlichen Königsreiches eindringen konnte. Diese Tatsache darf hier erwähnt werden, weil damit gezeigt werden kann, daß es innerhalb der kirchlichen Mythographie auch eine positive Wertung der Welt gegeben hat, von der in späteren Jahrhunderten die byzantinische Kaiserideologie ungeniert Gebrauch machen konnte.

›facit‹

In der Mythologie wird das Wort »Welt« oder »Kosmos« immer mehr als Gemeinschaft der lebenden und toten Menschen verstanden, und weniger als Inbegriff des Planeten Erde oder des Weltalls. Weltherrschaft eines Gottes impliziert immer den Machtanspruch über die Menschen. Die Harmonie zwischen dem die Weltherrschaft beanspruchenden Gott und den Menschen wird immer in die Urzeit oder in die Endzeit der Menschheitsgeschichte gedacht.

Die biblische neutestamentliche Darstellung des Herrschaftsanspruchs Jesu greift die älteren biblisch-alttestamentlichen Vorstellungen von der Königsherrschaft Gottes bzw. der Himmel auf, verwandelt sie aber. Die Königsherrschaft wirkt unsichtbar, ist Heilkraft der Liebe und Rettung der Menschen aus der Finsternis in das Reich des Lichts. Die kirchliche Mythopoesie engt diese Vorstellungen ein und beschränkt sie auf Askese gegenüber der Welt, die als zeitlich abgelehnt wird, während die zukünftige Daseinsweise unter der Königsherrschaft Jesu ewig sein wird. Jüngerschaft und kirchliches Amt sind keine Schutzmittel vor Abfall und Ungehorsam gegenüber dem Wort des Königs Jesus, der zur Rechtfertigung eines christlichen Königtums herangerufen wird wie zur Übernahme des Weltgerichtes auf Grund der Klagen der Natur.

IX
DIE ALT-
KIRCHLICHEN
GLAUBENS-
SYMBOLE

(a)

Als Jesus einstmals mit seinen Jüngern in der Nähe von Cäsarea Philippi unterwegs war, fragte er sie, was denn die Leute so glaubten, wer er sei. Da antworteten sie ihm, daß einige ihn für Johannes den Täufer, andere für Elia, wieder andere für einen Propheten hielten. Jesus hörte sie an und fragte dann: Ihr aber, wer, glaubt ihr, daß ich sei. – Da antwortete Petrus: Du bist der Christus Gottes!

Lukas 9, 18–20.

1. Zum Lukas-Evangelium siehe oben II b 1. Dieser Bericht wird fast gleichlautend bei allen Evangelien erzählt. Matthäus 16, 16 fügt noch hinzu: Du bist der Christus des lebendigen Gottes, und schließt das Wort Jesu an, daß er auf diesen Petrus seine Kirche bauen wolle. Johannes erzählt das Thema etwas anders und läßt den Petrus in Kap. 6, 69 sagen: »Wir haben erkannt, daß du der Heilige Gottes bist.« Der Sinn aller drei Episodenbeschreibungen ist aber einhellig, daß hier als Meinung der Jünger festgehalten werden soll,

Jesus sei der Messias für Israel. Der griechische Christos ist das Äquivalent für den hebräischen Messias.

(b)

Als Jesus schon einige Zeit gepredigt hatte, kam Philippus aus Bethsaida zu seinem Freunde Nathanael und sagte ihm: Wir haben nun den gefunden, von dem Moses vorhergesagt hat, daß er kommen wird, um Israel zu erlösen, es ist Jesus aus Nazareth. Nathanael aber zweifelte sehr daran: Was kann denn schon aus Nazareth Gutes kommen? – Aber er ging trotzdem mit und ließ sich von Jesus so beeindrucken, daß er bekannte: Rabbi, du bist Gottes Sohn, du bist der König von Israel! – Jesus aber schloß die Aussprache ab mit der Weissagung: Wahrlich, wahrlich, ich sage euch, von nun an werdet ihr den Himmel offen sehen und die Boten Gottes hinauf- und herabkommen zu dem Menschensohn.

Johannes-Evangelium 1, 45–51.

1. Zum Charakter des Textes siehe oben bei I a 1.

Von Gewicht ist hier nur, daß dem Evangelist der Messiastitel »König von Israel« nicht ausreicht, sondern er als Selbstaussage Jesu noch den Titel »Menschensohn« hinzufügt. Offensichtlich sind dies die weitestverbreiteten Glaubensinhalte über die Person Jesu gewesen, wie sie in der Erinnerung an den lebendigen Jesus als Prediger kursierten. Erst die Gemeinde nach Ostern hat diese einfachen Sätze zur universalen Heilslehre erweitert, und Paulus hat diesen Prozeß gefördert. Die Gemeinde glaubt nun, daß durch Jesu Tod und Auferstehung das Heil für die Welt als endzeitliches Ereignis Wirklichkeit geworden ist.

(c)

Das apostolische Glaubensbekenntnis

Ich glaube an Gott, den allmächtigen Vater, den Schöpfer des Himmels und der Erde,

und an Jesus Christus, seinen einzigen Sohn, unseren Herrn; der ist empfangen vom Heiligen Geist, geboren von der Jungfrau Maria, hat gelitten unter Pontius Pilatus, ist gekreuzigt, gestorben und begraben, er stieg hinab in die Unterwelt, kehrte am dritten Tage von den Toten zurück, stieg hinauf in die Himmel, setzte sich (sitzt) zur Rechten Gottes, des allmächtigen Vaters; von dort wird er kommen, um die Lebenden und die Toten zu richten.

Ich glaube an den Heiligen Geist, die heilige katholische Kirche, die Gemeinschaft der Heiligen, die Vergebung der Sünden, die Auferstehung des Fleisches und ein ewiges Leben, Amen.

1. Dieses Glaubensbekenntnis gilt als ältestes Formular und läßt

sich in seinen einzelnen Gliedern bis in das 1. Jahrhundert zurückverfolgen. Die vorliegende Form besaß er bereits in der Mitte des vierten Jahrhundert. Es ist seitdem gleichlautend in allen christlichen Kirchen benutzt worden und auch heute noch in Gebrauch. Vor allem in der Taufliturgie hat es seinen angestammten Platz behalten, in den normalen Gottesdiensten christlicher Kirchen wird es gelegentlich durch andere Glaubensbekenntnisse ersetzt.

2. Der liturgische Gebrauch bestimmt auch seinen literarischen Charakter. Es ist ein Hymnus, dessen einzelne Glieder die Kenntnis biblischer Geschichten voraussetzen. Der erste Teil referiert die biblische Schöpfungsgeschichte von 1. Mose 1–2. Der zweite Teil, der von Jesus Christus handelt, referiert die wesentlichen Inhalte der neutestamentlichen vier Evangelien, und der dritte Teil beruht auf den neutestamentlichen Briefen und vor allem der letzten biblischen Schrift, der Offenbarung des Johannes. Formal entspricht dieses Credo, wie der wissenschaftliche Name für die altkirchlichen Glaubensbekenntnisse nach dem ersten Wort in der lateinischen Fassung lautet, den biblischen Psalmen, die von den Taten des Gottes Jahwe erzählen.

3. Nähere Erläuterungen sind nur zu dem dritten Teil dieses Credo notwendig. Die neue Qualität der Kirche wird mit den Begebenheiten beschrieben, die sich nach dem Bericht in der Apostelgeschichte 2 beim ersten Pfingstfest zugetragen haben sollen. Der heilige Geist kam auf die Versammelten herab, die sich fortan als eine Gemeinschaft verstand, die alles gemeinsam besaß und miteinander teilte. Die Gemeinschaft der Heiligen kann auch anders gedeutet werden, als es bislang meistens geschieht, denn der lateinische Ausdruck Communio sanctorum, gemeinhin mit Gemeinschaft der Heiligen übersetzt, kann auch heißen: Gemeinschaft an dem Heiligen und würde dann auf einen Besitz der Sakramente Taufe und Abendmahl hinweisen. Diese Deutung hätte für sich, daß der letzte Teil jeweils drei verschiedene Glieder enthält, also formal regelmäßig konstruiert ist. In einigen alten griechischen Versionen fehlt übrigens der Begriff. Über das gesamte biblische Zeugnis hinaus präzisiert das letzte Glied des dritten Teils die Enderwartung: Auferstehung des Leibes und ewiges Leben. Hier sind allmächtige Einflüsse des hellenistischen Zeitbewußtseins wirksam geworden.

4. Den Charakter einer Lehrformel hat dieses Symbol oder Glaubensbekenntnis erst im Laufe des vierten Jahrhunderts erhalten, als sich innerhalb der Christenheit Parteien bildeten, die jeweils für sich beanspruchten, im Alleinbesitz der Wahrheit zu sein, und nachdem

auf zwei anderen allgemeinkirchlichen Versammlungen, den sogenannten ökumenischen Konzilien, Texte verabschiedet wurden, die den Glaubensgehalt der Gesamtkirche dokumentieren sollten. Formal sperrt sich das apostolische Symbol einer solchen Deutung viel mehr als etwa die beiden anderen, nachfolgend behandelten Symbole.

5. Ihren wohlverdienten Platz in einer Mythologie haben diese Symbole deshalb, weil sie jeweils festhalten, wieweit außerkirchliche literarische Strömungen und religiöse Traditionen anderer Observanz die kirchliche Mythologie prägten. In dem vorliegenden Symbol ist noch deutlich ein additives System erkennbar, das eine dreifache oder aus drei Personen bestehende Gottheit mit je sehr verschiedenen Funktionen erkennen läßt. Es muß einfach festgehalten werden, daß die neutestamentlichen trinitarischen Formeln (Trinität: Die Wesenseinheit Gott besteht aus drei Personen, Gott, Jesus Christus, Heiliger Geist) einer tritheistischen Deutung wesentlich näher liegen, als es die spätere Theologie wahrhaben wollte. Das älteste Judenchristentum in Jerusalem war monotheistisch, für diese Gemeinschaft war es selbstverständlich, daß es nur einen Gott, den Gott des Alten Testaments gab, während Jesus der von Gott gesandte Messias und der Heilige Geist eine Wirkungsform Gottes war.

(d)
Das nicänische Glaubensbekenntnis
Wir glauben an einen allmächtigen Gott, Vater, Schöpfer Himmels und der Erde, alles Sichtbaren und Unsichtbaren. –

Und an einen einigen Herrn, Jesus Christus, den einzigen Sohn Gottes, der von dem Vater geboren wurde vor allen Äonen, Licht aus Licht, wahrhaftiger Gott vom wahrhaftigen Gott, geboren und nicht geschaffen, wesenseins mit dem Vater, durch den alles geschaffen ist, der wegen uns Menschen und unserer Errettung aus den Himmeln herabkam und Leibesgestalt empfing vom Heiligen Geist und der Jungfrau Maria und ein Mensch wurde, der unseretwegen gekreuzigt wurde unter Pontius Pilatus und litt und begraben wurde, und der am dritten Tag nach dem Zeugnis der Schriften auferstand, hinaufging in die Himmel und zur Rechten des Vaters sitzt, und der mit Herrlichkeit wiederkommen wird, um die Lebenden und die Toten zu richten. Sein Reich wird kein Ende haben. –

Und an den Heiligen Geist, den Herrn und Lebensspender, der von dem Vater ausgeht, der mit dem Vater und dem Sohn zusammen angebetet und verehrt wird, der durch die Propheten geredet hat. –

Und an eine heilige allumfassende und apostolische Kirche. Wir bekennen eine Taufe zur Vergebung der Sünden. Wir erwarten eine Auferstehung der Toten und ein Leben in einer zukünftigen Welt.

1. Anders als bei dem apostolischen Symbol (siehe IX c) weicht das ursprüngliche griechische Formular des Nicänums, das hier wiedergegeben ist, von dem tradierten Text, wie er aus der römisch-katholischen Kirche bekannt und auch in die lutherische Tradition eingegangen ist, ab. Die Bekenntnisformulierung erfolgt im griechischen Text in der 1. Person Plural. Hier wird zugleich ein weiterer Unterschied sichtbar: Das nicänische Glaubensbekenntnis ist schon das Ergebnis einer konziliaren Diskussion und beansprucht schon für sich, mehr Lehre als Hymnus zu sein. Es wird auch nicht so häufig in den liturgischen Formularen gebraucht wie das apostolische Credo, das den ursprünglich hymnischen Charakter mehr bewahrt hat. Es ist im übrigen genau zu datieren, weil es in den Protokollen der Konzilsakten von Chalcedon 451 als das authentische Dokument zitiert wird, welches das Konzil von Nicäa 325, – es war das erste gesamtkirchliche Konzil und wurde von dem Kaiser Konstantin einberufen, um die Lehre des Arius aus der Kirche auszuschließen – verabschiedet hatte.

2. Der ursprüngliche Wortlaut läßt noch erkennen, daß die Synode nicht an eine klare Dreiteilung wie im apostolischen Credo gedacht hat. Alle Aussagen über den Heiligen Geist und die Kirche, die Taufe und Auferstehung wie ein Leben in einer zukünftigen Welt stehen locker nacheinander, die Verbformen weichen auch von dem majestätischen »Wir glauben« ab, das den gesamten Text bis zu den Aussagen über die Kirche nach sich zieht. Im ursprünglichen griechischen Text fehlt auch noch das berühmte »filioque«, das beinhaltet, daß der Heilige Geist auch von Jesus Christus und nicht nur von Gott ausgeht. Im Abendland ist dieser Zusatz erst im 9. Jahrhundert eingefügt und in Rom vermutlich erst seit dem ersten Viertel des 11. Jahrhunderts mitgesungen worden. Die dahinter stehende Lehre ist aber seit Tertullian und Augustin schon verbreitet gewesen.

3. Der besondere Charakter des nicänischen Symbols liegt klar in dem einfachen Nebeneinander dreier Personen: Gott, Jesus Christus und Heiliger Geist. Erst im sogenannten Athanasianum (siehe IX e) ist dieses Nebeneinander aufgehoben und in Formulierungen gefaßt, die jedes tritheistische oder polytheistische Mißverständnis ausschließen. Der Synode von Nikaia, wie man den Ortsnamen richtig wiedergeben müßte, genügte offensichtlich diese Form der additi-

ven Aussage über die Theologie, wie es sehr deutlich ausgedrückt ist in der Feststellung, daß der Heilige Geist zusammen mit dem Vater und dem Sohn angebetet und verehrt werden soll.

Zu den Besonderheiten dieses Credos gehört auch, daß von Jesus Christus nicht gesagt wird, daß er gestorben ist. Hier liegt kein Versehen vor. Auch alle Versuche, in dem »gekreuzigt« den Tod mitzudenken, sollten unterbleiben, weil die Konzilstheologen mit der Formulierung »Licht vom Licht, Gott vom Gott, geboren vor allen Aionen« die Unsterblichkeit Jesu einfach festgesetzt hatten. Zu den Besonderheiten gehört auch der merkwürdig nachlässig anmutende Schlußpassus über Taufe, Auferstehung und Leben in einer zukünftigen Welt. Diese Aussagen werden anders eingeleitet, weil sie offensichtlich für die Konzilsväter zu Beginn des 4. Jahrhunderts noch weniger Gewicht besaßen.

4. Mythologisch bedeutsam an diesem Text ist die Tatsache, daß hier ganz zweifelsfrei einfach aus anderen Religionen Begriffe und Vorstellungen auf Jesus Christus übertragen werden, wie sie etwa in der apokalyptischen, apokryphen und vor allem der häretischen gnostischen Literatur tradiert sind. Dazu gehören die Attribute »Licht«, »wahrer Gott«, »vor aller Zeit geboren«, »nicht geschaffen«, »von gleicher Substanz wie der Vater« (so übersetzten die Lateiner das griechische »homousios«, was »wesenseins« bedeutet). Ferner gehört dazu der Topos von der Ewigkeit seines Reiches, besser übersetzt: seiner Herrschaft. Beides soll auf eine Anregung des Kaisers zurückgehen. Diese Aussagen wurden durch den Theologen Arius provoziert, der gelehrt hatte, daß es einen Unterschied zwischen Gott und Jesus Christus geben müsse, weil der Gott ungeworden, Jesus aber geworden sei. Die apokryphen Schriften hatten ja gerade auch an dem Menschen Jesus viel gedichtet und die alte judenchristliche Vorstellung genährt, daß der Mensch Jesus Christus durch einen göttlichen Adoptionsakt, eine Quasiapotheose, zum Gottessohn erhoben worden sei. Allen diesen Vorstellungen glaubte der Kaiser Konstantin ein Ende machen zu müssen. Es ging ihm und seinen Konzilsvätern eindeutig darum, Christus zum wahren Gott zu erheben und sich so dem möglichen Verdacht zu entziehen, einen Menschen zum Gott gemacht zu haben. Der Gedanke, daß nur *ein* Gott sei, war schon seit der römischen Kaiserzeit philosophisches Allgemeingut geworden; diesem Gedanken beugte sich nicht ohne Widerspruch und ohne Spaltung der christliche Orient.

5. Aufmerksam gemacht werden muß noch auf eine charakteristische Passage in der Aussage über den Heiligen Geist, der der Le-

bensspender genannt wird. Diese Formulierung ist deshalb wichtig, weil hier noch etwas von der aus der gnostischen Bewegung in das Neue Testament eingedrungenen Tradition lebendig ist, wonach die Wirksamkeit des Heiligen Geistes die Ursache für die neue Existenz des Gläubigen in der Kirche ist und nicht die Teilnahme an Taufe und Abendmahl, die andere Funktionen erfüllen. Die erste Synode von Nikaia 325 sah sich noch nicht genötigt, die Kirche als Institution zu sakramentalisieren und begnügte sich offensichtlich mit der herkömmlichen Praxis, die in den verschiedenen Gebieten des byzantinischen Reiches sehr unterschiedlichen Kirchen als Glieder einer Kirche anzusehen.

(e)

Das athanasianische Glaubensbekenntnis

Wer selig werden will, muß vor allen Dingen den rechten Glauben (Fides catholica) haben, denn jeder, der diesen nicht rein und unverändert bewahrt, wird zweifellos für alle Ewigkeit verloren sein.

Dies aber ist der rechte (katholische) Glaube, daß wir einen Gott in der Trinität und die Trinität in einer Einheit verehren, und nicht die (drei) Personen miteinander vermengen und auch nicht die (eine) Wesenheit auflösen.

Denn es ist die Person des Vaters für sich, die Person des Sohnes und die des Heiligen Geistes.

Aber die eine Göttlichkeit besteht aus Vater und Sohn und Heiligem Geist, gleich in Herrlichkeit und ewiger Majestät.

Der Vater ist nicht geschaffen, der Sohn ist nicht geschaffen, der Heilige Geist ist nicht geschaffen.

Der Vater ist unermeßlich, der Sohn ist unermeßlich, der Heilige Geist ist unermeßlich.

Der Vater ist ewig, der Sohn ist ewig, der Heilige Geist ist ewig, und es sind dennoch nicht drei Ewige, sondern ein Ewiger:

So sind es auch nicht drei Ungeschaffene oder drei Unermeßliche, sondern es ist nur ein Ungeschaffener und ein Unermeßlicher. In gleicher Weise ist der Vater allmächtig, der Sohn allmächtig und der Heilige Geist allmächtig,

und dennoch sind es nicht drei Allmächtige, sondern nur ein Allmächtiger.

So ist der Vater Gott, der Sohn Gott, der Heilige Geist Gott, und sind dennoch nicht drei Götter, sondern ein Gott.

Also ist der Vater der Herr, der Sohn der Herr, der Heilige Geist der Herr, und sind doch nicht drei Herren, sondern ein Herr.

Denn gleichwie auch wir müssen in christlicher Wahrheit bekennen, daß eine jede Person für sich Gott und Herr ist.

Deshalb können wir im christlichen Glauben nicht sagen, daß drei Götter oder Herren sind.

Der Vater ist von niemandem gemacht, geschaffen oder geboren.

Der Sohn ist allein vom Vater, aber nicht gemacht oder geschaffen, sondern geboren.

Der Heilige Geist ist vom Vater und vom Sohne, aber weder gemacht noch geschaffen noch geboren, sondern geht von ihnen aus.

Also ist es nun ein Vater, nicht drei Väter, ein Sohn, nicht drei Söhne, ein Heiliger Geist, und nicht drei Heilige Geister.

Und in dieser Dreiheit gibt es keinen ersten und keinen letzten, keinen größeren oder kleineren,

Sondern alle drei Personen sind von gleicher Ewigkeit und gleich groß; so bleibt also alles in allem, wie es schon oben gesagt ist, eine Trinität in einer Unität (die Dreiheit in der Einheit) und die Einheit in der Dreiheit zu verehren.

Jeder, der gerettet werden will, muß so über die Trinität denken.

Es ist aber auch nötig für das ewige Heil, daß er die Menschwerdung (Inkarnation) unseres Herrn Jesus Christus glaubt.

Also ist dieses der rechte Glaube, wie wir glauben und bekennen, weil unser Herr Jesus Christus Gottes Sohn ist, und zwar in gleicher Weise als Gott und als Mensch:

Gott ist er aus der Substanz des Vaters, vor der Welt geboren, und Mensch ist er von der Substanz der Mutter, in der Welt geboren. Er ist ein vollkommener Gott, ein vollkommener Mensch, mit vernünftiger Seele und menschlichem Leibe.

Gleich ist er dem Vater gemäß seiner Göttlichkeit, geringer als der Vater ist er nur bezüglich seiner Menschlichkeit.

Wiewohl es nun gilt, daß er Gott und Mensch ist, sind es dennoch nicht zwei, sondern nur ein Christus.

Einer aber, weil nicht die Göttlichkeit in Menschlichkeit verwandelt wurde, sondern Gott die Menschlichkeit an sich genommen hat.

Einer ist er vor allem, weil nicht die Naturen vermengt sind, sondern es eine Person ist.

Denn so wie ein Mensch Seele und Leib ist, so ist der Christus Gott und Mensch.

Der hat gelitten für unser Heil, ist hinabgestiegen in die Hölle, zurückgekehrt von den Toten, hinaufgestiegen in die Himmel und sitzt zur Rechten des Vaters, woher er kommen wird, um die Lebenden und die Toten zu richten.

Und zu seiner Ankunft müssen alle Menschen mit ihren eigenen Leibern auferstehen und für ihre Taten Rechenschaft ablegen.

Und die, die Gutes getan haben, werden in das ewige Leben eingehen, und in das ewige Feuer diejenigen, die Böses getan haben. Dieses ist der rechte (katholische) Glaube; wer ihn nicht fest und unverändert glaubt, wird nicht gerettet werden.

1. Das nach seinem lateinischen Anfangswort Quiqunque genannte Glaubensbekenntnis stammt offensichtlich nicht von dem Kirchenvater Athanasius, sondern wird im allgemeinen dem Bischof Ambrosius von Mailand zugeschrieben und deshalb auch der lateinische Text als die Urform angenommen, auf den die griechischen Versionen zurückgehen. Es stammt aus dem ersten Drittel des 5. Jahrhunderts. Es ist in der abendländischen Christenheit immer in liturgischem Gebrauch gewesen, allerdings mit geringen Abweichungen, von denen das Fehlen der Zeitangabe »am dritten Tage« bei der Auferstehung Jesu besonders auffällt. Daß die ältesten Handschriften mit diesem Text erst aus dem 7. Jahrhundert stammen, darf nicht über das höhere Alter hinwegtäuschen.

2. Der Text ist sehr deutlich als Lehrstück konzipiert und enthält Traditionsgut aus der altkirchlichen Dogmengeschichte. Die Erwähnung und Wiedergabe in einer kirchlichen Mythologie innerhalb des Kapitels Glaubensbekenntnisse erfolgt, weil mit diesem Text eine deutliche Zäsur markiert ist. Die älteren Symbole zeigen noch die lockere Nebenordnung der drei mythischen Figuren Vater–Sohn–Geist, die hier deutlich abgelehnt wird. Das Quiqunque beschreibt den Abschluß der kirchlichen Christologie, die Ineinssetzung Jesu mit dem Vater und dem Geist. Die kurzen Sätze über sein Leben und Sterben rücken die geschichtliche Existenz Jesu völlig an den Rand, während diese in den beiden anderen Symbolen unübersehbar die beherrschende Mitte bildete. Die mythologische Grundstruktur des Apostolikums und des Nicänums (siehe IX c und d) wird durch den Versuch ersetzt, mit Hilfe der philosophisch-mathematischen Logik ein theologisches System zu konstruieren.

3. Mit diesem Credo ist das Dogma von der Trinität, der Dreifaltigkeit Gottes, für die Christen aller Konfessionen festgeschrieben. An ihm werden alle christlichen Gruppen gemessen und in rechtgläubige und häretische geschieden. Fortan waren alle orientalischen Kirchen und die zahllosen kirchlichen Gruppen mit einer

unterschiedlichen Christologie nicht mehr als rechte Christen anerkannt. Das lateinische Wort »catholisch« übersetzen wir in Anlehnung an die Übersetzer der protestantischen Bekenntnisschriften mit »recht«, weil die sonst übliche Übersetzung »allumfassend« nach dem lateinischen Sinn dieses griechischen Lehnwortes leicht mißverstanden werden könnte, als handelte es sich um die Lehre bzw. den Glauben der gesamten Christenheit oder in einer speziell abendländischen Beschränkung auf die Lehre der römischen Kirchen. Die geschichtliche Wirklichkeit blieb immer hinter dem Anspruch, den dieses Adjektiv beanspruchte, weit zurück. Die orthodoxen Kirchen nahmen das Quiqunque nicht an, und auch im Abendland gab es noch im Jahre 785 einige Bischöfe, die eine adoptianische Christologie vertraten, d. h. lehrten, Jesus sei Mensch gewesen und erst durch einen Adoptivakt in der Taufe zum Gottessohn geworden. Die Libri Carolini, eine theologische Lehrschrift, die von Karl dem Großen angeregt war, beharrte noch 790 darauf, daß nur Gott verehrt werden dürfe. Die Fülle der Heiligenliteratur, die Bilderverehrung in der ganzen Christenheit und die Sakramentsmystik zeigen zudem, daß dieses Bekenntnis ohne tiefgreifende Wirkung blieb.

4. Die wichtigste Funktion dieses Textes ist, daß er für die nächsten Jahrhunderte zu einem Urquell zahlreicher Mythen wird, obwohl der eigentliche Gegenstand der Mythenbildung im Credo nicht erwähnt wird: Das Quiqunque behauptet die wahre Gottheit Jesu Christi, womit das Abendmahl, das bis dahin weithin Erinnerungsmahl an die letzte Passahmahlzeit Jesu mit seinen Jüngern war, zum Opfer, zur unblutigen Wiederholung des Todes Jesu wird. Augustin und auch Ambrosius lehrten noch, daß die Elemente Brot und Wein nur Symbole seien, aber seit dem 5. Jahrhundert setzte sich auch in der abendländischen Kirche in Gestalt des »Vulgärkatholizismus« die aus den orientalischen Mysterienkulten bekannte Praxis durch, in den Elementen die reale Präsenz Gottes zu sehen und mit Hilfe des liturgischen Zeremonials der Messe eine Umwandlung erfolgen zu lassen, die Transsubstantiation, die aus Brot und Wein Leib und Blut Christi macht. An die Stelle des biblischneutestamentlichen Glaubens an den einen Heilsmittler Jesus Christus rückte zusehends der Glaube an die Heilsmittel, die Sakramente Taufe und Abendmahl, und an die Kirche, die sie verwaltet. Das Dogma schloß den christologischen ›Irrlehren‹ die Kirchentür, aber es öffnete sie weit für alte außerchristliche religiöse Praktiken und außerchristliche Traditionen der Völker.

›facit‹

Die biblisch-neutestamentlichen Glaubensbekenntnisse leben von der Erinnerung an personale Begegnungen mit dem Religionsstifter, dem Rabbi Jesus.

Die kirchlichen Glaubensbekenntnisse der ersten vier Jahrhunderte leben von dem Streit, der zwischen kirchlichen Gruppen in den ersten Jahrhunderten aufbrach, ob Jesus aus Nazareth nicht mehr war als nur ein außergewöhnlicher Mensch. In dieser Auseinandersetzung gewannen viele Elemente, die aus Religionen und Mythen anderer Völker stammten, soviel Gewicht, daß nicht nur *ein* Bekenntnis ausreichte. Ansätze zu einem Polytheismus als Tritheismus gehören dazu wie die Vergottung Jesu, die die Voraussetzung dafür bildete, daß das Abendmahl als unblutige Wiederholung des Opfertodes Jesu verstanden wurde.

X
MARIA, DIE MUTTER GOTTES

(a)

Als Herodes König in Judäa war, kam eines Tages ein Engel zu Maria nach Nazareth, die mit Joseph vom Hause Davids verlobt war. Und dieser Engel Gabriel verkündete ihr, daß sie vom heiligen Geiste schwanger werden und einen Sohn gebären würde, den sie Jesus nennen sollte.

Nach seiner Geburt zog sie ihn auf und brachte ihn auch regelmäßig mit zu den Festen nach Jerusalem.

Maria aber hatte noch andere Söhne, und es kam vor, daß sie und Jesu Brüder sich unter die Zuhörer Jesu scharten, und die Juden ihn darauf hinwiesen, damit er zu seiner Familie ginge, wie es fromme Kindespflicht war. Aber Jesus wies sie von sich und sah ausschließlich in seinen Anhängern Mutter und Geschwister.

Unter dem Kreuz stand seine Mutter und neben ihr der Jünger Johannes, und als Jesus sie dort stehen sah, verwies er die beiden aufeinander, damit sie beide nun nicht verwaist seien, wenn er stürbe: Weib, siehe, dein Sohn, und: Siehe, deine Mutter. Später lebte Maria in Jerusalem mit denen zusammen, die sich zu der ersten Gemeinde von Christen zusammengeschlossen hatten.

Nach den Evangelien des Matthäus, Kap. 1, 2; 12, 45; des Lukas, Kap. 2; des Johannes, Kap. 2 und 19, und der Apostelgeschichte, Kap. 1.

1. Zu den Texten siehe oben Kap. I a, II a, b.

Bemerkenswert ist, daß das Johannes-Evangelium nicht den Namen Maria nennt, sondern sie immer als Mutter Jesu bezeichnet. Ebenso erwähnt das Markus-Evangelium ihren Namen nicht. Für Johannes ist das mit seiner Vorentscheidung für die Logoschristologie erklärlich, für Markus scheint es zu seinem theologischen Konzept von dem »Herrengeheimnis« zu gehören. Die neutestamentlichen Autoren wissen, daß Maria noch andere Kinder hatte. Unter den Kirchen herrscht darüber nicht volle Einigkeit, weil es auch sprachliche Möglichkeiten gibt, die fraglichen Stellen mit »Neffe« zu übersetzen. Aber aus dem Vorkommen des Herrenbruders Jakobus in der Apostelgeschichte ist doch darauf zu schließen, daß es unter den Christen der ersten Generation viele gab, die damit rechneten, daß Jesus natürliche Geschwister gehabt habe. In der Gnosis war dieser Topos verbreitet.

2. Bei den Geburtsgeschichten in Kap. II war schon auf die besondere Rolle der Maria hingewiesen. Das Neue Testament behandelt Maria nur als Mutter Jesu, ohne besondere Wunder- oder Heilstaten von ihr zu berichten. Damit steht sie durchaus in der literarischen Tradition der alttestamentlichen Prophetenmütter wie etwa die Mutter Samuels (1. Buch Samuel, Kap. 1–2). Lukas differenziert allerdings schon zwischen der Geburt Jesu und der des Johannes, indem er zum Erzeuger Jesu deutlich den Geist Gottes macht.

(b)

Als Rubim der Älteste war, gehörte zu den Kindern aus dem Hause Israels auch Joachim. Er war sehr reich und opferte stets das Doppelte des Vorgeschriebenen. Als er wieder einmal zum Tempel nach Jerusalem kam, um zu opfern, sagte ihm Rubim, er müsse sich hinten einreihen, denn er habe kein Recht, als erster zu opfern, weil er kinderlos sei. Da ging er in sich, erinnerte sich aber, daß auch Abraham im hohen Alter noch ein Sohn beschieden war. Er zog sich in die Wüste zu einem vierzigtägigen Fasten zurück. Seine Frau Anna aber trauerte nun zu Hause, weil sie zu ihrer Kinderlosigkeit auch noch ertragen mußte, daß ihr Mann sie verlassen hatte. Als sich nun der Sabbat näherte, riet ihre Magd, sich festlich zu kleiden, und bot ihr einen königlichen Brautschmuck an. Anna aber lehnte ihn ab, zog sich aber dennoch ihr Brautkleid an und ging vor dem Fest noch einmal in ihren Garten. Im Schatten eines Lorbeerbaumes ließ sie sich nieder und klagte Gott ihren Kummer, daß sie keine Kinder habe. Die Sperlingsbrut in einem Nest zu ihren Häuptern in dem Baum vermehrte noch ihren Gram, denn sie erinnerte sie daran, daß die Vögel, die Pflanzen, die Tiere und selbst das Wasser im Bache wie die Feldfrüchte sich erneuerten, während sie allein blieb. Das hörte ein Engel Gottes und kam zu ihr, um ihr mitzuteilen, daß Gott ihr ein Kind schenken würde: Dein Kind wird in aller Welt bekannt werden. Da freute sich Anna und gelobte, ihr Kind in den Dienst Gottes zu stellen.

Es war aber auch ein Engel zu Joachim gekommen und hatte ihm als Gottesspruch mitgeteilt, daß seine Frau schwanger werden würde. Deshalb machte er sich sofort auf und ging zunächst zu seinen Hirten, um sie mit ihren Herden nach Hause zu führen, denn es ging ihm darum, Gott ein großes Opfer darzubringen. Weil es reine Opfer sein sollten, mußten die ausgewählten zehn Lämmer, Kälber und Ziegenböcke bis zum Opfertag nur von ihrer Muttermilch genährt sein. Anna aber lief ihm entgegen und lobte Gott laut, weil er ihre vermeintliche Witwenschaft und die Kinderlosigkeit weggenommen hatte. Joachim aber ging zum Tempel und opferte und sah dabei im Stirnblatt des Priesters, daß er sündlos war. Da erst ging er in sein Haus und zu seiner Frau. Nach neun Monaten gebar Anna und nannte ihr Kind Maria. Nach sechs Monaten aber konnte Maria schon laufen. Da richtete Anna ein gesondertes Zimmer ein, in dem Maria fortan allein lebte, damit sie mit nichts Unreinem in Berührung käme, denn Anna wollte ihr Mädchen als reine Jungfrau dem Tempeldienst zuführen. Sie ließ aber nur sehr tugendhafte Mädchen als Gespielinnen zu Maria kommen. Als Maria ein Jahr alt wurde, richteten Anna und Joachim ein großes Fest aus, und die Priester kamen und segneten das Kind mit den Worten: Gott in der Höhe, blicke herab auf dieses Kind und gib ihm den höchsten Segen, den kein anderer Segen überbieten kann. Und danach trug Anna ihr Kind wieder zurück in sein besonderes Gemach. Anna aber stillte ihr Kind bis zum zweiten Jahr. Und ihr Loblied auf Gott war laut zu hören, der den Makel der Kinderlosigkeit von ihr genommen hatte. Als Maria aber ihr drittes Lebensjahr vollendet hatte, rief Joachim die besten Mädchen aus der Nachbarschaft herbei, die Maria auf dem Wege in den Tempel begleiteten, wo sie sich auf Geheiß des Priesters auf der dritten Altarstufe niederließ. Dort aber begann sie nach dem Segen zu tanzen, und die Eltern gingen zurück in ihr Haus, ohne daß Maria sich nach ihnen umwandte. Maria aber blieb im Tempel bis zu ihrem 12. Lebensjahr und empfing ihre Nahrung aus der Hand eines Engels. Die Priester aber fragten Gott um Rat, was sie nun mit Maria anfangen sollten, weil sie doch mannbar geworden war und die Gefahr bestand, daß durch ihre Blutungen der Tempel und der Altar verunreinigt würden. Die Auskunft Gottes lautete: Suchet unter den Witwern des Landes die besten und lasset sie in den Tempel kommen.

Als diese nun, und dazu gehörte auch Joseph, vor den Hohenpriester traten, forderte er ihre Stöcke und trug sie in das Allerheiligste. Nach dem Gebet kam er zurück und gab jedem seinen Stock zurück, als er aber als letztem dem Joseph seinen Stock zurückgab, löste sich plötzlich eine Taube aus dem Stock und setzte sich auf das Haupt Josephs. Da sagte der Hohepriester zu ihm: Du bist derjenige, den Gott gewählt hat, damit du diese Jungfrau in dein Haus führst. Joseph versuchte noch mit dem Hinweis auf sein Alter und seine Söhne, sich davor zu drücken, aber der Priester verwies ihm jeden Widerspruch. Und so nahm Joseph die Maria in sein Haus und ging seiner Arbeit nach.

Maria aber ward ausgewählt, für den Tempelvorhang die feinste Arbeit, nämlich das Spinnen der Purpurfäden, zu tun. Und als sie nun einmal heraus an den Brunnen ging, um Wasser zu holen, hörte sie eine Stimme, die sie grüßte: Sei gegrüßt, Begnadete, der Herr ist mir dir, du Gepriesene unter allen Frauen. Sie ging erschrocken nach Hause, weil sie niemanden gesehen hatte, als sie diese Worte hörte. Zu Hause bei ihrer Arbeit am Purpurrocken kam ein Engel des Herrn zu ihr und sagte zu ihr: Fürchte dich nicht, Maria, du hast Gnade vor Gott gefunden und sollst empfangen aus seinem Wort. Das verstand Maria nicht, daß sie vom lebendigen Gott empfangen und doch wie eine Frau gebären sollte. Der Engel aber unterwies sie, daß die Kraft des Herrn sie überschatten würde, und ihr Kind würde Sohn des Höchsten genannt werden, und sie sollte seinen Namen Jesus nennen. Maria aber sagte: Ich will gerne des Herrn Magd sein, und mir möge geschehen, was du gesagt hast.

Als Maria ihre Arbeit in der Purpurwirkerei für den Vorhang im Tempel beendet hatte, ging sie zu dem Priester und brachte ihm ihre Arbeit. Der Priester aber segnete sie und lobte sie wegen ihrer vorzüglichen Ergebnisse. Maria ging anschließend fort zu ihrer Base Elisabeth. Elisabeth aber war mit dem Scharlachwirken befaßt worden und empfing Maria mit den Worten: Woher kommt mir diese

Ehre, daß die Mutter meines Herrn mich besucht, denn siehe, das Kind in meinem Leibe hüpft und will dich so begrüßen? – Maria aber hatte eigentlich alles vergessen, was der Engel ihr gesagt hatte, und wunderte sich nur, daß alle Menschen sie so segneten. Sie blieb aber drei Monate bei Elisabeth, und ihr Leib wurde stärker. Da überfiel sie Furcht, und sie ging nach Hause zurück und verbarg sich vor den Leuten. Als sie nun im sechsten Monat schwanger war, kam Joseph von seiner Arbeit zurück und sah, daß sie in anderen Umständen war. Da geriet Joseph in große Furcht, weil er nicht wußte, was er den Priestern im Tempel sagen sollte. Aber Maria bestritt alle Vorwürfe, sich mit einem anderen Manne eingelassen zu haben. Und Joseph überlegte sich, daß es das klügste sei, sie fortzuschicken. Aber ein Engel Gottes erschien auch ihm und sagte ihm: Das, was in ihr ist, ist vom heiligen Geist. Und sie wird einen Sohn gebären, den sollst du Jesus nennen, weil er sein Volk erretten wird von seinen Sünden. Am andern Tage erhielt er Besuch von dem Schriftgelehrten Hannas, der auch sah, was Maria widerfahren war, und es dem Hohenpriester berichtete. Der nahm Joseph und Maria sofort ins Verhör und verurteilte sie, um ihre Unschuld zu prüfen, das Prüfungswasser zu trinken. Zuerst wurde die Prüfung an Joseph vollzogen, aber er kam wohlbehalten aus dem Gebirge zurück, wie auch Maria. Das ganze Volk wunderte sich darüber, weil diese Probe noch nie jemand überstanden hatte. Darauf durften beide nach Hause zurückkehren bis zu ihrer Abreise nach Bethlehem, um sich dort in die Steuerlisten nach dem Gebot des Kaisers Augustus eintragen zu lassen.

Protevangelium des Jakobus, 1–16.

1. Zur Quelle ist oben unter II d 1. das Notwendige gesagt. Dort wird auch die sich hier anschließende Geburt Jesu behandelt. Stärker noch als aus dem zweiten Teil geht aus diesem ersten Teil hervor, daß der Erzähler nicht aus dem jüdisch-palästinensischen Umfeld stammt. Die Informationen über das Leben Mariens am Tempel lassen sich nicht durch ähnliche Aussagen aus Talmud oder Midrasch belegen. Es geht in dieser Dichtung auch nicht vorrangig um die Informationen über die besonderen Umstände der Geburt Jesu, sondern um die besondere Rolle Marias. Ihr Dasein wird in Analogie zu antiken Berichten über jungfräuliche Priesterinnen erzählt und weist mehr Ähnlichkeit mit den Vorschriften über die Auswahl und Erziehung der römischen Vestalinnen auf als mit jüdischen Bestimmungen über die Erziehung von Mädchen.

2. Die kargen geschichtlichen Nachrichten des Neuen Testaments

über Mirjam, wie man ihren Namen auf Aramäisch wiedergeben müßte, geben nicht viel her. Es wird bezweifelt, ob die Brüder Jesu von Markus 3 ihre leiblichen Söhne gewesen sind. Nach Kapitel 1 der Apostelgeschichte gehört sie zu den Anhängern Jesu. Nur das Lukas-Evangelium widmet ihr Aufmerksamkeit, hat aber schon aus der jungen Frau des messianischen Textes bei Jesaja die Jungfrau gemacht. Oben unter II d war schon berichtet, wieviel Wert das Protevangelium des Jakobus auf den Umstand legt, daß Maria auch nach der Geburt noch im biologisch natürlichen Jungfrauenstand war. Fest steht aber, daß dieser Text noch nicht davon weiß, daß Jesus Gott ist, wie es auf dem Konzil von Ephesus 431 behauptet und als kirchliches Dogma verkündet wurde. Wohl aber war für das Tridentiner Konzil 1555 dieser Text ein Argument für den Lehrsatz von der immerwährenden Jungfräulichkeit Mariens, und dieser Text mußte auch den Lehrsatz des Papstes Pius IX von 1854 stützen, daß Maria selbst ebenfalls unbefleckt und sündlos empfangen sei. Zu solchen dogmengeschichtlichen Lehrsätzen mußte diese anmutige Dichtung herhalten.

3. Mythologisch von Gewicht ist die Schilderung der Kindheit Marias, weil sie offensichtlich von dem Motiv geleitet wird, Maria als die Frau darzustellen, die für die Rolle der Gottesmutter in Frage kommt. Die Segenssprüche bei ihrer Geburt und bei ihrem ersten Geburtstag gehen weit über das hinaus, was zu einer Legende gehört. Diese Segenssprüche und die Rolle der Engel als Überbringer der Gottessprüche sind die wesentlichen Elemente der Dichtung, die mehr sein will als nur eine Darstellung der Tugendhaftigkeit, Bescheidenheit oder Glaubenstreue, die sonst Kennzeichen der Legendenbildung sind. Das Protevangelium des Jakobus ist in den Abschnitten 1–16 echter Mythos, den der Herakles-Geburt vorangehenden Episoden der griechischen Mythologie oder den Episoden aus dem Alexanderroman nicht unähnlich: Die Geburt des Heros wird mythisch vorbereitet, indem die Mutter als außerordentlich und ihre Schwängerung bzw. die Zeugung des Kindes in mythische Paraphrasen gehüllt wird. Die Einsicht, daß der Dichter in der Mitte des 2. Jahrhunderts, wenn man der Frühansetzung folgt, in seiner Erzählung antike mythologische Topoi verwendet, schmälert die Poesie der Geschichte nicht. Diese Topoi dienten schon dem Leser oder Hörer bei Entstehung der Dichtung als mythologische Erkennungszeichen. Nur das gründliche Mißverstehen spätantiker Erzählungsmuster konnte solchen Details, wie etwa der Nachricht von der Ernährung durch einen Engel mit himmlischer Speise oder

der Hebammenprobe in Kapitel 20, historische Glaubwürdigkeit zuerkennen.

4. Mythologisch nicht uninteressant ist auch, daß der Dichter die Rolle Mariens eindeutig auf ihre frauliche Rolle als Mutter beschränkt. Der Dichter hat ihr die Ansätze, die Lukas ihr mit dem trutzigen Magnificat in seinem Evangelium verliehen hat, nicht zugebilligt. Bei Lukas 1, 46–55 weiß Maria, daß der Vater ihres Kindes die Mächtigen vom Throne stoßen und die Unterdrückten erheben wird, daß er die Hungrigen reich machen und die Reichen leer ausgehen lassen wird. Hier läßt sie der Dichter nur zu der Einsicht kommen, daß Jesus sein Volk von den Sünden befreien bzw. erlösen wird, d. h. eigentlich nur von den Folgen der Sünden, der Strafe vor Gott.

Es versteht sich von selbst angesichts dieser Dichtung, daß die nachfolgenden mariologischen Vorstellungen von Maria als Mittlerin der Gnaden Gottes und Miterlöserin, wie sie die Frömmigkeit im Mittelalter und in der Gegenwart beherrschen, in dieser Dichtung nicht verankert werden können.

(c)

Einstmals waren die Jünger mit Maria versammelt, und es bewegte sie die Frage, wie sie den Unfaßbaren empfangen hatte und wie sie ihn geboren habe. Niemand von den Jüngern aber traute sich, Maria direkt danach zu fragen, nur Bartholomäus trat an sie heran. Maria aber weigerte sich, und erst auf wiederholtes Bitten, nachdem sie sich zum Gebet aufgestellt hatten und Maria für sie alle Gott um seinen Beistand gebeten hatte, hieß sie sie alle niedersitzen. Sie war aber zum Beten gezwungen, weil die Apostel sie anredeten als »Mutter des himmlischen Königs«; für die Jünger konnte allein die zu ihnen reden, die den umfangen hatte, den die sieben Himmel nicht hatten umfassen können. Und so, nachdem Petrus und Andreas sie von links und rechts gestützt hatten, Johannes seinen Leib an ihre Brust und Bartholomäus seinen Leib an ihren Rücken gepreßt hatten, begann sie: Als ich im Tempel Gottes weilte und von der Hand eines Engels meine Speise erhielt, erschien mir eines Tages einer in Gestalt eines Engels; sein Gesicht war aber unbeschreibbar und bei seinem Erscheinen barst der Vorhang des Tempels vor dem Allerheiligen, und ein Erdbeben erschütterte die Stadt, und ich stürzte nieder. Aber er hob mich auf, und ich blickte gen Himmel, woher ein Tau auf mein Gesicht fiel und mich benetzte von den Haaren bis zu den Füßen. Er aber trocknete mich mit seinem Gewande und sagte zu mir: Sei gegrüßt, du Begnadete unter den

Frauen, du auserwähltes Gefäß. Dann brachte er Brot und Wein hervor, und wir aßen, und doch wurden Brot und Wein nicht weniger. Dann aber sprach er: Noch drei Jahre, und du wirst meinen Sohn empfangen, wenn ich meinen Logos sende. Durch ihn wird die ganze Welt gerettet werden, du aber wirst der Welt das Heil bringen. Friede sei mit dir, Begnadete, und mein Friede wird immer mit dir sein! Und als er so gesprochen hatte, verschwand er.

Bartholomäus-Evangelium 2, 1–21

1. Zum Bartholomäus-Evangelium siehe IV e 1.

Der hier wiedergegebene Abschnitt benutzt Partien aus dem Protevangelium des Jakobus über die Ernährung Mariens und ihr Dasein im Tempel. In der Darstellung Mariens über ihre Schwängerung sind alle bekannten Versionen des Bartholomäus-Evangeliums ziemlich gleich.

2. Auffällig ist zunächst die Unbefangenheit des Dichters, mit der er durch die Apostel an Maria die Frage stellt, die allerorten Menschen immer interessiert hat. Die Antwort Mariens erhält durch die Beschreibung ihrer Vorbereitungen schon ein besonderes Gewicht. Nur in der Gebetshaltung können die Jünger die Antwort ertragen, andernfalls würde die Rede der Maria wie glühendes Feuer sie verbrennen. Zudem müssen vier Apostel sie so eng umschlingen, daß ihre Rede trotz aller Öffentlichkeit doch etwas Intimes bewahrt. Die herabkommende Wolke von Tau wird als die eigentliche Schwängerung gedacht, als Analogiebildung zu einem der amourösen Abenteuer des Göttervaters Zeus. Sie ist auch in der gnostischen Apokalyptik verwandt worden. Zugleich wird dieses Motiv aber neutralisiert durch die Mitteilung des Gottes, daß er erst in drei Jahren seinen Logos senden will, durch den Maria seinen Sohn empfangen wird. Es könnte aber sein, daß die Ankündigung des Logos eine Erweiterung des ursprünglichen Erzählfadens ist, weil der Erzähler an die erste Begießung mit der Tauwolke sofort die Schilderung eines Mahles anschließt. Formal sind das Elemente aus den antiken Göttergeschichten – in dem gesamten Buch werden auch sonst antike Mythologeme zitiert – funktional symbolisieren sie die Sakramente Taufe und Abendmahl.

3. Mythologisch bedeutsam ist ferner, daß hier Gott als Gestalt eingeführt ist, auch wenn sein Gesicht nicht beschreibbar ist. Besonderes Gewicht scheint der Dichter auf den Hinweis zu legen, daß Maria der Welt das Heil bringen wird. In dem sich wenig später anschließenden Diskurs über die Vision der Unterwelt gibt Petrus nämlich eine förmliche theologische Abhandlung zum besten, in

der der Nachweis erbracht wird, daß Maria durch die Geburt Jesu
den Fehltritt der Urmutter Eva wiedergutgemacht habe. Hier wird
also die Kenntnis der Paulinischen Adam-Christus-Parallele vorausgesetzt wie auch das Protevangelium genannte Stück 1. Mose 3,
15, das die Alte Kirche immer auf den Sohn der Maria gedeutet hat.
Es versteht sich von selbst, daß ein Text wie dieser durchaus geeignet war, in der Volksfrömmigkeit den Gedanken an Maria als Miterlöserin der Welt vorzubereiten.

4. Erwähnt werden soll hier noch, daß auch in gnostischen und anderen apokryphen Evangelien Maria durchaus eine aktive Rolle
spielt; sie ist die bevorzugte Protagonistin in den Gesprächen mit
dem Erlöser neben Maria Magdalena und »der anderen Maria«.

(d)

In den großen Tagen der Ankunft des Messias lebte in Jerusalem ein
Mann aus dem Stamme Juda, der hieß Joachim. Er war sehr fromm
und teilte den Ertrag seiner Herdenwirtschaft immer in drei Teile:
einen für die Priester im Tempel, einen Teil für die Armen und einen
Teil für sich. Verheiratet war er mit seiner Base Hanna, Tochter des
Issaschar, und sie war wie er auch aus dem Hause Davids. In ihrer
zwanzigjährigen Ehe war ihnen aber kein Kind geboren, und so
wurde Joachim einstmals vom Oberaufseher zurückgewiesen, weil
er kinderlos war. Beschämt zog Joachim mit seinen Herden von
dannen und kehrte nicht wieder nach Hause zurück. Hanna aber
trauerte zu Hause, bis eines Tages ein Engel Gottes zu ihr kam und
sie tröstete, daß sie ein Kind haben würde, welches ein Wunder vor
aller Welt sein sollte. Darüber erschrak Hanna so sehr, daß sie sich
niederlegte und in der Einsamkeit darüber nachsann. Aber nicht
einmal ihre Magd sah nach ihr.

Joachim aber war bei seinen Herden und hatte sich geschworen,
nie wieder nach Hause zurückzukehren. Da aber erschien ihm der
Engel Gottes und befahl ihm, nach Hause zu gehen, denn aus seinem Samen würde Hanna eine Tochter empfangen. Aber er würde
sie zu Hause finden als Schwangere, weil Gott in ihr das Leben erweckt habe. Joachim kehrte um, nachdem er auf Geheiß des Engels
geopfert hatte und nachdem der Engel Gottes ihm noch einmal erschienen war, um ihm zu sagen: Euch wird ein Kind gegeben, wie
es selbst die Propheten und die Heiligen nicht gehabt haben noch
jemals wieder haben werden. Dreißig Tage benötigten sie für die
Rückkehr. Seiner Frau Hanna aber erschien der Engel und hieß sie
aufstehen und zu dem Goldenen Tore gehen, um ihren Mann zu
empfangen. Sie tat es und kehrte singend mit ihrem Manne zurück.

Nach neun Monaten gebar sie die Maria. Mit ihrem dritten Lebensjahr brachten sie sie in den Tempel, wie sie es gelobt hatten. Maria aber stieg leichten Herzens die fünfzehn Stufen zum Herrn empor, ohne sich überhaupt nur einmal nach ihren Eltern umzusehen. Im Tempel war sie mit ihren drei Jahren bald die beste Schülerin und im Spinnen die Geschickteste, denn sie vollbrachte Dinge, die keine der erfahrenen Spinnerinnen tun konnte. Von Tagesanbruch bis zur 3. Stunde betete sie, von der 3. bis zur 9. Stunde arbeitete sie, und von der 9. Stunde an betete sie so lange, bis der Engel Gottes erschien, um ihr Speise zu bringen. Und bald gab es niemanden, der klüger als sie im Gesetze Gottes war oder besser singen konnte, kein Mädchen, das bescheidener oder sittsamer war. Oft sah man sie im Gespräch mit den Engeln, und alle Kranken, die sie berührten, wurden sofort geheilt.

Als Maria mannbar geworden war, wollte der Priester Abjathar sie an seinen Sohn verheiraten. Maria aber weigerte sich, denn sie hatte dem Herrn gelobt, keusch zu bleiben. Durch göttlichen Rat wurde der Greis Joseph gewählt, der sie in seinem Schutze bewahren sollte. Und so kam Maria mit noch fünf anderen Jungfrauen zu Joseph in das Haus, und sie lebten dort so, wie sie vorher im Tempel gelebt hatten. Maria aber webte auch dort die feinsten Sachen aus Purpur und Scharlach. Und dort erschien ihr in Gegenwart der anderen der Engel Gottes. Nachdem sie einstmals am Brunnen schon eine Ankündigung erhalten hatte, erschien dann vor ihr ein wunderschöner Jüngling und sprach zu ihr: Fürchte dich nicht, Maria, du hast Geistbegnadung gefunden im Umgang mit der göttlichen Welt: Siehe, du wirst einen Sohn empfangen und einen König gebären, der herrschen wird im Himmel und auf Erden und in allen Zeiten.

Dann verließ er sie. Als Joseph aber bald danach von einer Reise zurückkehrte und Maria schwanger fand, ward er unwillig und haderte mit den Mädchen, die aber verteidigten Maria und wiesen darauf hin, daß immer nur der Engel des Herrn bei ihnen gewesen sei, um ihr die Speise zu bringen. Joseph aber wollte sie heimlich verlassen, um der Schande zu entfliehen, die ihm durch diese Schwangerschaft drohte. Aber ein Engel hinderte ihn daran und teilte ihm mit: Die Leibesfrucht Marias ist vom heiligen Geist empfangen, und sie wird den Jesus gebären, der sein Volk von allen Sünden heilen wird. Als die Schwangerschaft Marias vor den Priestern ruchbar wurde, wurden beide vor den Priester Abjathar gerufen und ihre Unschuld durch das Trinken des Gotteswassers mit anschließendem siebenmaligem Umgang um den Brandopferaltar erwiesen. Maria und Joseph kehrten nun in ihr Haus zurück, begleitet von dem Lobpreis aller Leute.

Nach der Geburt Jesu, in der sie unverletzt jungfräulich blieb, wie die Hebammen bestätigten, blieben Maria und Joseph mit Jesus noch acht Tage in Bethlehem und kehrten dann nach Nazareth zurück. Nach zwei Jahren aber flohen sie auf Geheiß eines Engels nach Ägypten, um dem Kindermorden des Herodes zu entgehen, der von der Geburt des Wunderkindes durch die Magier erfahren hatte. Unterwegs aber bezwang Jesus alle Drachen, Löwen, Panther und Wölfe, und alle begleiteten sie und trugen ihnen die Lasten, so daß auch Ochs und Esel keine Angst hatten. Selbst die Palmen in der Wüste gehorchten dem Befehle Jesu und spendeten Schatten, Früchte und kühles Wasser. Zu einer Palme aber ließ Jesus einen Engel kommen, der einen Zweig abbrach und ihn in das Paradies trug und dort einpflanzte, und Jesus sagte allen, die dabei standen, daß diese Palmen im Paradies auf alle warten sollten, die dereinst dorthin kommen würden. Als einmal Hitze und Beschwernis der Reise zu groß wurden, verrichtete Jesus erneut ein Wunder, denn sie erreichten Ägypten an einem Tage. Als sie nun in der ersten Stadt in Ägypten kein Obdach fanden, ging Maria mit Jesus in einen Tempel. Dort aber waren die 365 Tagesgötter aufgestellt. Diese aber fielen alle von ihren Postamenten und zerbarsten, als Maria mit dem Kindlein in den Tempel trat. Das erregte in der Stadt großen Ärger, und man rief nach dem Befehlshaber, damit er diese Schmach ahndete. Der aber kam und warf sich vor Maria und dem Kindlein nieder und betete sie an. Als das Volk das sah, glaubten viele an Jesus.

Psuedo-Matthäus-Evangelium 1–24

1. Das Pseudoevangelium des Matthäus ist vor allem in der westlichen römischen Kirche verbreitet gewesen. Die Forschung hat mit Recht festgestellt, daß es sich hier um eine Bearbeitung des Protevangeliums des Jakobus aus dem 9. Jahrhundert handelt bzw. um eine Neufassung. Es sind auch nur lateinische Handschriften überliefert. Sie sind auch die Grundlage für die Nachrichten in der Legenda aurea. In vorstehendem Bericht sind nur charakteristische Besonderheiten gegenüber dem Protevangelium des Jakobus (X b) wiedergegeben.

2. Zu den mythischen Besonderheiten gehört die Betonung der Keuschheit Marias und die detaillierte Darstellung ihres Lebenslaufes. Er ist dem Lebenslauf einer Nonne nachgebildet bis hin zur Regelung des Tagesablaufes und der nur leicht paraphrasierten Ge-

lübdeformel, die Maria nach der Prüfung vor allem Volke abgelegt hat: So wahr Gott lebt, der Herr Zebaoth, vor dessen Angesicht ich stehe: Ich habe nie einen Mann erkannt und werde nie einem Manne anhängen, denn von der frühesten Kindheit an habe ich mich für Jesus entschieden. Dieses Gelübde habe ich von Jugend auf vor Gott abgelegt, damit ich dem, der mich geschaffen hat, in der Unberührtheit angehöre, die mich mit der Zuversicht erfüllt, ihm allein mein Leben weihen, ihm allein unbefleckt treu sein zu können in diesem und dem anderen Leben.

3. Zu den anderen mythologischen Besonderheiten gehört der Nachweis, daß Maria der vollendete Mensch schlechthin ist. Sie verfügt über alle fraulichen Tugenden und überragt mit ihren geistigen Fähigkeiten alle. Das gehört mit zum Topos der Geistbegabung, die schon zu ihren Lebzeiten für andere Menschen bemerkbar ist.

Kranke, die sie berühren, gesunden, und zu ihrem täglichen Umgang gehören vor allem die Engel. Der Dichter rückt sie damit in die Funktion einer Göttin, zumal alle diese Begebenheiten sonst in den kanonischen Evangelien des Neuen Testaments auf Jesus bezogen werden, um ihn als Gott darzustellen. Mit dem apokryphen 3. Korintherbrief 5, 11–14 und der Apostolischen Epitome 3 beschreibt diese Dichtung die Menschwerdung Jesu als Inkarnation des heiligen Geistes bzw. des Logos. Alle späteren kirchlichen Lehrentscheidungen bezüglich der besonderen Rolle und Funktion Marias sind hier vorgebildet, angefangen mit der Empfängnis vom heiligen Geist und der jungfräulichen Geburt Jesu sowie der wahren Gottesmutterschaft, wie sie vom Konzil in Ephesus 431 bestätigt wurden, über die immerwährende Jungfräulichkeit, die erst 649 im Laterankonzil festgestellt wurde, bis zu ihrer Sündlosigkeit, die im Kanon 23 des Tridentinums 1549 behauptet wird. Letztere wurde erst 1854 von Pius IX. zum Lehrsatz erhoben. In der Erzählung des Pseudoevangeliums wird das dargestellt, indem der Engel dem Joachim sagt, er werde seine Frau schon schwanger finden, wenn er zurückkehre. Die orthodoxen Kirchen haben diese Sätze von der vollkommenen Heiligkeit und Sündlosigkeit der Gottesmutter nie so angenommen.

4. Der mariologische Charakter des Pseudoevangeliums des Matthäus steht außer Zweifel. Die Dichtung verfolgt nicht die Absicht, die besonderen Umstände der Geburt Jesu und die Rolle der Maria zu schildern, sondern darzustellen, daß das Heil der Welt von Maria abhängt. Ihr Leben wird als engelgleiches Dasein beschrieben, das Zielbild aller monastischen Lebensformen. Darin

haben die Nachdichtungen der Roswitha von Gandersheim das Pseudoevangelium richtig verstanden, das Teil einer asketischen und weltverneinenden Bewegung war. Ihre Dichtungen, die von der völligen Harmonie zwischen Mensch und Natur in den messianischen Bildern des Alten Testaments träumten, sind nicht zuletzt deshalb eine so beliebte und verbreitete Lektüre gewesen, weil die soziale Wirklichkeit im untergehenden weströmischen Reich solch engelhaftes Leben kaum möglich machte.

(e)

Als Maria und Joseph mit Jesus in Ägypten weilten, wohin sie vor den Nachstellungen des Herodes geflohen waren, starb Elisabeth, die Mutter des Johannes, just an dem Tage, an dem auch Herodes starb. Der Vater des Johannes, Zacharias, aber war schon früher von den Leuten des Herodes umgebracht worden, vor ihnen waren Johannes und Elisabeth in die Wüste geflohen, und nun wußte der kaum siebenjährige Knabe nicht, was er anfangen sollte, und weinend saß er neben dem Leichnam seiner Mutter.

Jesus aber, der alles wahrnahm, was auf Erden und im Himmel geschah, sah dies und brach seinerseits in Tränen aus. Als Maria ihn nun diesethalben fragte, sagte er ihr, was vorgefallen war. Dann rief er eine Wolke und fuhr auf ihr zusammen mit seiner Mutter und der Salome in die Wüste von Ajin Karim zu dem Ort, wo Johannes neben seiner toten Mutter saß und klagte. Als Johannes die Ankunft bemerkte, floh er. Aber Jesus rief ihn zurück, und die beiden Frauen wuschen den Leichnam. Michael und Gabriel aber kamen vom Himmel und gruben das Grab. Nach der Bestattung blieben Jesus und Maria noch sieben Tage bei Johannes und unterwiesen ihn in allem. Danach aber trug eine Wolke sie zurück nach Nazareth.

Vita Johanni des Serapion

1. Die Episode aus der Vita Johanni des Serapion (ed. A. Mingana, Bulletin of John Rylands Library, Manchester, Heft 11, 1927) stellt Maria dar als Gehilfin ihres Sohnes Jesus, zwar zusammen mit der Salome, aber doch hervorgehoben. Die Dichtung aus dem 8. Jahrhundert in Ägypten gehört zum Typ der sogenannten Kindheitsevangelien, steht aber ziemlich am Ende dieser Reihe und läßt sich natürlich auch schon zu den Heiligenbiographien zählen. Für den Zusammenhang hier ist nur diese Episode wichtig, für die es auch in dem arabischen Kindheitsevangelium (siehe schon III e 1.) Ansätze gibt; Maria ist zwar durchaus als Mensch geschildert, sie bricht in hilfloses Klagen angesichts der verstorbenen Base Elisa-

beth und des minderjährigen Vollwaisen Johannes aus, aber im gleichen Augenblick erweist sie sich als gehorsame Anhängerin ihres Sohnes und bedingungslose Gehilfin. Sie ist die Frau voller Gnaden, zu der Leser und Hörer dieser Geschichte Vertrauen haben können. Neben diesem erbaulichen Aspekt markiert die Geschichte aber auch eine mythologische Etappe: Maria, die schon zu ihren Lebzeiten auf Wolken reiten kann, wird auch nach ihrem Tode auf Wolken gen Himmel fahren können, wie es in anderen Dichtungen erzählt und von Papst Pius XII 1955 zum Dogma erhoben wurde.

(f)

Eines Tages, nachdem Maria ihren Sohn um vierundzwanzig Jahre überlebt hatte, überkam sie solche Sehnsucht nach ihrem Sohn, daß ihre Bitten den Himmel erreichten und ein Engel kam, um ihr mitzuteilen, daß Gott ihr Flehen erhört habe. Er brachte ihr einen Palmzweig aus dem Paradies, den man vor ihrer Bahre hertragen sollte, denn in drei Tagen sollte sie sterben dürfen und von ihrem Sohn empfangen werden. Sie durfte aber noch die Bitte äußern, daß alle Apostel an ihrem Sterbebette versammelt sein möchten. Der andere Wunsch der Maria aber sollte auch erfüllt werden: Kein böser Geist sollte ihren Weg in die Seligkeit stören. Und es geschah das Wunder, daß eine lichte Wolke den Johannes aus Ephesus herbeitrug und alle anderen Apostel auch, nur Thomas fehlte. In der dritten Nachtstunde aber kam Jesus mit dem gesamten Heer der himmlischen Heerscharen und Patriarchen, und sie standen um das Sterbebett und sangen, und unter diesem Singen schied Marias Seele aus dem Leibe, und Jesus nahm sie in seine Arme. Den Leib Marias aber trugen sie in ein Grab, wie Jesus ihnen gesagt hatte, bis er nach drei Tagen kommen würde, um auch ihn zu holen.

Nach drei Tagen kam Jesus und rief ihre Seele in den Leib zurück, und sie stand auf und fuhr mit der Menge der Engel auf gen Himmel an die rechte Seite ihres Sohnes.

Legenda aurea, von Mariae Himmelfahrt

1. Aus den apokryphen Johannes-Akten, die im 4. Jahrhundert in Syrien aufgeschrieben wurden, sehr unterschiedliches Material enthielten und von der alten Kirche nicht anerkannt waren, ist die Himmelfahrt Mariens in die Legenda aurea gedrungen, die in Frankreich im 12. Jahrhundert entstand. Dort werden auch die Wundertaten berichtet, die an ihrer Bahre geschahen. Alle Forscher sind sich einig, daß die Qualität dieser Dichtungen weit hinter der Qualität der anderen Apostelromane zurückbleibt. Eine Analyse würde ergeben, daß sich das gesamte Zaubermaterial der Antike in

diesem »Marienleben und Marientod« versammelt hat. Hier muß etwas anderes betont werden; denn mythologisch gewichtig ist, daß sich an die Person Marias fast die gesamte Isismythologie binden konnte, wodurch Maria ihre gottgleiche Rolle innerhalb der Denkgewohnheiten des orientalischen Christentums im 4. Jahrhundert erhielt. Maria wuchs gleichsam automatisch in die Rolle der Magna Mater hinein; die Fabulierfreude der orientalischen und griechischen Völker des oströmischen Berciches bemächtigte sich ihrer Person, weil sie zunächst in dem heilsgeschichtlichen Konzept der ersten christlichen Generationen keine besondere Rolle gespielt hatte.

2. Die Bilder von ihrer Himmelfahrt entsprachen dem antiken Topos von der Apotheose. Die Apotheose eines Heros oder eines Menschen ist mythologisch stets der Beweis für seine starke Anziehungskraft. Herakles wurde zum Gott, weil seine den Menschen sehr einsichtigen Taten ihn größer und gewichtiger erscheinen ließen als die alten Götter des griechischen Pantheon. Mit der Erfindung des Bildes von der Himmelfahrt Marias rückte die Gottesmutter für die orientalische Mentalität in den Vordergrund des Interesses. Die kirchlichen Theologen konnten den Trend nicht mehr abwehren, sie bemächtigten sich seiner und deuteten nun, wie Irenäus in seinem Panarion IV 33, Maria als Symbol der Kirche; wie sie den Logos getragen und geboren habe, so trüge die Kirche den Logos nun und brächte ihn ans Licht und in das Leben.

3. Die abendländische Kirche hat zunächst versucht, diese Entwicklung zu hindern, konnte aber nach ihrer Zustimmung zu dem Konzil von Ephesus (431), das Maria als Gottesmutter und Gottesgebärerin konsekrierte, und dem Nicänum sich nicht mehr mit Erfolg dem Eindringen dieser Bilderflut aus den apokryphen Dichtungen widersetzen. Die Geschichte der Marienverehrung in der abendländischen Christenheit zeigt das langsame Zurückweichen vor diesem Druck aus dem Orient. Die russisch- und griechisch-orthodoxe Tradition hat immer die Verkündigung der Geburt Jesu als die Mitte der Marienfrömmigkeit angesehen, und Marias Miterlösergabe und Himmelfahrt wie ihre Funktion als Fürbitterin der Gläubigen vor dem Richterthron ihres Sohnes nie betont. »Der Tag der Verkündigung« ist der Erstgeborene aller Festtage, denn in ihm beginnt das Heil in der Welt, heißt es in einer äthiopischen Liturgie.

(g)

Als Paulus in den Himmel entrückt war und von dem Engel in das Paradies geführt wurde, sah er, wie inmitten von zweihundert

Hymnen singenden Engeln eine Jungfrau herbeikam. Und als Paulus fragte, wer sie sei, antwortete ihm der Engel: Das ist Maria, die Mutter des Herrn. Sie trat aber zu Paulus und grüßte ihn freundlich, weil alle Heiligen im Paradiese ihren Herrn gebeten hätten, er möchte den Paulus zu ihnen kommen lassen, bevor er stürbe, denn sie alle wollten ihn gerne noch als Lebenden sehen. Denn bis zu den Himmeln war die Nachricht von seinen Taten gedrungen, weil alle Seligen auf Befragen geantwortet hätten, daß Paulus ihnen den Weg in das Reich Christi gewiesen habe. Und sie sagte ihm, daß sie es sich nicht habe nehmen lassen, als erste allen denen entgegenzugehen, die wie sie selbst den Willen ihres Sohnes und Herrn Christus getan haben. Und so seien alle nicht mehr wie Fremdlinge vor ihren Sohn getreten.

Apokalypse des Paulus, 46

1. Auf die Apokalypse des Paulus als Quelle ist schon oben VI h 1 eingegangen worden. In diesem Abschnitt Kapitel 46 wird nun Maria vorgestellt, die unter den Seligen die gewichtigste Rolle spielt. Sie ist die erste, die den Neuankömmlingen entgegentritt, und hinter ihr folgen die großen Heroen in Rückwärtsfolge der alttestamentlichen Heilsgeschichte, angefangen mit Abraham und den Patriarchen und endend mit Adam.

2. Ihre Funktion in diesem Paradiesbilde ist unschwer zu erkennen und entspricht dem Bild von der ewigen Fürsprecherin. Sie ist die Vermittlerin zu ihrem Sohn; denn sie sorgt dafür, daß vor ihm niemand als Fremdling erscheint. Die äthiopische Apokalypse Marias, die auf den koptischen Paralleltext der ältesten lateinischen Fassung aus dem 5. Jahrhundert zurückgeht, läßt die ganze Schilderung des Paradieses als Mitteilung Marias erkennen. Hier genoß Maria eine größere Autorität als Paulus, und es war für die alte Kirche kein Sakrileg, Autorennamen zu tauschen. Die koptische und äthiopische Kirche haben ohnehin als erste vermutlich Maria als Himmelskönigin liturgisch verehrt.

3. Ihre Rolle als Vermittlerin und Fürsprecherin bekam in der Frömmigkeit größeres Gewicht, als Christus zum Weltenrichter wurde. Die biblisch-neutestamentliche Sicht vom Weltheiland und Erlöser trat seit dem 5. Jahrhundert hinter der aus Apokalyptik und Eschatologie entlehnten Erwartung eines endzeitlichen Weltenrichters so zurück, daß die Funktion des Gnadenmittlers für Maria frei wurde.

›facit‹

Im Mythos ist das Bild der göttlichen Mutter bzw. einer Mutter Gottes das Bild für die Fragen nach Liebe, Zeugung, Milde und Barmherzigkeit und für die Frage nach der Rolle der Frau in der Gesellschaft.

Die ersten beiden nachjesuanischen Generationen der Christen widmeten der Mutter Jesu keine besondere Aufmerksamkeit, weil die Erinnerung an ihre leibliche Existenz in der Urgemeinde noch so lebendig war, daß daran alle Versuche scheitern mußten, ihr eine besondere Rolle zuzuweisen.

In den Randgebieten der christlichen Ökumene, vor allem in Syrien, Rom, Griechenland und Ägypten, war ihr Bild biographisch nicht so festgelegt. Deshalb konnte hier die Mariologie ihre ersten Anfangsgründe in den außerchristlichen Mythen von Muttergöttinnen nehmen. Die Integration nichtchristlicher Mythologeme auch in die Christologie, wodurch der Rabbi Jesus aus Nazareth zum Gott wurde, verhalf der Maria zu der mythographisch interessanten Entwicklung von der jungen Frau zur Jungfrau Maria, von einer natürlichen Mutter zur Gottesmutter und zur Himmelskönigin.

Mythologisch repräsentiert diese Entwicklung die Emanzipationsversuche der Frau im patriarchalisch-feudalen Mittelalter. Maria wird zur Vision der klugen, tatkräftigen, in allen Wissenszweigen und im Regiment im Himmel tüchtigen Frau.

XI
JOHANNES, DER TÄUFER

(a)

Zu der Zeit, als Herodes König von Judäa war, gehörte der Priester Zacharias zu den Priestern der ersten Ordnung. Ihm und seiner Frau war kein Kind in ihrer langen Ehe geboren, denn Elisabeth war unfruchtbar. Als nun Zacharias einmal mit dem Räucherdienst am Altar im Tempel betraut war und dort räucherte, erschien ihm ein Engel und teilte ihm mit, daß seine Frau einen Sohn gebären würde, den sollte er Johannes nennen. Er würde aber vielen Menschen Segen bringen und viele zu Gott bekehren. Zacharias glaubte dem Gabriel diese Botschaft, zumal er als Zeichen für die Wahrheit dieses Gottesspruches die Sprache verlor und sie erst wieder erhielt, als er nach der Geburt seines Sohnes auf Befragen erklärt hatte: Er soll Johannes heißen. Als erster aber stimmte er Gott ein Loblied an.

Johannes aber wuchs auf und weihte sich Gott. Er trug ein Gewand aus Kamelhaaren, verschmähte den Wein und alle guten Dinge, schor sein Haar nicht und ernährte sich von Honig und

Heuschrecken. Er kam aber an den Jordan und predigte den Leuten, daß sie Buße tun und sich bekehren sollten, denn das Reich der Himmel stehe nahe bevor. Und es waren viele, die zu ihm kamen und sich taufen ließen zum Zeichen ihrer Buße. Zu ihnen zählte auch Jesus. Und viele sahen in dem Täufer einen Propheten, wie ihn Mose vorhergesagt hatte.

Es waren aber auch viele Leute, die sich über ihn und seine Predigt ärgerten, weil er sich nicht scheute, alle Mißstände offen bei Namen zu nennen. Und so hatte er auch öffentlich den König Herodes wegen dessen Ehe mit der Frau seines Bruders getadelt. Deshalb hatte der König ihn inhaftieren lassen. Herodias aber stiftete ihre Tochter Salome an, sich für einen Schleiertanz vom König als Lohn das Haupt des Johannes auf einer Silberschüssel zu erbitten. Und Herodes kam ihrem Wunsche nach und ließ Johannes enthaupten. Die Jünger des Johannes aber schlossen sich nach seinem Tode zum Teil Jesus an, weil sie sahen, daß Jesus in der Nachfolge ihres Meisters stand.

Nach den Evangelien des Lukas, Kap. 1 und 3, sowie des Matthäus, Kap. 3 und 14.

1. Zu den Texten siehe bei II a 1 und II b 1. Das Matthäus-Evangelium ist in der Darstellung des Täufers wesentlich ausführlicher als die anderen synoptischen Evangelien und auch als Johannes in seinem Evangelium, der ihn als Vorboten Jesu in sein heilsgeschichtliches Konzept einfügt und nur qualitative Unterschiede zwischen beiden feststellt.

2. Mythologisch wichtig ist nur die Beschreibung der Geburt des Johannes, die Lukas in Analogie zu einer anderen berühmten Prophetengeburt erzählt, wie sie im Alten Testament im Kapitel 1 des Buches Samuel erzählt wird. Damit wird die Person des Johannes schon typologisch festgelegt. Er ist der von kinderlosen Eltern sehnlichst erbetene Sohn, während Jesus der unerwünschte, aber dennoch gesegnete Sohn wird. Diese Differenzierung gehört schon zum schriftstellerischen bzw. theologischen Programm des Lukas.

3. Die historisch mögliche Person des Johannes ist aus den Anmerkungen in den Evangelien nur knapp zu erfahren. Er muß ein Prediger wie die alten Propheten gewesen sein und muß eine Reinigungstaufe geübt haben, von der sich die Taufe des Auferstandenen fundamental unterscheidet, wie es in der Apostelgeschichte 1, Vers 5, als Rede Jesu mitgeteilt wird: »Johannes hat mit Wasser getauft, ihr aber sollt mit dem heiligen Geist getauft werden.« Aus einer kurzen Notiz in der Apostelgeschichte 18, 25 ist zu entnehmen, daß die erste

Generation von Christen nur die Taufe des Johannes kannte. Der historische Jesus hat nicht getauft.

4. Das Besondere an der Johannes-Taufe, das sie mit anderen alten Taufritualen der Spätantike teilt, etwa dem Ritus der Mandäer, ist, daß sie eine Reinigungstaufe ist, die den Menschen kultfähig macht, das heißt fähig für den Umgang mit Gott, und deshalb konnte sie mehrfach wiederholt werden.

5. Zuverlässig ist wohl die Information aus der Apostelgeschichte und einzelnen Hinweisen aus den neutestamentlichen Briefen, daß die Schülerschaft des Johannes sich wohl bald nach dem Tode ihres Meisters aufgelöst hat und einige, wenn nicht gar alle, sich in der neu entstehenden Schule um den Lehrer Jesus und dessen Schüler sammelten. Die besonderen Merkmale der Tätigkeit des Johannes und seiner Predigt sind dann in die Tradition des Christentums eingeflossen. Die Taufaufforderung des Johannes, »Tut Buße, denn das Himmelreich ist nahe herbeigekommen«, ist aus der nachösterlichen Christologie zu erklären, die den Johannes zum Vorläufer Jesu ernannte.

(b)

Als die Häscher des Herodes den Vater des Johannes getötet hatten, flohen Elisabeth und ihr Sohn in die Wüste, um sich dort zu verbergen. Dort starb Elisabeth. Jesus kam aber mit seiner Mutter auf einer Wolke zu dem trauernden Johannes und blieb bei ihm, bis die Engel die Elisabeth bestattet hatten. Dann unterwies er ihn, wie er in der Wüste leben könne, bekleidet mit einem rauhen Gewand aus Kamelhaarwolle und angewiesen auf die Ernährung durch den Honig der Wildbienen und von Heuschrecken. Als Maria und Jesus nun den Knaben Johannes verlassen wollten, weinte Maria, denn sie hatte mit dem Kinde Mitleid, das dort in der Wildnis allein zurückbleiben sollte. Aber Jesus tröstete sie: Er soll nach dem Willen des Vaters in der Wüste bleiben bis zu dem Tage, an dem er sich als Prophet vor dem Volke Israel offenbaren wird. Und für ihn werden die wilden Tiere in der Wüste wie Engel und Propheten sein, mit denen er umgehen wird, und Gabriel, der Engel, wird ihn begleiten und immer für seinen Schutz sorgen. Und er wird jederzeit eine Quelle mit gutem Wasser finden. Und du solltest doch wissen, daß seine Mutter Elisabeth ihn liebte, wie auch sein Vater Zacharias, aber letztlich ist es doch allein meine Liebe und Fürsorge für ihn, die ihn immer getragen und behütet hat und ihn auch in Zukunft umgeben wird. Und ich werde nicht nur Gabriel ermächtigen, sich um Johannes zu kümmern, sondern auch seinen Vater Zacharias werde ich schicken, um ihn zu bewahren. Denke nicht, daß er das nicht tun könnte, weil er gestorben und begraben ist, seine Seele lebt im Reiche meines Vaters.

Vita Johanni des Serapion

1. Zu dem Text siehe oben X e. Diese kurze Episode erhebt den Täufer Johannes zu einem besonderen Wesen, der wie Maria sich der besonderen Gnade erfreuen darf, von Engeln begleitet, behütet und auch ernährt und bekleidet zu werden. Der Wüstenaufenthalt des Johannes, von dem auch die neutestamentlichen drei ersten Evangelien berichten, erhält hier seine mythologische Deutung und Grundlegung. Der Heros lebt als Gottesstreiter nur durch seine übernatürliche Begnadung; seine persönliche Tapferkeit, Ethik und Opferbereitschaft sind Gottesgaben.

2. Diese Umkehrung der antiken Heldentypologie in der christlichen Mythologie entspricht dem verwandelten Welt- und Geschichtsbewußtsein. Der besondere Mensch verdankt seine Besonderheit nicht der eigenen Leistung, sondern einer ihm von Gott verliehenen Gnadengabe. Im griechischen Mythos stehen einem Menschen die einen Götter im Kampf gegen die anderen Götter bei, aber es bleibt dem Menschen der Ruhm für sein Los. Im christlichen Mythos fällt auch der Ruhm dem alles bewirkenden Gott in den Schoß.

3. Typologisch ist die Metaphorik des Serapion nicht außergewöhnlich. Wilde Tiere als Inkarnationen der Götter werden dem Toten schon in den altägyptischen Totenbüchern als Begleiter auf dem Wege nach Aminte vorgestellt. Nun sind sie bereits dem Lebenden Gesprächs- und Lebenspartner wie Engel oder Propheten. Dem so ausgezeichneten Frommen dienen sie wie der Löwe dem Hieronymus. Getier, das schreckt und quält, erfreut und beruhigt den Frommen, für den die alttestamentlichen Bilder des messianischen Friedensreiches schon manifeste Wirklichkeit geworden sind.

4. Wichtig ist auch, daß in der gnostischen Schrift der Pistis Sophia in Kapitel 7 erzählt wird, daß Jesus in der Gestalt des Gabriel auf die Erde kam und Elisabeth, die Mutter des Täufers, mit der Kraft des kleinen Jaô besäte, damit dieser Knabe dann Jesus durch seine Bußpredigten und seine Wassertaufe den Weg bereite.

(c)

Als Simeon und seine Söhne im Totenreich die Ankunft Jesu erlebten, sahen sie, wie kurz vor dessen Eintreffen auch Johannes der Täufer, ein Asket aus der Wüste, in die Mitte der Toten trat und sagte: Ich bin Johannes, der letzte der Propheten. Ich habe dem Gottessohne die Wege geebnet und Israel Buße gepredigt zur Vergebung ihrer Sünden. Und da kam auch Gottes Sohn zu mir. Und als ich ihn kommen sah, da habe ich allen Leuten gesagt: Sehet, das ist das Lamm Gottes, das der Welt Sünde hinwegträgt. Und ich habe ihn mit eigener Hand im Jordan getauft und kann beschwören, daß alsbald der heilige Geist wie eine Taube auf ihn herabkam und daß ich die Stimme Gottvaters aus den Himmeln hörte: Dieser ist mein geliebter Sohn, an dem ich Wohlgefallen habe. Und er hat mich zu euch gesandt, damit ich auch hier vor ihm hergehe und ihm den Weg bereite und euch sage, daß der Sohn Gottes hierherkommt und daß der gerettet wird, der an ihn glaubt.

Nikodemus-Evangelium XIII

1. Dieser kurze Ausschnitt aus den Pilatus-Akten (siehe oben II c 1) des Nikodemus-Evangeliums zeigt, wie im 4. Jahrhundert die Typologie den Täufer der Selbständigkeit seines Todes beraubt hat, die ihm die neutestamentlichen Erzähler noch zubilligen. Dort noch geschichtliche Person, wird er hier weitgehend zur mythischen Figur, hat er im Totenreich genauso wie auf der Erde die Aufgabe zu erfüllen, als letzter Prophet die Ankunft des Messias zu predigen.

2. Der neutestamentliche Abschnitt über die Wirksamkeit des Täufers reduziert den Täuferstoff auf seine Predigt- und Tauftätigkeit und läßt ihn noch deutlich zweifeln, ob Jesus wirklich der erwartete Messias ist (Matthäus 11.3 und Parallelen). Aus der alttestamentlichen Typologie, daß dem Messias ein Prophet vorausgehen soll, wird hier analog zu den Texten aus Qumran ein heilsgeschichtlicher Mythos. Johannes der Täufer ist der mythologische Götterbote. Durch diese Fixierung seiner Funktion wird zugleich die Stellung Jesu erhöht, er wird zum König, dem ein Herold vorausgeht.

(d)

Als Herodes gehört hatte, daß die Magier zurückgereist waren, ohne ihm den Aufenthaltsort des angekündigten Gottessohnes zu melden, befahl er, alle männlichen Kinder bis zu einem Alter von zwei Jahren zu töten. Maria versteckte ihr Kind in einer Ochsenkrippe, aber Elisabeth floh mit Johannes ins Gebirge und bat einen Berg: Nimm mich auf mit meinem Kinde! Und der Berg tat sich auf und ließ ein Licht durch die Außenwand schimmern. Herodes aber ließ Zacharias rufen, den Vater des Kindes, um ihn nach dem Verbleib seines Sohnes zu fragen. Aber Zacharias wußte nicht, wo er verborgen war, und so kamen die Späher des Herodes ein anderes Mal wieder mit dem Befehl des Königs, ihn zu töten, wenn er nicht sagte, wo Johannes verborgen wäre. So wurde Zacharias am Altar im Heiligtum erschlagen. Und als die Priester in der Frühe des nächsten Tages den Tempel betraten, verkündete ihnen ein Engel des Herrn die Mordtat. Johannes aber wuchs im Verborgenen auf, bis der Herr ihn rief.

Nach dem Protevangelium des Jakobus, Kap. 22–25

1. Das Protevangelium des Jakobus (siehe oben, Kap. II d 1) erzählt in seinen letzten Kapiteln 22–25 das Schicksal des Täufers und seiner Eltern. Dabei liegt das Hauptinteresse beim Tode des Zacharias, des Täufervaters. Er stirbt, weil er einem Befehl des Herodes nicht nachgekommen ist. Sein Sohn aber wird errettet. Nach der apokryphen Schrift »Geburt der Maria« (bei Epiphanius, Panarion 26, 12) mußte Zacharias sterben, weil er den wahren Gottesdienst der Juden begriffen hatte, daß sie nämlich einen Esel anbeteten. Und die Juden erschlugen ihn, um ihr Geheimnis nicht verraten zu lassen. Dieser antisemitische Vorwurf, den auch andere Gnostiker und Heiden erhoben – er wurde auch gegen die Christen als jüdische Sekte vorgebracht –, spielt im hiesigen Text keine Rolle.

2. Den Topos von der Verborgenheit des Täufers mit seiner Mutter in einem Berge haben die Dichter vermutlich dem mythischen Arsenal der Mithras-Anhänger und der Gnostiker entlehnt (vgl. die koptische Adams-Apokalypse NHC V, 4 S. 78, die Lehre vom 2. Königreich). Diese Erzählung läßt eher judenchristliche Herkunft vermuten, etwa wie das bei Epiphanius in Panarion 26 erwähnte Ebionäerevangelium oder auch die nur noch in Bruchstükken erhaltene Zacharias-Apokalypse, die beide ganz offensichtlich daran interessiert waren, die prophetische Funktion des Täufers zu beschreiben und nachzuweisen, daß Jesus ein natürlicher Mensch war, der erst durch die Taufe des Johannes zum Gottessohn geworden ist.

3. Der hier hypothetisch gesetzte Schluß aus der Analyse der genannten Dichtungen läßt mehr ahnen als mit Sicherheit vermuten, daß eine solche Version wie die des Berges, der Mutter und Kind aufnimmt, den Täufer sehr aufgewertet hätte und in einem Klima nicht mehr erwünscht war, das nur noch die Person Jesu in den Mittelpunkt gerückt wissen wollte.

4. Der Apostel Johannes, den die Tradition mit dem Lieblingsjünger Jesu und dem Verfasser der biblischen neutestamentlichen johanneischen Literatur (Briefe, Evangelium und Offenbarung) gleichgesetzt hat, wird in einem gesonderten Abschnitt unter den Heroen zu behandeln sein.

>facit<:

In der Mythologie gehört zum Boten oder Vorboten immer ein Herr und Auftraggeber. Götterboten können Tiere, Engel, Götter oder Menschen sein; die olympischen Götter wählten Hermes, der biblische Gott den Moses und die Propheten, die altägyptischen Götter neben Menschen auch Tiere.

Die neutestamentlichen Autoren haben schon Johannes den Täufer, die Apposition unterscheidet ihn von dem Lieblingsjünger Jesu, sehr bald nach dem Tode Jesu in ihr mythologisches System integriert. Behilflich war ihnen dabei die jüdische Erwartung, daß dem Messias ein Prophet wie Elia vorangehen würde. Dadurch hat Johannes seine durchaus eigene Bedeutung als asketischer Bußprediger und Lehrer einer Täufergruppe verloren. Die vorgestellten Dichtungen haben diesen Topos aufgegriffen und erweitert.

XII
PETRUS

Simon, der Sohn des Jona und Bruder des Andreas, war Fischer in
Bethsaida und dann in Kapernaum am See Genezareth. Er war ver-
heiratet und erhielt später den Beinamen Kephas bzw. Petrus, in der
Bedeutung »Felsen«.

Sein Bruder Andreas hatte von Johannes dem Täufer erfahren,
daß Jesus der Messias für Israel sei. In seiner Begeisterung nahm er
auch seinen Bruder Simon mit. Nach einer anderen Quelle waren
beide in Kapernaum beim Fischen, als Jesus vorbeikam und sie zu
seinen Jüngern berief. Petrus war über den wunderbaren Fischzug
so bestürzt, daß er alles stehen und liegen ließ, um fortan im Auftrag
Jesu »ein Menschenfischer zu sein«.

Seine Begeisterung für Jesus machte ihn bald zu einer Stütze in
der Jüngerschar, und er stand im Rufe, als erster begriffen zu haben,
daß Jesus der Christus und Sohn des lebendigen Gottes sei, weshalb
Jesus ihn zum obersten Wächter über die Kirche eingesetzt habe

und auch gesagt habe: Auf diesen Petrus will ich meine Kirche gründen. Zu den wenig rühmlichen Geschichten gehört die Nachricht, daß er sich seines Glaubens nicht so sicher gewesen sei, denn er habe gezweifelt, daß das Wasser des Meeres ihn tragen würde, als Jesus ihm befahl, zu ihm über das Wasser zu kommen. Ebenso habe er in der letzten Nacht, die Jesus vor seiner Verhaftung mit den Jüngern verbringen wollte, fest geschlafen und ihn auch bei einem Verhör im Hohenpriesterpalast verleugnet, daß er ihn nicht kenne.

Nach dem Tode Jesu hat er die Gemeinde in Jerusalem geleitet und sehr zur Stärkung der ängstlichen Jünger beigetragen. Nun scheute er keine Verantwortung, weder vor dem Hohen Rat noch vor der ersten ökumenischen Versammlung in Jerusalem, dem sogenannten Apostelkonzil, als es um die Frage ging, ob man auch die Heiden, also die Nichtjuden, taufen und in das Volk Gottes aufnehmen dürfte, wie Paulus es gefordert hatte. Petrus beschränkte sich aber auf die Predigt vor Juden, auch als er nach Babylon zog.

Evangelium des Johannes 1, 41–42; Matthäus-Evangelium 4, 18–20; 16, 16–19; 17, 24–27; 26, 34; Apostelgeschichte 1–8; Johannes-Evangelium 21, 15–19.

1. Die neutestamentlichen Angaben über Petrus sind schon von der Sicht der nachjesuanischen Gemeinde in Jerusalem geprägt, die den Petrus als den von Jesus bevorzugten und besonders ausgezeichneten Apostel angesehen hat, während Jakobus, der Bruder von Jesus, nach aller historischen Wahrscheinlichkeit die erste Gemeinde in Jerusalem geleitet hat.

2. Die unterschiedlichen Versionen der Berufung des Petrus kennen diese Bevorzugung noch nicht. Hier ist offensichtlich die Erinnerung daran, daß Andreas erst seinen Bruder zu Jesus gebracht hat, noch so stark gewesen, daß sie eine idealtypische Lösung verhindert hat. Das gilt auch von den Szenen des ungläubigen Petrus auf dem Meer und dem unglaubwürdigen Verhalten in der Nacht der Verhaftung Jesu. Die Bibel leitet daraus keine moralische Verurteilung ab, sondern benutzt in den verschiedenen Varianten diese Szenen, um damit das Einmalige und Unvergleichliche der Person Jesu darzustellen.

3. Das Nachtragskapitel bei Johannes 21, der sogenannte unechte Schluß, ist sicher aus der Tradition gespeist, die in Petrus nach dem Tode des Jakobus den geborenen Führer der ersten Christengemeinde sieht. Sie ist die explizite Erwählungsgeschichte, die dem Petrus das Charisma des prophetischen Amtes bescheinigt, und besitzt dieselbe Funktion wie die Berufungsvision des Propheten Jesaja und Samuels.

4. Die Petrus-Reden in der Apostelgeschichte sind vermutlich nicht von ihm selber gehalten worden. Sie spiegeln das Gesamtverständnis der ersten nachjesuanischen Jerusalemer Christen wider. Daß er durch ein Wunder der drohenden Hinrichtung (Apostelgeschichte 12) entging und Kranke heilte und den Simon Magus überwand, gehört zu dem Bild des Propheten. Man darf nicht vergessen, daß durch die alttestamentlichen Prophetenbiographien des Elia oder Elisa und Samuel gleichsam das Muster vorgegeben war, nach dem spätere Lebensbeschreibungen gestaltet wurden.

5. Von seinem Tod wird im Neuen Testament nichts erzählt. Aber an der Auskunft der Kirchenväter, daß er in Rom in den Neronischen Verfolgungen den Märtyrertod gestorben sei, sollte man nicht zweifeln. Die Peterskirche in Rom ist an jener Stelle errichtet, wo sein Grab vermutet wird. Für die Bestimmung des Grabes sind schon viele Vorschläge gemacht worden, ohne daß jedoch eine allgemeine Zustimmung für ein bestimmtes Grab erreicht wurde.

(b)

Zwölf Jahre wirkte Petrus nach dem Tode Jesu in Jerusalem und in Galiläa zum Wohle der Gemeinde. Da kam plötzlich eines Nachts eine Stimme zu ihm, die ihn aufforderte, nach Rom zu reisen, weil in Rom der Gemeinde Jesu eine große Gefahr drohe. Der Simon Magus, den Petrus schon in Judäa als einen Lügner und Scharlatan entlarvt und vertrieben hatte, war in Rom aufgetreten, nachdem Paulus nach Spanien gereist war, und hatte durch allerlei Wundertaten und merkwürdige Rede die Gemeinde völlig verwirrt. So machte sich denn Petrus auf und fuhr über Cäsarea nach Rom. Gott erschien aber nächtens dem Kapitän auf dem Schiff und weissagte ihm, daß er mit diesem Gottesmann an Bord immer gute Fahrt haben würde, denn er sei ein Segen für alle Welt. In Rom war ein Getreuer Jesu übriggeblieben, und diesen fand der Kapitän durch wunderbare Fügung sofort. Petrus erfuhr so unmittelbar nach seiner Ankunft, was Simon Magus angerichtet hatte und wie viele von der Gemeinde abgefallen waren.

Deshalb brach Petrus sofort in die Stadt auf, und weil Sabbat war, kamen auch die verstreuten Christen schnell wieder zusammen, als sie hörten, daß Petrus gekommen war. Er hielt ihnen eine Rede, in der er ihnen erklärte, daß er selbst auch dreimal den Herrn verraten habe, aber Jesus habe ihm verziehen. Und so würde Jesus auch ihnen den Abfall vom Glauben verzeihen. Denn Jesus sei stärker als der Satan und sein Werkzeug, der Jude Simon Magus.

Sie begaben sich nun vor das Haus, in dem Simon wohnte. Das

Haus aber gehörte einem früheren Christen, der unter dem Eindruck Simons abgefallen war. Der Türhüter aber verwehrte Petrus den Eintritt. Da bemächtigte sich Petrus eines wilden Kettenhundes in der Nähe des Hauses und löste ihn von der Kette und befahl ihm, in das Haus zu gehen und Simon aufzufordern, herauszukommen. Der Hund tat es, und da besann sich der Hauseigentümer seines Glaubens an Jesus und bereute. Aber Simon stritt sich im Innern des Hauses mit dem Hund, der endlich wieder zu Petrus herauskam und ihm sagte, daß der Kampf hart würde. Dann starb der Hund. Ein Jüngling aber, der ungläubig lächelte ob dieser Wunder, wurde von Petrus als Dämon erkannt, der dann, um dem Hausbesitzer zu schaden, auch die Kaiserstatue im Hofe zerschlug. Aber Petrus stellte durch ein Wunder die Statue wieder her. Noch andere Wunder vollbrachte Petrus in Rom und lehrte die Leute das Evangelium von Jesus Christus. So ließ er den Simon Magus durch einen Säugling aus der Stadt weisen, denn Jesus war ihm erschienen und hatte ihm geweissagt, daß er ihm beistehen würde in dem großen schweren Kampfe mit Simon dem Zauberer, der viel schwieriger sein würde als der Kampf, den Petrus mit ihm schon im Judäa ausgefochten hatte.

Petrus ging nun im Hause umher, in dem sich die Christen Roms versammelt hatten, heilte Kranke, machte Blinde sehend und predigte ihnen von Jesus, daß er groß und doch zugleich auch klein sei, schön und doch auch häßlich, anfaßbar und doch auch unbegreiflich, sichtbar und doch auch unsichtbar, jenseits aller Gefahren und Bedrohlichkeiten, aber dennoch sei er gemartert und gekreuzigt worden. Und Jesus erschien in einem wunderbaren Lichte, und die Blinden wurden wieder sehend und beschrieben den, den sie gesehen hatten, auf sehr unterschiedliche Weise, denn den einen war er wie ein Kind, anderen wie ein Jüngling und wieder anderen wie ein alter Mann erschienen.

Petrus erklärte ihnen, daß dieses das Wunder des Glaubens sei. Dann begaben sich alle auf das Forum, wo sich viele vornehme Römer versammelt hatten, die den Kampf zwischen Petrus und Simon Magus erleben wollten. Petrus aber gewann den Kampf, nachdem er einen verstorbenen Senator wieder voll ins Leben hatte zurückrufen können, während dem Simon Magus nur gelungen war, daß der Verstorbene den Kopf bewegte. Dieses Wunder brachte dem Petrus viele Anhänger, auch unter den vornehmen Frauen. Diese beschlossen, sehr zum Ärger ihrer Männer, fortan keusch zu leben. Dafür wollten sich die Männer rächen und verschworen sich mit etlichen

aus dem Palaste, Petrus umzubringen. Denn sein Ruf war noch grö-
ßer geworden, nachdem er Simon Magus mit der Hilfe Jesu vom
Himmel hatte fallen lassen, so daß er sich die Beine brach, und alle
Welt lachte, als sie diese Himmelfahrt erlebten.

Dem Kaiser Nero aber gelang es, Petrus zum Tode wegen Gottes-
lästerung zu verurteilen. Das aber war der Tod am Kreuz. Und auf
Wunsch des Petrus kreuzigte man ihn mit dem Kopfe nach unten,
denn er wollte so zeigen, daß der Tod Jesu einmalig sei.

Nach dem Tode des Petrus legte ihn Marzellus, der den Petrus
auch bei sich aufgenommen hatte, nachdem Simon Magus das Haus
verlassen hatte, balsamiert in sein eigenes Grab. Aber Petrus erschien ihm in der folgenden Nacht und sagte ihm, es sei nutzlos gewesen, denn er sei ja nicht tot. Der Kaiser Nero aber war zornig,
daß Petrus nur so einen einfachen Tod gestorben war, weil er ihm einen härteren Tod zugedacht hatte.

Nach den Petrus-Akten der Acta Vercellenses 1–41.

1. Die lateinische Schrift der Petrus-Akten, die dieser Darstellung zugrunde liegt, ist jünger als die Kerygmata Petru oder die
pseudoclementinischen Recognitionen und Homilien. Sie stammt
etwa aus dem 7. Jahrhundert und geht auf die in Kleinasien im 2.
Jahrhundert entstandene Überlieferung zurück. Sie enthält im wesentlichen dieselben Geschichten, die auch die anderen Petrus-Akten enthalten.

2. Die apokryphen Apostelgeschichten berichten von den Aposteln dieselben Dinge, die auch als Topoi von Jesus aus den Evangelien bekannt sind. Die Apostel können Kranke heilen, Tote auferwecken, Hungernde speisen und Berichte vom Reiche Gottes geben. Sie sterben auch einen gewaltsamen Tod. Es sind Topoi einer
Vita heroica. Damit wird die Funktion dieser Dichtungen erkennbar. Es sind keine Biographien im herkömmlichen Sinne, sondern
Dichtungen, deren Fabel wichtiger ist als die historischen Begebenheiten. Petrus erscheint als Heros, als Prototyp des Gläubigen, und
das ist der Mensch schlechthin als Idealfigur, furchtlos im Umgang
mit Teufeln, Königen, anderen Menschen und dem Tod.

3. Die Fabel der Petrus-Akten ist antijüdisch. Simon Magus wird
als Jude dargestellt und auch so benannt. Im Neuen Testament, wo
die Begegnung Simons mit Petrus in Samaria stattfindet, ist Simon
kein Jude. Ihr antijüdischer Affekt ist aber schwächer als die Fülle
der Bilder von den Wundern des Petrus. Der Kampf des Petrus mit
dem Magier beherrscht die Dichtung. Die Lektüre des Originals ist
spannend, weil sich die Überwindung des Simon langsam hinzieht

und immer noch eine Niederlage des Petrus möglich scheint. Selbst der Flug bzw. die Himmelfahrt des Simon scheint anfangs zu glükken. Wichtigstes Mittel der Fabel aber bleibt die Glaubenstreue des Petrus.

4. In den Reden und vor allem in den Kreuzigungsgebeten des Petrus tauchen gnostisierende Elemente auf, die zeigen, daß der Dichter durchaus mit den geläufigen Denkstrukturen bekannt gewesen sein muß. Der Christus ist schon fast doketisch. Aber die vorliegende Form, die die Fassung innerhalb der römisch-katholischen Kirchen lesbar machte, hat die Formulierungen gemildert. Die Reden des Petrus aus der biblischen Apostelgeschichte waren dem Dichter offenbar nicht bekannt, auch nicht die anderen Nachrichten. Von einer Frau des Petrus oder einer Tochter, wie es in einem koptischen Fragment heißt, berichtet der Text nichts. Die Petrus-Akten behandeln nur den nachbiblischen Abschnitt des Lebens Petri.

5. Die Geschichten belegen eindrücklich die besondere Rolle des Petrus als Gemeindegründer in Rom. Sie wissen zwar, daß Paulus der Initiator war, beschreiben aber Petrus als den, der die eigentliche Gründung vollzogen hat und, nachdem Paulus Rom verlassen hatte, einen erstaunlich großen Anhang fand durch seine Wunder. Nur die Wunder und Predigten des Petrus, seine Aufforderungen zur Askese, haben die Existenz der Gemeinde in Rom möglich gemacht. Er wurde mit dieser Geschichte zum ersten Bischof von Rom. Die Petrus-Akten gehören in den Kontext der Streitigkeiten um die Rangfolge der Apostel, wie sie in Kleinasien belegt sind.

6. Mythologisch wichtig ist der Hinweis, daß Petrus offensichtlich sofort nach seinem Tode am Kreuz in die christologisch bedeutsame Daseinsweise des Auferstandenen eingetreten ist. Petrus erscheint dem trauernden Freund und läßt ihn wissen, daß er kein Toter wie andere Tote ist. An dieser Stelle wird besonders deutlich, daß der Dichter zwischen Christus und den Christen Petrus und auch Paulus keinen Qualitätsunterschied macht. Die Petrus-Akten sind keine religiös-theologisch orientierten Dichtungen zur Illustration eines kirchlichen Dogmas, sondern setzen die antike Tradition fort, die Biographien berühmter Heroen zur Erbauung der Leser zu schreiben. Bei Plutarchs Vita Parallelai sind diese Strukturen schönstens zu beobachten. Und nur die fehlende schriftstellerische und poetische Begabung der Autoren läßt diese christlichen Heroenbiographien als vulgär und minderwertig erscheinen, von der literarischen Tropik her läßt sich dieser Einwand nicht bestätigen.

7. In einem oben nicht erwähnten Abschnitt aus den Acta Vercellenses, Kapitel 35–36, in dem beschrieben wird, wie Petrus die beabsichtigte Flucht aus Rom durch eine Erscheinung Jesu aufgibt und zurückkehrt, kündigt ihm Jesus den Kreuzestod an. Dabei wird dem Petrus deutlich, daß in seiner Kreuzigung Christus erneut gekreuzigt wird. Das ist Mysterienglaube; denn in den antiken Mysterien stirbt der Myste den Tod seines Gottes, und der Gott stirbt mit ihm, weil nur auf diese Weise die Vereinigung mit dem Gott erfolgen kann. Hier wird der Einbruch des antiken Mysterienglaubens in die Frömmigkeitspraxis der Kirchen sichtbar; denn die so vergotteten Apostel werden zu einem mystischen Körper, der seinerseits selber heilig wird und als Reliquie Verehrung beanspruchen kann. Ein solcher Märtyrertod war nicht nur den Muslimen ein religiöses Verdienst.

(c)

Als die zwölf Jünger mit Jesus auf den Ölberg gegangen waren, um dort zu beten, bewegten sie viele Fragen. Da faßte sich Petrus ein Herz und fragte Jesus, wie denn die Gerechten aussähen, die schon die Welt verlassen hätten. Als sie nun beteten, erschienen ihnen plötzlich zwei Gestalten, unbeschreiblich schön anzusehen, weißgewandet und rotbackig mit goldlockigen Haaren. Dann ließ Jesus den Petrus auch noch in die Welt sehen, in der die Gerechten lebten. Und das war ein großer Raum außerhalb der Welt mit ewig blühenden Blumen und reichlich tragenden Fruchtpflanzen. Überall duftete es nach Blüten, und Engel besorgten die Geschäfte. Aber Jesus ließ den Petrus auch den Ort sehen, an dem die Strafengel mit den Menschen waren, die eine Strafe verdient hatten. Und dort war es finster und voller Grauen; glühend heiße Schlammpfuhle gab es dort, in denen Menschen rangen, und Feuerseen. An anderer Stelle quälte Ungeziefer die Mörder, Ehebrecher, Meineidschwörer, Gotteslästerer und Ketzer. Petrus aber kehrte entsetzt um und predigte das, was er gesehen hatte, damit alle den richtigen Weg des Glaubens gingen.

Petrus-Apokalypse aus Akhmin, Fragment

1. Das griechische Fragment der Petrus-Apokalypse, von der es auch eine jüngere, äthiopische Version als vollständigen Text gibt, dürfte auf das Ende des dritten Jahrhunderts zurückgehen. Es läßt sich kein biblischer Anknüpfungspunkt finden. Die Szenerie ist ohnehin unklar. Wichtig ist für den Zusammenhang nur, daß die Vision von Petrus stammt und daß er zum Kronzeugen dessen gemacht wird, was aus altorientalischen, ägyptischen und gnostischen

Quellen an Schreckensvisionen in Alexandria zusammengeflossen ist, wo die ursprüngliche Fassung der Dichtung entstand.

2. Inhaltlich deckt sich die Beschreibung mit dem schon in Kapitel VI und Kapitel VII dargestellten Material. Wichtig ist nur, daß Petrus als Verfasser der Apokalypse genannt wird. Apokalypsen werden in der apokryphen Literatur von fast allen Aposteln namentlich erwähnt. Die wenigsten sind erhalten. Sie sind im Bereich der kirchlichen Randgruppen anzusiedeln, die das ja bis weit in das 4. Jahrhundert noch nicht waren. Randgruppen entstanden erst, als mit der Dogmatisierung der christlichen Glaubenssätze durch die Konzilien so etwas wie eine substantielle religiöse Mitte festgelegt wurde. Eine funktionale, organisatorische Mitte gab es ja bekanntlich nie, weil die orientalischen Patriarchate sich dem römischen Vorrangstreben immer widersetzt haben.

3. Anzumerken ist noch, daß es bis weit in das 8. Jahrhundert auch im Osten üblich war, den Namen Petrus als Klerikernamen zu wählen. Diese Praxis hörte später auf, weil man sich nicht dem Verdacht aussetzen wollte, als prorömisch zu gelten, nachdem der Bischof von Rom als Nachfolger Petri den päpstlichen Primat über alle anderen Bischöfe vertrat. Es versteht sich von selbst, daß weder von dem Verfasser der Petrus-Apokalypse noch von dem Verfasser des Petrus-Evangeliums, von dem nur Bruchstücke erhalten sind, behauptet werden kann, sie seien mit dem von Jesus berufenen Jünger und Apostel Petrus identisch.

(d)

Petrus traf in Cäsarea auf den Römer Clemens, der aus Rom nach Judäa gezogen war, um dort selber Informationen über den wahren Propheten Jesus einzuholen. Als er in Cäsarea eintraf, war Petrus gerade in diese Stadt gekommen, weil der Magier Simon sich hier niedergelassen hatte und durch seine Reden und Wunder versuchte, die Leute vom Glauben an Jesus abzuhalten. Simon aber war von Geburt ein Samaritaner und hatte sich in Ägypten griechische und magische Kenntnisse angeeignet, mit denen er seinen Anspruch begründete, Kraft des Gottes zu sein, der die Welt geschaffen hat und regiert.

Mit diesem Magier Simon diskutierte Petrus in Cäsarea, denn Simon versuchte den Leuten weiszumachen, daß der Gott der Juden und der Christen ein falscher Gott sei. Drei Tage dauerte der Disput, aber in der vierten Nacht floh Simon nach Tyrus. Petrus folgte ihm dorthin, nachdem er vorher die Angelegenheiten der Gemeinde geordnet hatte. Und nun fand sich, daß Simon von Tyrus weiter nach Sidon gesegelt war, und Petrus folgte ihm von Ort zu Ort, nachdem er überall mit den Leuten gesprochen hatte, die von Simon Magus getäuscht und irregeleitet worden waren. Er lehrte das wahre Evangelium und heilte die Kranken, auch in Berytos, wo er die Leute von der Furcht vor einem Erdbeben befreite. Und so folgte er dem Simon durch das Römische Reich, über Byblos, Tripolis, Laodicea bis nach Rom. In seinem Gefolge reiste Clemens mit, der unterwegs seine längst verlorengegangen geglaubte Familie, Mutter, Vater und Brüder, wiederfand. In Rom gelang es Petrus dann endgültig, den Simon Magus zu überwinden. Der stürzte bei seinem Versuch, gen Himmel zu fahren, ab, brach sich die Beine und starb elendiglich und vergessen. Petrus aber setzte Clemens in Rom zum Bischof ein, wie er an den anderen Orten auch schon jeweils einen Bischof eingesetzt hatte.

Nach den pseudoclementinischen Recognitionen.

1. Zu der umfangreichen pseudoclementinischen Literatur gehört die »Recognitionen« (Wiederfindungen) genannte Sammlung von Geschichten, in denen neben dem Clemens vor allem Petrus und Simon Magus als Hauptpersonen erscheinen. Diese Texte gehen auf eine syrische Vorlage aus dem Anfang des 4. Jahrhunderts zurück. Sie sind aber vor allem in der lateinischen Fassung erhalten und in Rom tradiert worden. Formal gehören sie zur Gattung des antiken Romans.

2. Im Unterschied zum antiken Roman haben die Reden in diesem Roman naturgemäß eine theologische Aufgabe, nämlich das ethische Programm der Stoa als christlich zu erweisen. Gutes, redliches Handeln zu Lebzeiten findet seine himmlische Entsprechung.

3. Dieses nüchterne theologische Programm und die mangelhaft entwickelte Christologie, von Christus wird nur als von dem wahren Propheten gesprochen, rückt die Texte in die Nähe judenchristlicher Traditionen. Viel, insbesondere die Einfügung eines apokryphen Petrusbriefes an Jakobus, spricht dafür, diese Literatur auch als Bestandteil einer antipaulinischen Tradition der alten Kirche zu sehen.

4. Die Dichtung ist als Reisebericht angelegt, wobei der Reiseverlauf durch das Verhalten des Simon bestimmt wird, der gleichsam immer vor Petrus herflieht. Die eingestreuten Bemerkungen über die Person des Simon Magus wie über die besonderen Familienumstände des Clemens sowie die Predigten und Streitgespräche zwischen Simon und Petrus sind übliche Bestandteile antiker Romane. Historische Wahrscheinlichkeit beanspruchen sie nicht. Sie stehen

vor allem im Kontext zu dem ethischen Programm, zu dessen Illustration sie dienen.

5. Wichtig scheint noch, daß Petrus als der Begründer der Kirchenordnungen dargestellt wird. Er gibt dem Zachäus als erstem
Gemeindeleiter in Jerusalem genaue Anweisungen. Dabei fällt auf,
daß von der Taufe überhaupt nicht gesprochen wird und daß vermutlich das Abendmahl nur mit Brot und Wasser gefeiert wurde.
Die Gemeinden sind wenig kultisch strukturiert. Die Hauptregeln
betreffen den sozialen Zusammenhalt und die soziale Ordnung.
König Numa, der legendäre Gesetzgeber Roms, könnte Pate gestanden haben.

(e)

Von Sankt Peter, dem Apostel, wird auch noch erzählt, daß er sich
vornehmlich von Brot, Oliven und Gemüsen ernährte und nur einen Rock und einen Mantel besaß, die er so lange trug, bis sie völlig
zerschlissen waren.

Er lebte aber mit seiner Frau nach seiner Berufung wie Schwester
und Bruder zusammen. Als sie vor ihm den Märtyrertod starb, war
er darüber nicht traurig, sondern freute sich, daß sie bald erlöst sein
würde.

Durch den Verrat des Simon Magus aber, der dem Kaiser Nero
gesagt hatte, daß Petrus und Paulus die gefährlichsten Gegner seiner Macht seien, starben Petrus und Paulus zur selben Zeit den
Kreuzestod. Petrus wurde gekreuzigt, Paulus aber enthauptet, weil
er ein römischer Bürger war.

Nach der Legenda aurea, Von St. Petrus dem Apostel

1. In dieser spätmittelalterlichen Quelle, sie stammt aus der Mitte
des 13. Jahrhunderts, werden zusätzlich zu den anderen Informationen der Apokryphen auch noch Mitteilungen gemacht über die
Kleidung und über die Ehe des Petrus. Er wird dadurch noch mehr
in den Geruch der Heiligkeit gehoben.

2. Ferner weiß die Legenda aurea noch zu vermelden, daß der
Evangelist Markus ein Schüler des Petrus gewesen, mit ihm gereist
und dann von Petrus nach Alexandria gesandt worden sei, um dort
das Evangelium zu predigen. In dieser Nachricht scheint ein
Quentchen historischer Wahrheit verborgen zu sein, daß nämlich
die theologisch so spröde und zurückhaltende Form des Markus-
Evangeliums eng mit der an die Gestalt des Petrus gebundenen judenchristlichen Überlieferung verknüpft ist.

Als der Erlöser einstmals im Tempel war, weilte Petrus bei ihm. Und er sagte zu Petrus, daß alle diejenigen, die von ihm die Lehre des Lebens empfangen würden, die Steine sein sollten, die zu dem festen Bau seiner Wahrheit gehören und von niemandem zu verderben wären. Dann aber ließ er die anderen weggehen, nur Petrus sollte allein bei ihm bleiben, weil er ihn erwählt habe zum Anfang für alle übrigen. Und Petrus sollte nun von ihm die Wirklichkeit und die Wahrheit der Zukunft erfahren. Dazu gehörte auch, daß Petrus in einer Nacht von ihm abfallen würde. Petrus sah aber, daß sich die Priester und das Volk gegen Jesus verschworen, und er fürchtete sich. Aber Jesus tröstete ihn und ließ ihn in einem Gesicht sehen, wie die Priester ihn kreuzigten und wie dort plötzlich neben dem Kreuz eine Lichtgestalt stand, die ob dieses törichten Unterfangens lachte. Und Jesus erklärte ihm, daß alle jene Menschen töricht und blind seien, die glaubten, ihn gefangen und getötet zu haben, wo er doch nicht in einen sterblichen Leib gepreßt werden könnte. Und er lehrte ihn auch, daß viele von denen, die jetzt glaubten, abfallen würden, wie es denn überhaupt einige geben werde, die überhaupt nicht glauben könnten, und andere, die vom Glauben nicht restlos überwältigt seien, sondern auch noch vom Unglauben geplagt würden. Wieder andere würden wiederum unversehrt und unbeschädigt aus dem allen hervorgehen, weil sie aus dem Lichte gekommen seien, wie er und auch Petrus selbst. Und das würde auch bei den Engeln so sein und auch bei Bischöfen und Diakonen. Da aber fürchtete sich Petrus, weil ihm das unvorstellbar war, daß selbst die Diener des Erlösers verdammt würden. Aber der Erlöser tröstete den Petrus über künftige Furchtsamkeit und zeitweisen Unglauben und sagte zu ihm: Bleibe nur fest! Dir allein werden die Geheimnisse unverhüllt bekannt. Du hast doch gesehen, daß ich Licht bin. Nun gehe hin und sage das allen, die nicht aus diesem Äon stammen, damit sie sich erinnern, wer sie sind und daß sie zu mir gehören. Du brauchst keine Furcht haben, denn ich werde immer mit dir sein, und niemand wird dich jemals überwältigen können. Nachdem er das gesagt hatte, kam Petrus langsam wieder zu sich.

Apokalypse des Petrus aus Codex VII von Nag Hammadi

1. Diese koptische gnostische Apokalypse aus Nag Hammadi gehört zum Sethianischen Corpus der gnostischen Texte aus Nag Hammadi und muß wohl auch im Ausgang des 4. Jahrhunderts entstanden sein. Sie steht innerhalb der Texte mit ihrer eindeutigen christlichen Theologie allein.

2. Der Kontext erschließt sich aus dem neutestamentlichen Rahmen. Auch für den gnostischen Christen oder christlichen Gnostiker ist Petrus der Felsen, auf den der Erlöser seine Kirche bauen will. Aber die gnostische Interpretation macht gleich zu Beginn klar, daß auch alle anderen Gnostiker solche festen Steine oder Felsen sind. Die Szene spielt im Tempel von Jerusalem, in dem Jesus sich betend aufhält. Die Belehrung erhält Petrus allein.

3. Der Inhalt der Belehrung besteht aus geläufigen gnostischen Topoi. Die Priester kreuzigen einen toten Scheinleib, während der wirkliche Erlöser, für sie unsichtbar, lächelnd danebensteht. Petrus braucht sich nicht zu fürchten, auch wenn er dreimal abfallen wird; er wird dennoch vom Erlöser beauftragt, alle Gnostiker daran zu erinnern, daß sie die Erlösten und Erwählten sind. Die soziale Trichotomie geht durch den Himmel und die Erde. Wie es in der Kirche wahre und falsche Bischöfe und Priester gibt, Zweifler und Ungläubige, so wird es auch in den Himmeln sein. Es gibt diejenigen, die von vornherein verloren sind, neben denen, die noch einer Läuterung bedürfen, und denen, die schon erlöst sind. Diese gnostische Trichotomie hat die gesamte Seelenlehre und Anthropologie der Kirche geprägt.

4. Vom biblischen Bericht sind nur die Namen verwendet. Der biblische Petrus, der angesichts des leeren Grabes und des Todes Jesu verzweifelt war und seinen Herrn im hohenpriesterlichen Verhör verleugnet hatte, paßt nicht in das Bild dessen, dem der Erlöser vorher die Geheimnisse seines Todes enthüllt hat. Die oftmals gestellte Frage, wieweit die gnostischen und apokryphen Texte wirklich die neutestamentlichen Evangelien gekannt haben und wieweit sie von ihnen absichtlich abgewichen sind, kann nur gestellt und beantwortet werden, wenn auch die Überlegung mit bedacht wird, daß die Kenntnis der vier neutestamentlichen Evangelien nicht überall vorausgesetzt werden kann, auch nicht im Ausgang des 2. Jahrhunderts, als die ersten Apostelgeschichten formuliert wurden.

›facit‹

Die Gestalt des Petrus in der frühen christlichen Literatur zeigt paradigmatisch eine grundlegende Tendenz in dieser Dichtung. Aus dem sehr menschlich geschilderten Petrus des Neuen Testaments, der zweifelt, feige ist und doch auch treu, wird ein Heros, der freudig seine Frau in den Märtyrertod schickt und als der Kirchenorganisator und Begründer der Bistümer gilt. Denn alle Bistümer der alten Welt sind von Petrus gestiftet, und alle Bischöfe sind von ihm eingesetzt worden.

Die sicherlich auch nach dem Apostelkonzil in Jerusalem weiterbestehenden Differenzen zwischen Petrus und Paulus scheinen in der Dichtung der nächsten Jahrhunderte noch durch. Erst die Legenda aurea verbindet die beiden Apostelfürsten und sieht ihre Einheit in dem gleichzeitig erfolgten Märtyrertod begründet. Sie erhalten ein gemeinsames Fest St. Peter und Paul. Doch die Kirchen wissen mit dem Fest von St. Peters Stuhl darüber hinaus noch darzustellen, daß Petrus von größerer Bedeutung ist.

XIII
PAULUS

(a)

Paulus wurde in Tarsus in Kilikien geboren als Sohn eines pharisäischen Vaters und einer derselben Glaubensrichtung anhängenden
Mutter. Die Eltern gaben ihn nach Jerusalem, damit er dort bei Ga-
maliel, einem Nachkommen des berühmten jüdischen Rabbiners
Hillel, das Studium des Gesetzes betreiben sollte. Er war so des
Griechischen wie des Hebräischen und des Umgangsaramäischen
mächtig.

Nach dem Tode Jesu sah er es als seine Pflicht an, die Ausbreitung
der christlichen Irrlehre zu verhindern. Durch seine Erfolge in Jerusalem belehrt und weil er offensichtlich klug im Umgang mit anderen Juden war, sandte man ihn nach Damaskus, damit er dort die jüdische Gemeinde vor der christlichen Irrlehre schützte. Aber auf
dem Wege nach Damaskus erlebte er in einer Vision eine Bekehrung
und wurde nun aus dem Christenverfolger Saulus der wirksamste
Bekenner Jesu, Paulus. Fortan wirkte er für die Christen in Damas-

kus und dann in Arabien, bis er nach Jerusalem zurückkehrte. Aber von dort vertrieb ihn die Furcht vor den Anfeindungen der pharisäischen Glaubenspartei, und er ging nach Tarsus zurück. Von hier aus begab er sich auf Missionsreisen nach Kilikien und Antiochia, Zypern und Kleinasien.

Nach der ersten Missionsreise besuchte er Jerusalem, um dort die aufgebrachten Gemüter der Gemeinde zu beruhigen. Denn die Gemeinde in Jerusalem verstand nicht, warum Paulus auch Nichtjuden in die Gemeinde aufnahm. Sie hatten Jesus nämlich so verstanden, als ob er nur den Juden Bedeutsames zu sagen hätte. Man einigte sich darauf, daß auch Leute, die das strenge jüdische Ritualgesetz nicht beachteten, fortan zur Gemeinde gehören könnten. In Antiochia gab dann auch Petrus seinen Widerstand gegen diese Frömmigkeit auf.

Auf der zweiten Reise, die Paulus durch das westliche Kleinasien nach Mazedonien, Athen und Korinth führte, gründete er dort überall neue Gemeinden. Auf einer dritten Reise nach Kleinasien war er hauptsächlich in Ephesus. Vor einer erneuten Reise, die ihn nun nach Italien und Spanien führen sollte, kam er aber noch einmal nach Jerusalem, um der dortigen Gemeinde Geld zu bringen, das er gesammelt hatte. In Jerusalem aber wurde er auf Betreiben der Juden gefangengenommen und zunächst nach Cäsarea gebracht, von dort nach Rom, weil er als römischer Bürger darauf bestand, daß ein gültiges Urteil gegen ihn der kaiserlichen Bestätigung bedürfe. In Rom hat er sich zunächst noch sehr frei bewegen können, solange die juristische Prozedur dauerte. Dann aber scheint er die Todesstrafe als Märtyrer erlitten zu haben.

Von seiner Wirksamkeit zeugen die Nachrichten in der Apostelgeschichte und seine Briefe, bei denen festgehalten werden muß, daß vielleicht der Epheserbrief nicht direkt von ihm geschrieben ist und die Korintherbriefe vielleicht aus mehreren Briefen zusammengestellt wurden.

Galaterbrief, 1, 13–2, 12; Philipperbrief, 3, 6; Apostelgeschichte 9–28.

1. Die Nachrichten des biblischen Neuen Testaments über Saulus, der nach seiner Bekehrung dann den Namen Paulus bevorzugte, enthalten kaum Einzelheiten über seine Kindheit und keine Informationen über seinen Tod. Seine Zugehörigkeit zur pharisäischen Richtung im Judentum ist zweifellos, ebenso seine Kenntnis der biblischen Traditionen des Alten Testaments.

2. Seine bedeutendste Leistung ist die Ausweitung des Christen-

tums auf die gesamte Weltbevölkerung des Imperium Romanum. Er förderte die Bewegung, die lehrte, daß mit dem Kommen Jesu die messianische Zeit angebrochen sei, in der alle Völker zum Zion pilgern, weil sie nun begriffen haben, daß der Gott Abrahams, Isaaks und Jakobs der Gott aller Völker ist.

3. Auf ihn gehen auch die Anfänge einer Christologie zurück, die lehrt, daß Gott und Jesus von gleicher Qualität seien, und daß der auferstandene Jesus Christus der Kyrios selber sei. Seine Kenntnis der pharisäischen Traditionen von den Engeln und Mächten und der Auferstehung der Toten brachte er in die sehr nüchterne Vorstellungswelt der Jerusalemer Gemeinde mit ein, die vor allem an dem prophetischen Amt des Messias und seiner Heilsbedeutung für das Judentum festhielt. Ohne ihn wäre das Christentum vermutlich nicht über das Dasein einer jüdischen Sekte hinausgewachsen.

4. Das Besondere an seiner biblischen Biographie sind die beiden Berufungsvisionen. Nach Apostelgeschichte 9 ist er einmal vor Damaskus entrückt worden, und nach Kapitel 22, Vers 17–21 ist er noch ein anderes Mal entrückt worden und hat in einer Vision von Jesus den Auftrag erhalten, die nichtjüdischen Völker zu missionieren. Es ist anzunehmen, daß Paulus im 2. Korintherbrief 12, Vers 1 bis 4 auf diese beiden Erlebnisse verweist, weil andernfalls noch andere Visionen oder Entrückungen »in den dritten Himmel« oder »in das Paradies« angenommen werden müßten. Fest steht nur, daß die Beschreibungen in Apostelgeschichte 22 diese mythischen Ortsangaben nicht bestätigen.

5. Die Aufnahme so vieler echter und unechter Briefe in den neutestamentlichen Schriftenkanon belegt, wie wichtig die in diesen Texten enthaltenen Regeln, Lehrsätze und Kirchenordnungen für die Kirchen im 3. Jahrhundert geworden waren, daß sie meinten, ohne sie nicht leben zu können.

(b)

Als Paulus von Antiochia aus Furcht vor den Juden nach Ikonium zog, ging er dort in das Haus des Onesiphorus, der ihn eingeladen hatte, weil er und sein ganzes Haus schon gläubig geworden waren. Und Paulus kam in das Haus und predigte dort. Es war aber viel Volks, das ihm zuhörte. Darunter war auch ein Mädchen mit Namen Thekla, die so zum Glauben an Jesus kam.

Paulus aber hatte gelehrt, daß zum Glauben auch die Reinheit und Unschuld gehörten. Daher beschloß Thekla, ihr Verlöbnis mit einem jungen Manne zu lösen und nur für Paulus zu leben. Ihr

Bräutigam aber verschwor sich mit anderen, denen auch die Frauen den ehelichen Gehorsam verweigerten, und sie brachten Klage vor gegen Paulus bei dem Statthalter des Kaisers. Der ließ Paulus auspeitschen und aus der Stadt treiben, die Thekla aber verurteilte er, entweder die Ehe einzugehen oder hingerichtet zu werden. Thekla aber wählte den Tod. So wurde ein gewaltiger Holzstoß aufgerichtet und Thekla darauf gebunden als abschreckendes Beispiel für alle Frauen, die ihr gefolgt waren.

Aber als der Holzstoß entzündet war und brannte, ergriff das Feuer sie nicht, und die Lohe stieg auf gen Himmel, ohne sie zu berühren. Und die Menge, die angesichts des schönen nackten Mädchens schon in Trauer und Zorn geraten war, jubelte auf, als plötzlich ein gewaltiges Unwetter mit Regen und Hagel das Feuer löschte, aber Thekla trocken und unversehrt blieb, während viele der Zuschauer durch den Hagel zu Tode gekommen waren. So wurde Thekla gerettet und folgte Paulus auf dem Wege nach Daphne. Von dort zogen sie nach Antiochia. Aber auch dort versuchte ein Mann, die Liebe der schönen Thekla zu gewinnen. Als sie ihn verschmähte und sich weigerte, einem Manne anzugehören, und ihn sogar schlug, als er sie anfaßte, wurde sie vor den Statthalter gebracht und verhört. Der aber verurteilte sie zum Tode im Tierkampf, weil er verhindern wollte, daß noch mehr Frauen ihren Männern den Gehorsam aufsagten. Aber eine reiche Frau wurde durch eine innere Stimme gezwungen, sich Theklas anzunehmen. Und sie begleitete Thekla bei dem Beschimpfungszug durch die Stadt und am nächsten Tag in die Arena. Dort aber geschah das Wunder, daß eine Löwin sich der Thekla zu Füßen legte und alle anderen Tiere verbiß. Die Frauen aber unter den Zuschauern hatten Mitleid mit ihr und klagten um sie. Als Thekla nun sah, daß an der Arena ein Wassergraben war und ihr Tod nahe, sie aber noch nicht getauft, sprang sie selber in den Graben, um »im Namen Jesu die Taufe zu nehmen«. Im selben Augenblick fuhr ein Blitz in den Graben und tötete alle darin befindlichen Bestien. Nun erreichte die Anteilnahme den Höhepunkt. Und als auch noch der nächste Versuch des verschmähten Lebemanns, sie von Stieren zerreißen zu lassen, mißlang, war klar, daß das Volk darin ein Gottesurteil sah. Thekla wurde reich beschenkt von ihrer Freundin entlassen und folgte Paulus weiter nach Myra. Aber Paulus sandte sie zurück nach Ikonium, und von dort ging sie nach Seleukia, wo sie starb, nachdem sie noch viele für den Glauben an Jesus gewonnen hatte.

Paulus aber zog von Myra nach Sidon und hatte viele Angriffe auf sein Leben abzuwehren und zu bestehen. Von dort kam er nach Ephesus und hatte dort viel Zulauf. Aber einige von den Kunsthandwerkern, die ihr Geld mit dem Anfertigen von kleinen Götterbildern und Schmuckopfergaben verdienten, rotteten sich wider ihn zusammen, weil er ihnen und ihrem Handwerk den Boden entzog. Der Statthalter verurteilte ihn daraufhin zum Tode im Tierkampf. Es war Pfingsten, als der Kampf stattfinden sollte. In der Nacht davor aber geschah ein Wunder; denn ein himmlischer Knabe kam und löste die Fesseln, so daß Paulus ans Meer gehen konnte und dort einige Frauen taufte, die ihn darum gebeten hatten. Denn auch in Ephesus hatte seine Predigt viele Frauen angezogen. Er feierte auch noch mit der Frau des Hieronymus das Herrenmahl mit Brot und Wasser, bevor er wieder in den Kerker zurückging und sich die Fesseln erneut anlegen ließ. Am nächsten Tag wurde Paulus den Löwen vorgeworfen. Aber ein Löwe kam und verteidigte Paulus und sagte zu ihm, daß er der Löwe sei, den Paulus einstmals getauft hatte. Zur selben Zeit kam ein großes Unwetter auf, und der Hagel schlug die Tiere und Menschen, nur Paulus und dem getauften Löwen konnte der Hagel nichts anhaben. Da bat das Volk Paulus, er möge es retten und von dannen gehen. Paulus ging zum Hafen und fuhr mit einem Schiff nach Mazedonien, der Löwe aber ging in das Gebirge zurück.

Paulus war in Philippi, als ihn ein Brief aus Korinth erreichte, in dem die Korinther ihn um Hilfe gegen Irrlehrer baten. Weil Paulus aber nicht zu ihnen kommen konnte, denn er saß im Gefängnis, schrieb er ihnen einen Brief, in dem er sie in ihrem Glauben bestärkte. Wenig später konnte er auch nach Korinth reisen. Von dort fuhr er nach Rom, wo er den Märtyrertod erleiden sollte, wie Jesus es ihm vorhergesagt hatte, als sie zu Schiff nach Rom reisten.

In Rom war nämlich der Andrang zu den Predigten des Paulus so groß, daß die Leute auch außen am Hause auf den Fenstern saßen, um zuzuhören. Dabei war Patroklus, ein Diener des Kaisers Nero, zu Tode gestürzt, aber von Paulus wieder ins Leben zurückgerufen worden. Das hatte sich bis zu Nero herumgesprochen, und er forderte nun den Paulus vor sein Gericht; denn der ins Leben zurückgekehrte Patroklus hatte vor Nero bezeugt, daß es nur einen König gäbe, nämlich Jesus Christus, der alle anderen Königreiche überwinden würde. Dafür ließ Nero ihn strafen und befahl, ihn und alle anderen, die diesen Glauben teilten, hinzurichten. Zu diesen gehörte auch Paulus. Nero verurteilte ihn, mit dem Schwert enthauptet zu werden.

Nach seiner Hinrichtung erschien Paulus dem Kaiser inmitten seines Hofstaates und sagte ihm, wie er es ihm schon im Verhör angedeutet und vorhergesagt hatte: Ich bin nicht gestorben und lebe für meinen Gott. Du aber wirst nicht mehr lange leben und viel Übles erleiden, weil du soviel Unheil angerichtet hast. Zeugen der Auferstehung des Paulus waren aber am Morgen nach seinem Tode auch Titus und Lukas, die an seinem Grabe beteten, und zwei Römer, denen Paulus vorhergesagt hatte, sie sollten am Morgen nach seinem Tode vor sein Grab kommen, wo sie das Heil empfangen würden. Das Heil aber war die Taufe, die Lukas und Titus an ihnen vollzogen.

Aus den Acta Pauli et Theclae

1. Zu den Akten Pauli war schon oben unter VI h und VII g das Notwendige gesagt. Die Rekonstruktion der obigen Erzählung ist vor allem der Arbeit von Carl Schmidt zu verdanken, der den Heidelberger Text rekonstruiert hat. Es ist sicher, daß der Text viel umfangreicheres Material enthalten hat, als im Heidelberger Text und dem ähnlichen Hamburger Fragment noch vorhanden ist. Die Märtyrergeschichte der Thekla und das Martyrium Pauli waren schon in anderen Textzusammenhängen überliefert. Auf ihr frühes Entstehungsdatum weist auch noch hin, daß das Herrenmahl nur mit Brot und Wasser gefeiert wurde und offensichtlich auch die Taufe noch völlig unzeremoniell vollzogen wurde.

Die Paulus-Akten sind ungefähr zum Ende des 2. Jahrhunderts in Kleinasien entstanden. Sie sind gut bezeugt durch die Kirchenväter, die sich mit ihnen auseinandersetzten, weil sie darin vor allem eine Gefahr für die Kirchen sahen. Sie waren weit verbreitet, wie die griechischen, arabischen, äthiopischen, armenischen, koptischen und lateinischen Handschriften belegen. Den umfangreichsten zusammenhängenden Text bietet ein griechischer Codex aus Heidelberg, der allerdings sehr schlecht erhalten ist. Besser erhalten sind einzelne Episoden, die wohl schon seit Entstehung der Dichtung auch gesondert verbreitet worden sind.

2. Literarisch sind diese Apostelgeschichten dem Typ des antiken Romans zuzuordnen. Das gilt für die Petrus- wie für die Paulus-Akten. Bei beiden fällt auf, daß der Stein des Anstoßes für die Wirksamkeit der Apostel die zahlreiche Gefolgschaft der Frauen war, die zum Zeichen ihres Glaubens sexuelle Enthaltsamkeit übten, wodurch sie den Ärger ihrer Männer hervorriefen. Die übrigen Wundertaten der Apostel wie die Krankenheilungen und Totenauferweckungen erregten offensichtlich nicht soviel Unmut und Zorn.

Einleuchtend ist dieses Lysistratemotiv dem antiken Menschen durchaus gewesen.

3. Das Rettungsmotiv des getauften Löwen, das sich bei Thekla und Paulus wiederholt, wird in einem koptischen Fragment, das die Bekehrung eines Löwen und dessen Taufe durch Paulus schildert, breiter ausgeführt. Es war für den antiken Erzähler durchaus möglich, solche Motive zu verwenden, weil Leser und Hörer damit die übermenschliche Macht eines Gottes oder Heiligen verbanden. In der Hieronymus-Legende wird ja ebenfalls eine Variante des Löwenmotivs benutzt. Der Mensch, der auch Herr über ein Tier ist, das sonst alle in Schrecken versetzt, muß schon wie ein Gott sein.

4. Wie Petrus wird auch Paulus in den Apostelakten als unsterblich geschildert. Er erscheint – durchaus ähnlich der Beschreibung Jesu im Johannes-Evangelium Kap. 20, Vers 14 – seinen Mitaposteln und Schülern, aber auch dem Kaiser Nero. Seine Reden aber, die hier nicht referiert wurden, und die einen nicht unbeträchtlichen Teil der Akten Pauli bilden, zeigen, daß in ihnen schon theologische Diskussionen auch der nächsten Jahrhunderte verarbeitet sind. Sie bezeugen die »Unsterblichkeit« des Apostels und sind so wenig historisch wie der Briefwechsel zwischen Seneca und Paulus. Wir müssen einfach zur Kenntnis nehmen, daß antikem Denken und Dichten die geschichtliche Wahrheit weniger wichtig war als die Schlüssigkeit der dichterischen Fabel. Darin gleichen sich biblische Geschichten und die Erzählungen und Romane der lateinischen und griechischen Dichter.

5. In der Kirche ist diese Schrift auf Widerstand gestoßen, weil Paulus hier entgegen seiner als richtig akzeptierten Auffassung »vom Schweigen der Frau in der Gemeinde« (1. Korinther 14, 34) eine Frau als Missionarin einsetzt. Bei den Manichäern wurde diese Dichtung akzeptiert.

(c)

Einstmals war Paulus auf dem Wege nach Jericho. Da begegnete ihm ein kleiner Knabe und sagte ihm: Ich kenne dich, Paulus, denn du bist ein Gesegneter von Mutterleibe an. Und ich will dich die zwölf Apostel sehen lassen. Nachdem diese Paulus begrüßt hatten, führte der Knabe ihn empor zum dritten Himmel und ging von dort zum vierten Himmel, wo der heilige Geist ihm befahl, auf die Erde hinabzublicken. Und Paulus sah dort die Apostel. Der Geist aber führte ihn und den Knaben in den vierten Himmel hinein, und Paulus sah, wie die Engel, die Gott glichen, eine Seele peitschten, die sie aus dem Totenreich hervorgeholt hatten. Und Paulus erlebte das

Gericht über die Seele, indem die Engel Zeugen herbeiriefen, die bekundeten, welche Untaten die Seele auf Erden getan hatte. Und zur Strafe wurde sie wieder hinabgeworfen in einen Leib, den man für sie bereitet hatte. Und der Geist führte Paulus in den fünften Himmel, und da sah Paulus, wie seine Mitapostel zwar mit ihm kamen, aber sie folgten ihm mit einem gewissen Abstand, auch in den sechsten Himmel, wo sie sahen, wie die Engel die Seelen mit ihren Peitschen zum Gericht trieben. Im siebenten Himmel aber traf Paulus einen Greis und sagte zu ihm: Ich will zu dem Ort gehen, von dem ich gekommen bin. Und dann öffnete der Greis ihm den siebenten Himmel, und sie kamen hinauf in den achten Himmel – die Ogdoas – denn die Apostel folgten ihm, und so kamen sie in den neunten und dann in den zehnten Himmel, und Paulus grüßte dort alle seine Mitgeister.

Nach der Paulus-Apokalypse aus Codex V
von Nag Hammadi

1. Diese Paulus-Apokalypse ist vermutlich zum Ausgang des 4. Jahrhunderts in Ägypten entstanden. Sie gehört zum koptisch-gnostischen Corpus von Nag Hammadi und innerhalb dieser Texte zum Valentinianischen Komplex, also der christlich bestimmten Tradition, die keine alttestamentlichen Mythologeme enthält. Deshalb ist der Greis im 7. Himmel auch nicht der aus Daniel 7 bekannte Gottherr, sondern eher eine Reminiszenz an Kronos aus der griechischen Astrologie.

2. Das kleine Kind kann Jesus verkörpern, kann aber auch nur ein der griechischen und spätägyptischen Mythologie entlehnter Psychopompos sein, der mit Vorliebe als kleiner Knabe dargestellt wurde. Seine Funktion besteht ja auch nur darin, den Paulus unbeschadet durch die ersten Himmel zu begleiten. Von dort an übernimmt der Geist die Führung. Die Dreiheit Kind – Geist – Greis kann natürlich trinitarische Assoziationen hervorrufen.

3. Diese gnostische Apokalypse unterscheidet sich wesentlich von der in VI h und VII g behandelten Apokalypse des Paulus, denn hier wird nur dargestellt, daß der Weg des Paulus wie der Weg jedes Gnostikers vorgezeichnet ist: Es ist der Weg zurück in die Welt des zehnten Himmels. Natürlich war den christlichen Lesern der Text aus dem 2. Korintherbrief 12, Vers 2 vertraut, und die Glaubwürdigkeit des Textes damit verbürgt.

4. Die Besonderheit des Textes liegt in der Ausdehnung der paulinischen Ekstase auf die zwölf Apostel, die mit ihm in den zehnten Himmel kommen, aber nur, weil Paulus »das Zeichen« besitzt, das

die Pforten öffnet. Für den Verfasser steht fest, daß nicht die Glaubensgerechtigkeit oder Christus bzw. Gott dem Menschen die Himmel öffnen, sondern das Zeichen, die Gnosis. Die Kirchen sahen darin zu Recht eine Gefahr, weil sie doch meinten, dieses Zeichen in Gestalt der Taufe erst zu verleihen. Sie lehnten die gnostische Idee ab, es gäbe so etwas wie die Bestimmung von Geburt an, und der Mensch sei aus der oberen Lichtwelt gekommen und müsse dahin zurückkehren. Mythographisch wichtig ist auch noch, daß die übrigen Apostel das Gefolge des Paulus bilden. Er geht ihnen voran.

(d)

Als Petrus in Antiochia predigte und die Stadt darob in Erregung geriet, ließ Theophilos, der Herr der Stadt, ihn ins Gefängnis werfen und warf ihm vor, den Frieden der Stadt zu stören, indem er lauter neue und fremde Lehren verbreitete. Er ließ ihn aber im Kerker ohne Nahrung und Wasser. Petrus aber betete zu Gott um Hilfe, und Gott sandte ihm den Paulus. Paulus, der sich verdient gemacht hatte, kam zu Theophilus und bat ihn um Gnade für Petrus. Theophilos aber wollte Petrus nur unter der Bedingung freilassen, wenn Petrus seinen vor vierzehn Jahren verstorbenen Sohn wieder ins Leben zurückriefe. Mit Hilfe des Paulus gelang das Wunder; Petrus wurde freigelassen, und man errichtete ihm zu Ehren einen Thron in einer extra für ihn erbauten Kirche. Dort regierte er sieben Jahre und ging dann nach Rom.

In Rom aber half Paulus dem Petrus auch noch, den Simon Magus zu überwinden. Petrus war nämlich mutlos geworden, weil er den Simon nicht hatte endgültig besiegen können. Da aber tröstete Gott ihn und sagte, daß er ihm den Paulus schicken würde. Und Paulus kam und sagte zu ihm, daß er ihm helfen wolle. Er wolle beten, aber Petrus möge befehlen. Und so kam es, daß Paulus betete, als Simon gen Himmel fuhr, aber Petrus befahl dann den Engeln Gottes, Simon vom Himmel herabzustürzen. Auch noch in der Stunde ihres Todes tröstete Paulus den Petrus: Friede sei mit Dir, du Grundstein der Kirche, du Hirte der Schafe und Lämmer Christi. –

Aber als man Paulus enthauptet hatte und die Leichen im Tale der Kämpfer übereinanderlagen, wußten die Frommen nicht, welcher Leib zum Haupte des Apostels gehörte, denn sie wollten beide Teile zusammen begraben. Es begab sich aber, daß sie sich sagten, wenn wir einen Leib an den Kopf legen und er fügt sich von allein zusammen, so ist dieses der richtige Körper. Und Gott ließ diesen Wunsch in Erfüllung gehen. Denn sooft und soviel Zwiesprache mit Gott hatte kein anderer geführt als Paulus, so daß sein Haupt sofort seinen Weg zu seinem Herzen zurückfand.

Nach der Legenda aurea, Abschnitte Von St. Peters Stuhl, Von St. Peter dem Apostel, Von St. Paulus dem Apostel

1. Zur Quelle siehe XII e 1. Die hier zusammengetragenen Berichte, die in der Legenda aurea auf Chrysosthomos, Dionysios und Hieronymus zurückgeführt werden, ohne daß sich die Quellen heute noch nachweisen lassen, dürften aber, wie fragwürdig auch die Zitier- und Berufungsweise der Legenda sind, in den beiden Jahrhunderten um das siebente nicänische Konzil von 787 entstanden sein.

2. Charakteristisch für den Erzähler ist die Art und Weise, wie er die beiden Apostel voneinander absetzt. Petrus ist der Herr, der Herrscher, und Paulus begnügt sich mit der Rolle des Gehilfen, des Dieners. Hierin spiegelt sich der Primatsanspruch des römischen Bischofs als Nachfolger Petri wider, wie er schon seit den Pseudoclementinen immer erhoben und auch von dem Papst Clemens I. in dem ihm zugeschriebenen Brief an die Korinther wiederholt wurde. Clemens gilt als dritter Papst nach Petrus. Zu den pseudoclementinischen Recognitionen siehe oben XII d.

›facit‹

Die Dichtung hat sich mit Erfolg des Namens jenes Mannes bemächtigt, der als bedeutender Christ bekannt war. Sein Name und sein Ruf waren Gewähr genug, die Schilderungen und Fabeln der Dichtungen zu tragen. Der Name verbürgte die Glaubwürdigkeit der alten Geschichten.

Im Laufe der ersten Jahrhunderte eroberte sich auch Paulus in der Literatur eine Rolle, die dem Christus gleicht. Er predigt, läßt Tote auferstehen, heilt Kranke und vollbringt Wunder, die über die Heldentaten des Herakles hinausgehen. Er tötet nicht nur Löwen und Horden von Bestien, sondern tauft sie. Die Apostelgeschichten der ersten Jahrhunderte haben wesentlich den Prozeß der Reliquien- und Heiligenkulte befördert.

XIV
ANDREAS

(a)

Zu den Jüngern des Täufers Johannes gehörte Andreas, der Bruder des Simon Petrus. Er war Jesus nachgelaufen, als Johannes gesagt hatte, daß Jesus das Lamm Gottes sei. Und aus den Reden Jesu hatte Andreas gehört, daß dieser der Messias sein müsse. Deshalb hatte er auch seinen Bruder Petrus für den Jesus geworben.

Jesus aber hatte sie gesehen, wie sie auf dem See Genezareth fischten, denn sie waren Fischer von Beruf, und hatte ihnen gesagt, daß sie nun Menschenfischer sein sollten. Als einer der ersten Jünger blieb Andreas auch immer einer der Vertrautesten Jesu.

> Evangelium nach Johannes 1, 37–40; 6, 8; 12, 22; Evangelium nach Matthäus 4, 18–20; Evangelium nach Markud 1, 16–18; Apostelgeschichte 1, 13.

1. Die Berichte im Neuen Testament über Andreas sind spärlich. Sie enthalten nur die Nachricht, daß er ein Fischer war wie sein Bruder Petrus und diesen erst zu Jesus gerufen habe, und den Hinweis,

daß er so vertraut mit Jesus war, daß er diesem auch Dinge sagen konnte, die andere nicht sagen mochten. Von seinem weiteren Ergehen weiß das Neue Testament nichts. Er wird nur regelmäßig in den Apostellisten genannt und erscheint dort immer unter den ersten vier.

(b)

Durch das Los war dem Andreas zugefallen, nach Kleinasien zu gehen und dort das Evangelium zu verkünden. Und so machte er sich auf und ging nach Philippi. Dorthin kam ein Jüngling aus Thessalonich, der sich von Andreas taufen lassen wollte, gegen den Widerstand seiner Eltern, die selbst vor einem Mordanschlag nicht zurückschreckten. Aber Gott bewahrte sie davor. In Philippi begegnete ihm auf der Straße ein Besessener. Er war aber in der Uniform der Soldaten des Königs und in Begleitung von drei Genossen. Als der Besessene nun den Andreas sah, wandte er sich in Krämpfen und rief den Andreas um Hilfe an. Die Soldaten aber wollten das verhindern und versuchten ihn festzuhalten. Aber Andreas, der wußte, daß in ihm ein Dämon war, verwehrte ihnen das und ließ den Geist aus dem Jüngling fahren. Der zog sofort seine Uniform aus, um ein Soldat Christi zu werden. Andreas aber hatte durch Gott erfahren, daß dieser Soldat eine fromme Schwester besaß, in die sich ein Magier verliebt hatte. Und weil es diesem nicht gelang, sich des Mädchens zu bemächtigen, hatte er sich eines Dämons bedient. Den hatte er gezwungen, in die Gestalt des Bruders zu steigen, weil die Jungfrau nur ihren Bruder zu sich ließ. Was er aber nicht wußte, war, da sie so fromm und gottesfürchtig war, daß sie auch ihren Bruder nur mit Gebet und Gotteslob empfing. Deshalb war der Dämon in Gestalt des Bruders von der Schwelle des Mädchens zurückgewichen, als sie ihm die Tür geöffnet hatte. Dem Dämon war es nun nicht gelungen, aus der Gestalt des Soldaten wieder zu entweichen. Deshalb konnte Andreas ihn vertreiben.

In Patrae weilte Andreas lange Zeit und predigte dort sehr zum Ärger des Stadtherrn Aegates. Der hatte ihn schon einmal vor Gericht laden lassen, ihn dann aber auf Bitten seiner Frau verschont. Seine Frau Maximilla aber hatte aufgehört, die ehelichen Pflichten zu erfüllen, und dadurch erneut den Ärger ihres Mannes hervorgerufen. Deshalb wurde Andreas ein zweites Mal vor Gericht gestellt. Aegates aber hatte vorher seine Frau vor die Wahl gestellt, entweder wieder mit ihm richtig als Ehefrau zu leben oder den Tod des Andreas zu erleben. Maximilla war daraufhin zu Andreas gelaufen und hatte ihn um Rat gefragt. Andreas aber hatte ihr gesagt, sie solle die Drohungen ihres Mannes verachten, denn Gott wolle die Keusch-

heit der Frau und des Mannes. Und wenn Maximilla in dieser Ange-
legenheit auf ihren Mann höre, so würde sie ihr Leben und auch das
des Andreas verderben, denn er würde zwar sein irdisches Leben
durch ihre Ehe gewinnen, aber sein eigentliches Leben verlieren,
weil er ihr und ihrem Manne mehr vertraut habe als Gott. Und dabei blieb Andreas, obwohl alle Freunde ihm zuredeten, zu fliehen
oder das Angebot des Stadtherren anzunehmen.

Und so wurde Andreas gekreuzigt, weil er ungerufen nach
Achaia gekommen war und die Maximilla und viele andere Frauen
verdorben hatte, daß sie nicht mehr ihren ehelichen Pflichten nachkommen wollten. Unterwegs auf dem Weg zum Galgen versuchte
ein Schüler, den Andreas aus den Händen der Soldaten zu befreien;
aber Andreas ging freiwillig an die Richtstätte und belehrte seinen
Jünger, daß es besser sei, wie ein Sklave Jesu zu sterben. Dann ließ
er sich an sein Kreuz binden. Der Stadtherr hatte nämlich angeord-
net, daß man ihn nicht annageln sollte, sondern nur an das schräge
Kreuz binden und von den streunenden Hunden und Schakalen
fressen lassen. Andreas aber hing dort zwei Tage und Nächte und
hörte nicht auf, den Leuten von dem wahren Gott und Erlöser zu
predigen. Aber er verbot allen, ihn zu befreien, denn möglichst
schnell abzuscheiden und bei dem Erlöser zu sein, das sei seines
Herzens Wunsch. Die Leute aber bestürmten den Statthalter, den
Frevel zu beenden. Als nun Aegates selbst kam, bestand Andreas
dennoch darauf zu sterben und verschmähte die Freilassung. Und
so starb er, nachdem er noch einmal zu Christus gebetet und ihm
die Annahme aller Gläubigen empfohlen hatte. Der Stadtherr aber
stürzte sich nicht lange danach von einem hohen Felsen zu Tode.

Nach den Andreas-Akten, einschließlich des Utrechter
kopt. Papyrus.

1. Die Andreas-Akten existieren nur noch als in mehreren jüngeren Traditionen überlieferte Einzelberichte. Die einen referieren die
Reden des Andreas, die anderen seine Wundertaten. Entstanden
sind sie sicherlich gegen Mitte des 2. Jahrhunderts, vermutlich in
Kleinasien in einer griechischen Umwelt. Die oft erörterte Frage
nach der Abhängigkeit von den Paulus- bzw. Petrus-Akten läßt sich
sicher nicht mit direkten Zuweisungen beantworten, man wird vielmehr auf den generellen Einfluß der zeitgenössischen literarischen
Tropik verweisen müssen. Bestandteile aller antiken Romane waren
eben Reiseberichte, Reden, Wundertaten, Mirakel. Die sämtlichen
Apostelakten eigentümliche enkratitische Grundhaltung kenn-
zeichnet eine Bewegung, die die ganze Christenheit und Teile der

griechischen Philosophie ergriffen hatte. Gemeinsamkeiten zwischen den einzelnen Apostelakten sprechen nur für ein ungefähr gleichzeitiges Entstehen.

2. Alle geschichtlich scheinenden Angaben sind auch in dieser Dichtung nicht zu beweisen. Das Los, das dem Andreas das westliche Kleinasien oder Griechenland als Missionsgebiet zugewiesen haben soll, ist ein beliebtes dichterisches Mittel, den unerklärlichen Aufenthalt einer Person an einem bestimmten Ort zu begründen. Der Märtyrertod des Apostels scheint sicher; die Art seines Todes aber wenig sicher tradiert zu sein. Die Dichtung selbst spricht davon, daß Andreas auf sehr unübliche Weise hingerichtet worden ist. Auch die Anklagepunkte gegen ihn scheinen lediglich in der christlichen Literatur geläufige Topoi zu sein. Richtig ist sicher die Erinnerung, daß das frühe Christentum dem sexuellen Libertinismus der Antike ablehnend gegenüberstand.

3. Nicht übersehen werden darf bei der Analyse der Erzählung, daß in dem Martyrium des Andreas das Motiv der ungleichen Brüder auftaucht. Aegates verkörpert den negativen Helden, den Bösewicht und Schurken, und sein in diese Nacherzählung nicht aufgenommener Bruder Stratokles ist der erste Jünger des Andreas in der Stadt, der versucht, den Apostel zu retten. Er ist unbeweibt und verzichtet auch nach dem Tode seines Bruders auf das ihm zugefallene reiche Erbe: Mir genügt nämlich der Herr Jesus! – Die Fabelführung in diesem antiken Roman ist doppelsträngig. Der eine Strang der Fabel verfolgt das Schicksal des Andreas, der andere das Schicksal des Stratokles und des Aegates, dessen Frau Maximilla die Verbindung zwischen den beiden Erzählfäden schafft.

4. Die Andreas-Akten haben ein merkwürdiges Schicksal gehabt. Ihre Verbreitung und Beliebtheit in den ersten Jahrhunderten entsprach bald nicht mehr der neuen Situation der Kirche, die sich damit abgefunden hatte, daß das Versprechen Jesu, bald wiederzukehren und das angefangene Heilswerk zu vollenden, sich nicht erfüllt hatte. Nun waren das Armuts- und das Keuschheitsgebot, ja alle urkommunistisch anmutenden Züge der Frömmigkeit sinnlos geworden, ihr Modellcharakter für andere Epochen mußte geleugnet werden. Für die Andreas-Akten läßt sich das besonders schön an der Bearbeitung des Gregor von Tours zeigen, der den Apostel geradezu zum Kronzeugen für die Notwendigkeit der Ehe und ihren Heilscharakter macht.

5. Nicht wiedergegeben sind oben die verschiedenen Wundertaten des Apostels, weil sie ständige Tropen der Apostelromane sind:

Auferweckung eines Toten, Heilung von Blinden, Austreibung von Dämonen aus einer Landschaft, Heilung eines Aussätzigen. Sie zeigen nur, wie die aus den Evangelien von Jesus bekannten Wunder nun auf seine Apostel übertragen werden, die auf diese Weise selbst zu einem Christus, einem Christen, werden. Für die Leser und Hörer dieser Dichtung rückt Jesus in weite Fernen, aber Andreas wird lebendig als Heros, als Heiliger.

6. In der gnostischen Tradition wird Andreas als gelehriger Schüler Jesu dargestellt, der aber nach dem Evangelium der Maria zunächst nicht glauben will, daß Maria die Wahrheit sagt, als sie berichtet, Jesus sei ihr erschienen und habe ihr aufgetragen, die Lehre vom lichten Leben zu verkünden (so im Berliner koptisch-gnostischen Codex BG 8502). Andreas und Petrus treten geradezu als Wortführer gegen Maria auf. Das hängt offensichtlich damit zusammen, daß in Ägypten, der Heimat des Evangeliums der Maria, die konservative, antilibertinistische Position der Apostelakten noch bekannt war. Es besteht nämlich die Möglichkeit anzunehmen, daß die Wirkung des antignostischen »Briefes der Apostel« (Epistula apostolorum siehe XIX c), der die elf Apostel als seine Verfasser nennt und die nachösterlichen Gespräche der Apostel mit Jesus allen Christen mitteilt, in Ägypten noch soweit wirksam war, daß die Jünger von der dortigen gnostischen Schule nicht als Zeugen für die Offenbarung Jesu an eine Frau aufgerufen werden konnten, sondern nur als Zweifler daran.

(c)

Als Andreas zum Tode verurteilt wurde, erhob sich großes Klagen unter allen Leuten in Patrae, denn alle hatten ihn liebgewonnen, insonderheit die Frauen, denen er geholfen hatte, sich von der Drangsal ihrer Männer zu befreien. Aber es waren auch viele Männer der Stadt darunter, reiche und arme, die ihm anhingen. Der Stadtherr aber ließ sich durch ihr Flehen nicht einschüchtern, sondern befahl, daß man auch sie hinrichten sollte. Und so starben mit ihm mahr als tausend. Und es war dort sein Standbild.

Manichäisches Psalmbuch, 142, 17–143, 14

1. Die manichäischen Psalmen sind etwa in der Mitte des 4. Jahrhunderts entstanden. Für sie ist nicht der Einzelheld, sondern die bedrohte Gesamtgemeinde thematisch wichtig. Die manichäische Typologie macht Andreas zu einem Protagonisten Manis, der ja auch für die Electi die Ehelosigkeit gefordert hatte. Seine Kenntnisse verdankt der manichäische Dichter sicher den Andreas-Akten. Im übrigen verraten die manichäischen Angaben über die

»Erinnerungen der Apostel« oder ein »Evangelium der zwölf Apostel«, das die manichäischen Lehren als apostolisch erweisen soll, nur, daß diese von speziellen Inhalten der Apostelakten nicht beeinflußt sind.

2. Die Verurteilung der Andreas-Akten wie der Akten des Paulus oder Petrus durch Theologen des 5. Jahrhunderts als »manichäisch« oder »gnostisch« ist vermutlich darauf zurückzuführen, daß ihnen die enkratitische Ethik und judenchristliche Beschränkung auf das prophetische Amt verdammenswürdig war, und deshalb wurde für alles, was unbequem und unorthodox war, das Prädikat »gnostisch, manichäisch« verwendet. Im Gegensatz dazu meinen andere, daß die Manichäer wirklich »eine lateinische Fassung dieser Sammlung der Andreas-Akten der Kirche des lateinischen Sprachgebietes als Danaergeschenk« (Schneemelcher) vermittelt haben.

(d)

Als Andreas auf dem Wege in das ihm zugewiesene Missionsgebiet war, kam eines Nachts ein Engel Gottes zu ihm und befahl ihm, hinzugehen nach Murgundia, um den Matthäus zu retten. Andreas aber sagte, er wüßte den Weg nicht. Da führte ihn der Engel an das Ufer des Meeres auf ein Schiff, das ihn in einer Nacht an den Ort brachte, wo man den Matthäus in den Kerker geworfen hatte, nachdem man ihn geblendet hatte. Und Andreas ging zu ihm in den Kerker, betete über ihm, und Matthäus erhielt sein Augenlicht wieder und floh nach Antiochia. Andreas aber blieb dort, und als die Einwohner merkten, daß Matthäus entflohen war, bemächtigten sie sich des Andreas, schleiften ihn an den Haaren durch die Stadt. Aber Andreas hörte nicht auf, für sie und für ihr Heil zu beten, und kein Wort des Zorns drang über seine Lippen. Da ließen sie von ihm ab und glaubten an Jesum.

Legenda aurea, Von St. Andreas

1. Diese Episode aus dem Dichtwerk des Mittelalters, die von dem Dichter Jaque de Voragine selber nicht für glaubhaft gehalten wird, weil der große Evangelist und Apostel Matthäus sich doch selber hätte so freibeten können, ist wie die koptische Erzählung von der Befreiung des Paulus aus den Klauen der Unterwelt durch den Andreas (G. Zoega, Catalogus codicum copticorum, Rom 1810, 230–235) durchaus als Bestandteil der Andreas-Tradition denkbar. Sie zeigt den Heros als anderen Aposteln nicht nur ebenbürtig, sondern auch als überlegen.

2. In den Andreas-Akten lassen sich beide Episoden sonst nicht nachweisen. Ihre Daseinsberechtigung innerhalb einer solchen Tra-

ditionskette erhalten sie nur, wenn man berücksichtigt, daß es Gruppen gab, denen ihr Heros eponymos wichtiger war als eine wie auch immer begründete Einheit eines apostolischen Kerygmas. Wenn in dem Pseudo-Titusbrief aus dem 8. Jahrhundert Andreas zitiert wird als Kronzeuge für die Jungfräulichkeit als ethisches Ideal der Kirche, dann wird damit allerdings nur festgehalten, daß die Position des Verfassers sich auf eine alte, apostolische Lehre stützt.

3. Andreas ist Schutzheiliger von Rußland geworden, weil das der Kiewer Rus benachbarte alte »Skythien« das Missionsgebiet des Andreas war. Die besondere Form des Andreaskreuzes wird auf eine mißverstandene Übersetzung aus den Märtyrerakten zurückgeführt, wo mitgeteilt wird, daß er an einem schrägen Kreuz festgebunden ward. Das schräge oder liegende Kreuz, in der Kunstgeschichte seit dem 10. Jahrhundert tradiert, meinte aber »liegend«, das heißt, es wurde nicht senkrecht aufgestellt, sondern hingelegt, weil anders kaum die Todesstrafe vollstreckbar gewesen wäre, nämlich lebendig von den Hunden gerissen zu werden. Andreas gilt auch als Schutzpatron von Schottland.

›facit‹

Die Mythenbildung um Andreas folgt denselben Regeln, die sich auch in der Literatur um die anderen Apostel verfolgen lassen. Die Vita des Apostels wird mit denselben Tropen ausgestattet, die auch die Vita heroica des Jesus enthält: Er vollbringt Wunder und stirbt den Märtyrertod.

9 Maria lactans, Medinet el Fajum

10 Einführung Mariens in den Tempel, byzantinisch

11 Verkündigung der Maria, Ägypten

12   Maria glykophilousa, italo-byzantinisch

13 Johannes und Paulos, byzantinisch

14   Brustbild des heiligen Thomas, byzantinisch

15   Apostel Johannes, syrisch (?)

16   Eucharistisches Tuch für den Kelch, byzantinisch

XV
JAKOBUS – DER HERRENBRUDER

(a)

Jesus hatte vier Brüder, nämlich Jakobus, Joses, Simon und Judas. Außerdem hatte er noch Schwestern, die alle in seiner Vaterstadt lebten.

Nach dem Tode Jesu war sein Bruder Jakobus in Jerusalem und genoß in der ersten Gemeinde ein gewisses Ansehen. Als Petrus durch einen Engel Gottes aus dem Gefängnis befreit wurde, in das der König Herodes ihn geworfen hatte, weil er ihn hinrichten lassen wollte, ging er zu Jakobus, um ihm das Wunder mitzuteilen. So hatte ihm der Herr Jesus Christus es gesagt. Jakobus unterstützte den Paulus und den Barnabas, als sie von ihren ersten Missionsreisen zurückgekehrt waren und Rat von den Aposteln in Jerusalem begehrten, wie die aus anderen Völkern getauften Christen es mit dem jüdischen Gesetz halten sollten. Sie beschlossen, daß diese Christen das Gesetz nicht beachten müßten, aber sie sollten sich der Hurerei, des Genusses von Götzenopferfleisch, von Blut und von nicht geschächtetem Fleische enthalten.

Auf die Einhaltung dieser Ratschläge achtete Jakobus auch später noch. Paulus wußte sich einig mit Jakobus und achtete auf seine Ansichten, denn er wußte wohl, daß Jesus dem Jakobus erschienen war.

Jakobus aber beschränkte sich darauf, das Evangelium von Jesus unter den Juden zu erzählen. Auf diesen Reisen, meint Paulus zu wissen, habe Jakobus auch seine Frau bei sich gehabt.

Evangelium nach Matthäus 13, 53–56; Apostelgeschichte 12, 17; 15, 13–21; 21, 18–26. 1. Brief an die Korinther 15, 7 und 9, 5.

1. Die neutestamentlichen Texte aus den Evangelien beschreiben die Apostel nur knapp. Die Apostelgeschichte erzählt ausführlicher. Sie erscheint glaubwürdig. Die Nachricht des Apostels Paulus, daß Jakobus mit seiner Frau auf Missionsreise gegangen sei, ist zuverlässig. Ob und in welcher Form Jakobus eine Christophanie, also eine Vision oder Entrückung erlebt hat, kann nur vermutet werden. Sie wäre mit einer Teilnahme am Himmelfahrtswunder, wie es in der Apostelgeschichte 1 erzählt wird, zu erklären.

2. Der Herrenbruder Jakobus ist zu unterscheiden von dem Apostel mit dem gleichen Namen, dem Bruder des Johannes und Sohn des Zebedäus, der als »der Ältere« (Jakobus Major) bekannt ist und nach Apostelgeschichte 12, 2 unter Herodes hingerichtet wurde. Dieser Jakobus gehört offensichtlich zu den vier Hauptaposteln, die bei allen wichtigen Begebnissen (bei der Verklärung Jesu oder in Gethsemane) aktiv beteiligt waren. Er war Fischer wie der Jakobus Minor, der Jüngere oder Kleinere, der Sohn des Alphäus. Die Auskünfte der Evangelien sind nicht ganz eindeutig, weil im Evangelium des Markus (15, 40) gesagt wird, daß Maria, die Mutter des Jakobus Minor, auch noch einen Sohn Joses gehabt habe, der in einem Evangelium (Matthäus) als Bruder Jesu ausgewiesen ist. Die unklare neutestamentliche Beschreibung der ersten Apostel kann vorerst nicht weiter erklärt werden.

3. Fast allgemein anerkannt ist, daß Jakobus ein wirklicher Bruder Jesu gewesen sei, von derselben Mutter geboren. Wenn der Vater Joseph nicht ausdrücklich genannt ist, so hängt das mit dem jüdischen Recht zusammen, wonach die Zugehörigkeit der Mutter zum Judentum auch die konfessionelle Identität des Kindes festlegt. Für die neutestamentlichen Verfasser war es ohne Zweifel, daß Jakobus zum Judentum gehörte und ein Christentum vertrat, das sich noch

als Teil des Judentums und der Tempelgemeinde von Jerusalem verstand. Ihm wird die Urheberschaft am neutestamentlichen Jakobusbrief zugeschrieben.

Absolute Spekulation ist seine Verfasserschaft des »Protevangeliums des Jakobus«, einer Marienlegende aus dem 2. Jahrhundert. In der Kirchengeschichte des Eusebius wird Jakobus als erster Bischof von Jerusalem genannt. Eusebius beschreibt in Buch II, Kapitel 23 seinen Märtyrertod, der etwa im Jahre 62 erfolgt sein kann.

(b)

Nach dem Tode Jesu erschien der Herr seinem Bruder Jakobus und trug ihm auf, die Gemeinde in Jerusalem nicht zu verlassen, sondern treu zu leiten. Jakobus aber hatte von Kindheit an sein Leben Gott geweiht. Er war ein Nazoräer, nie kam ein Schermesser an sein Haar, er verachtete Salböl und Bäder und trug linnene Gewänder. Er war beständig im Tempel und betete. Als sich aber der Glaube an Jesus immer weiter ausbreitete und es zu Unruhe unter den Juden kam, nötigte man den Jakobus bei einem großen Tempelfest, dem Passah, den herbeigeströmten Juden zu erklären, wer Jesus sei. Man bat ihn, auf die Tempelmauer zu treten, um besser verstanden werden zu können. Jakobus aber sagte, daß Jesus, der Menschensohn, aufgefahren sei gen Himmel zur Rechten der großen Kraft, woher er einstmals auf den Wolken des Himmels kommen würde zum Gericht. Das aber wollten die Pharisäer nicht hören, und voller Zorn stießen sie ihn von der Mauer herab in den Hof; dort begannen sie ihn zu steinigen. Und ein Tuchmacher schlug ihm mit einem Knüppel den Schädel ein.

Nach dem Buch des Hegesipp in der Kirchengeschichte des Eusebius, II, 22–23.

1. Hegesipp soll sein Buch zu Ende des 2. Jahrhunderts geschrieben haben. Woher er seine Nachrichten erhalten hat, bleibt unbekannt. Das gilt auch für eine ähnliche Nachricht bei Josephus in den »Jüdischen Altertümern« Buch XX. Man hat oft gemeint, diese Stelle sei eine christliche Interpretation. Vielleicht ist an dieser These wahr, daß Josephus nur eine Notiz vom Tode des Jakobus und anderer Anhänger des Christus unter der Hohenpriesterschaft des Annanus Minor gebracht hat, die dann von einem christlichen Interpolator erweitert worden ist. Man hat den dreistufigen Märtyrertod des Jakobus (Stoßen von der Mauer, Steinigung und Erschlagen) als ein Indiz dafür angesehen, daß der Bericht jeder historischen Grundlage entbehrt.

2. Der legendäre Bericht nach Hegesipp bei Eusebius schildert

den Herrenbruder Jesu als einen christlichen Heros und überdeckt durch die sehr realistische Darstellung alle vielleicht noch lebendigen Erinnerungen an den geschichtlichen Jakobus. Dieser asketische Einsiedler und Prototyp eines Mönchs oder Eremiten ist undenkbar in der Gemeinschaft mit einer Frau oder einer Gemeinde, undenkbar auch als Missionar in Ortschaften außerhalb Jerusalems. Hegesipps Bild bleibt deshalb auch singulär. Die wenig später entstandenen pseudoclementinischen Recognitiones I, 44 zeigen ihn als würdigen Bischof aller Bischöfe, der auf dem Thron sitzt, den Eusebius noch gesehen haben will, und der »der Thron der Welt ist, den Christus seinem Bruder anvertraut hat«, wie Epiphanius (Panarion 78, 8) zu erzählen weiß.

(b)

Jakobus war unter denen, die mit Jesus das letzte Mahl zusammen feierten, und hörte, was Jesus von seinem Hinscheiden und Auferstehen sagte. Und er schwor sich, fortan kein Brot mehr zu essen, bis ihm der Auferstandene erschienen sei.

Als Jesus aber auferstanden war und das Leichenleinentuch dem Knecht des Priesters gegeben hatte, damit der es seinem Herrn als Zeichen der Auferstehung brächte, ging er zu Jakobus und sagte zu ihm: Bringe einen Tisch herbei und Brot. Und er brach das Brot, nachdem man es herbeigeschafft und er es gesegnet hatte, und gab es Jakobus, dem Gerechten, und sagte zu ihm: Nimm und iß, denn der Menschensohn ist von den Toten auferstanden.

Nach dem Zitat aus dem Hebräer-Evangelium bei Hieronymus, De viris illustribus.

1. Hieronymus schrieb seine Sammlung De viris illustribus, aus der das Beispiel stammt, etwa um 400. In dieser »christlichen Literaturgeschichte« hat er zahlreiche Texte zitiert, die er noch im Original gesehen haben muß. Dazu gehört das sonst auch nur noch aus Zitaten bekannte Hebräerevangelium, eine judenchristliche Dichtung, die aus Ägypten im 2. Jahrhundert stammen dürfte, und deren Protagonist Jakobus gewesen sein kann. Er gilt jedenfalls als Zeuge für die Wahrheit dieses Evangeliums, das mit seiner Person einen hohen Autoritätsanspruch erhob. Jesus ist demnach gleich als erstem dem Jakobus erschienen.

2. Bemerkenswert an dieser Episode ist der Gebrauch der Abendmahlsworte, wie er offensichtlich judenchristlichen Traditionen entsprach. Danach wird das Mahl nur mit Brot gefeiert, wie auch sonst bezeugt, und bei der Spendeformel wird auf den Auferstandenen, nicht auf den Wiederkehrenden (bis daß er kommt) Be-

zug genommen. Diese wenig kultische Form entspricht dem Charakter des Judenchristentums. Ferner ist seit den neutestamentlichen Berichten immer der Eindruck entstanden, als habe Jesus das letzte Mahl nur mit seinen Jüngern, den »12 Aposteln« gefeiert, und nicht inmitten seiner Familie und seiner Freunde. Die judenchristliche Version in dieser Episode hat die historische Wahrscheinlichkeit eher für sich als die neutestamentlichen Berichte.

(c)

Nach 550 Tagen, die Jesus noch mit seinen Jüngern zusammen war, sagten die Jünger zu ihm klagend: Du hast dich von uns entfernt und uns zurückgelassen. Aber Jesus antwortete ihnen, daß er erst demnächst von ihnen fortgehen werde, und vorher wolle er dem Jakobus und dem Petrus noch etwas allein sagen. Und Jesus belehrte die beiden über die Gefahren der Versuchung, die ihnen drohen würden, über den Inhalt ihrer Predigt und das Verhalten der Jünger. Jakobus aber und Petrus verbargen diese Reden wohl, und Jakobus wies auch seinen Schüler an, sie für sich zu behalten und nicht jedermann weiterzusagen. Nachdem Jesus aber dem Jakobus und dem Petrus alle diese geheimen Offenbarungen mitgeteilt hatte, eröffnete er ihnen, daß ihn nun der Wagen des Geistes an die Rechte des Vaters bringen werde. Und Jakobus und Petrus knieten nieder und hörten Kriegsgeschrei und Trompetenstöße. Und sie erhoben ihr Herz und ihre Vernunft zum höchsten Himmel und vernahmen Gebete und Hymnen der Engel. Aber als sie versuchten, ihm nachzufolgen, hörten und sahen sie nichts mehr außer den plötzlich zurückkommenden anderen Jüngern, die fragten, wo ist der Herr hingegangen, was hat er gesagt?

Nach dem Apokryphon des Jakobus aus Nag Hammadi, Codex I, 2.

1. Dieses Apokryphon des Jakobus ist vermutlich wie die beiden Jakobus-Apokalypsen in Codex V aus Nag Hammadi im koptischen Ägypten des 4. Jahrhunderts entstanden. Es gehört zu der in Ägypten verbreiteten Tradition, die in Jakobus eine der Säulen der Kirche sah. Diese Tradition wird judenchristlich geprägt sein. Innerhalb der gnostischen Literatur ist dieses Apokryphon noch sehr orthodox. Ausgesprochen gnostische Lehren werden kaum ausgebreitet. Der Verfasser gibt kund, daß er das Buch eigentlich in hebräischen Buchstaben geschrieben habe.

Manche nehmen an, daß diese Apokryphen schon im 3. Jahrhundert entstanden.

2. Besonderheiten dieses Textes sind, daß Jakobus und Petrus als

einzige die Himmelfahrt Jesu erleben und als einzige von ihm Offenbarungen über die zukünftigen Ereignisse erfahren, während in den kanonischen biblischen Texten Jakobus ja gerade davon ausgeschlossen zu sein scheint. Für die Trägergruppe dieser Dichtung aber muß ein anderes Ordnungsschema gegolten haben. Und außerdem war im dritten und vierten Jahrhundert die Geschichte der Gemeinde in Jerusalem noch nicht wie ein dogmatischer Text beschlossen, sondern für vieles offen.

3. Inhaltlich sagen die Offenbarungsreden nichts über die Vita Jesu aus. Jakobus und Petrus fungieren nur als Stichwortgeber für Jesus, der damit die Lehren darstellt, die in dieser gnostischen Gruppe verbreitet waren. Sie stellen die Fragen in schönem Wechsel, und es bleibt unerklärlich, warum der eine dieses fragt, der andere jenes. Daß die Zeitspanne zwischen Auferstehung und Himmelfahrt nicht wie in der biblischen Tradition von Apostelgeschichte 1 vierzig Tage, sondern 550, also fast anderthalb Jahre, gedauert habe, scheint auch bei anderen Gnostikern bekannt gewesen zu sein. Daß Jesus zuerst Jakobus und Petrus erschienen sei und ihnen die eigentliche Lehre (Gnosis) mitgeteilt habe, erwähnt auch Eusebius in seiner Kirchengeschichte als Lehre der Gnostiker. Wieder andere Gnostiker lehrten, daß Jesus noch zwölf Jahre auf Erden gewesen sei.

4. Die Beschränkung auf Jakobus, Petrus und Johannes als Offenbarungsempfänger, die sich auch bei Clemens von Alexandria wiederfindet, hat aber offensichtlich nur den Zweck, die mitgeteilten geheimen Offenbarungen mit der größtmöglichen Autorität zu versehen. Dabei ist dieser Vorgang nicht als listige Täuschung anzusehen, sondern als Ausdruck einer bestimmten Mentalität, die sich sicher war, daß nur ein Herrenbruder solche gnostischen Sätze als Lehre Jesu aussprechen konnte.

(d)

Als Petrus schon eine geraume Zeit von Jerusalem fort war, kam eines Tages ein Bote zu Jakobus nach Jerusalem und brachte ihm einen Brief von Petrus, der ihm darin seine Predigten schickte. In einem Begleitschreiben beschwor Petrus den Jakobus, diese Predigten nur den allervertrautesten Brüdern nach strengster Prüfung zu überlassen, weil er, Petrus, schon erlebt habe, wie man die Lehre des Herrn verfälscht und mißdeutet hätte, und daß es nur zu Spaltungen komme, wenn man die Predigt nicht ordentlich prüfe.

Jakobus rief die siebzig Ältesten zusammen und verlas ihnen den Brief des Petrus und die Schwurformel, die Petrus mitgesandt hatte.

Und jeder, der eingeführt werden wollte, sollte nach einer sechsjährigen Probezeit diesen Eid ableisten: Bei Himmel, Erde, Wasser, Luft verspreche ich, daß ich immer dem unbedingt gehorsam und treu bleibe, der mich in diese Bücher einführt, und daß ich von ihnen keine Abschrift anfertige noch sie jemandem weitergebe. Nur wenn jemand sich sechs Jahre als würdig erwiesen hat und die Zustimmung meines Bischofs besitzt, soll er eingeführt werden. Wenn ich aber dagegen verstoße, so möge ich lebend und tot verflucht sein und ewige Strafe erleiden.

Als die Ältesten diesen Brief des Petrus hörten, wurden sie blaß vor Schrecken. Aber Jakobus tröstete sie und wies sie darauf hin, wie unbedingt notwendig diese Verborgenheit sei um der reinen Lehre willen.

Nach dem sogenannten »Petrusbrief an Jakobus« aus den Kerygmata des Petrus, pseudoclementinische Homilien I.

1. Dieser sogenannte Petrusbrief an Jakobus gehört zu den pseudoclementinischen Homilien, die eine judenchristliche, antipaulinische Theologie vertreten, wie sie um die Mitte des 3. Jahrhunderts in Syrien verbreitet war. Darüber hinaus ist in die dem Petrus zugeschriebenen Predigten und Texte schon gnostisches Gedankengut eingeflossen.

2. Wichtig ist für eine christliche Mythologie, daß der Autor den Herrenbruder Jakobus als Adressat seiner Lehre und als unbestrittenen Sachwalter einführt. Die oben unter c angeführte Apokryphe erhält von hier ihren Sinn. Jakobus ist die authentische Quelle der Offenbarungen des Petrus, die dieser in Rom nicht mehr sicher weiß. Dieser antiwestliche, antirömische Aspekt ist deutlich. Der Osten, Jerusalem, ist die eigentliche Heimat und der Sitz der wahren Lehre.

3. Wichtig für diese überwiegend lehrhafte Dichtung ist der Begleitumstand ihrer Einführung. So wie Moses auf Befehl Gottes um sich siebzig Älteste geschart hat, so hat Jakobus um sich die siebzig Ältesten, die wie ihre alttestamentlichen Kollegen erschrecken vor dem potentiellen Strafgericht, das den trifft, der dieses Wort bricht.

(e)

Jesus wandte sich einstmals zu Jakobus und sagte zu ihm: Ich zeige dir die Vollendung des Heils, mein Bruder. Und ich nenne dich mein Bruder, obwohl du nach der Wirklichkeit nicht mein Bruder bist, sondern nur nach unserer himmlischen Herkunft. Aber ich kenne dich und weiß, daß du das verstehen kannst, was ich dir sagen werde. Und Jesus offenbarte dem Jakobus alle Dinge des Mysteriums, das mit ihm verbunden war. Das war aber kurz vor der Verhaftung Jesu, als er schon wußte, daß sie ihn am übernächsten Tage ergreifen würden. Jakobus aber wollte ihn retten. Jesus wehrte seine Hilfe ab und belehrte ihn darüber, daß man auch ihn ergreifen und töten würde. Aber er solle sich nicht fürchten, sein irdischer Tod würde sein ewiges Heil nicht berühren. Jakobus erhielt nun von Jesus, den er immer Rabbi nannte, Belehrung über alle Dinge zwischen Himmel und Erde und über den Weg, den Jakobus zurücklegen werde, bis er zu dem Seienden gelange. Und dann erfolgte der Tod Jesu.

Als Jakobus davon erfuhr, wurde er sehr traurig; aber danach ging er mit den Jüngern auf den Berg Gaugela, da er vom Kommen Jesu gehört hatte. Und Jakobus betete dort, wie er es gewöhnt war. Da erschien ihm der Herr und umarmte und küßte ihn. Und er belehrte und tröstete ihn, daß ihm nichts geschehen sei, denn dieses Volk habe, verführt durch die Archonten, einen anderen getötet. Und Jesus belehrte den Jakobus, daß auch er nicht vergehen würde, wenn er im Tode den drei Seelenfürsten auf ihre Frage, woher er käme und wohin er ginge, antwortete, daß er von dem unsterblichen Vater gekommen sei und auch wieder zu ihm zurückkehren werde. Und Jakobus sollte das alles sich wohl merken und es auch weitergeben an Addai und die anderen Apostel.

Nach der ersten Apokalypse des Jakobus aus Codex V von Nag Hammadi

1. Diese Apokalypse gehört zu dem koptisch-gnostischen Handschriftenfund aus Nag Hammadi in Ägypten, der in das vierte Jahrhundert zu datieren sein wird, wobei natürlich einzelne Schriften älter sein können. Die Schriften stammen aus einer christlichen gnostischen Gruppe, die in ihrem Bücherschatz auch andere gnostische Texte und philosophische Exzerpte aus Platon oder der Stoa tradiert hat.

2. Das Besondere an dieser Schrift ist nicht der Topos vom Offenbarungsempfänger und Tradenten göttlicher Geheimlehren, sondern der Versuch, die brüderlichen Beziehungen zwischen Jesus und Jakobus als natürliche Blutsverwandtschaft zu leugnen und sie als geistige Verwandtschaft zu erklären. Jakobus ist wie Jesus Sohn des ewigen Vaters und deshalb für die Archonten unangreifbar. Zwischen Jesus und Jakobus kann es keine hylische (materiell-biologische) Bruderschaft geben, ihre Bruderschaft gehört zum Mysterium des wahren Seins.

Nach dem Tode des Jakobus kam einer der Priester, der dabei gewesen war, zu dem Vater des Jakobus, um ihn aufzufordern, möglichst schnell die Stadt zu verlassen, denn er laufe Gefahr, mit den Seinen verfolgt und getötet zu werden wie sein Sohn. Der Vater des Jakobus aber war Theudas, und der Priester hieß Marim. Marim aber schrieb dann auch dieses Geschehen auf.

Jakobus war nämlich, wie es seine Art war, im Tempel in Jerusalem gewesen und hatte dort gebetet. Und er hatte dort auch zu den Leuten aus dem Volk gesprochen und hatte ihnen mitgeteilt, was er von dem Herrn wußte, daß er nämlich aus der Unvergänglichkeit gekommen war, reich an Gnosis und nicht verwundbar durch die Mächte dieser Welt. Und Jakobus hatte berichtet, wie Jesus zu ihm gekommen sei, als er mit seiner Mutter Maria zusammen gesessen habe, und Jesus habe ihn angeredet: Sei gegrüßt, mein Bruder. Und Maria habe ihm seine Furcht genommen, als sie ihm sagte, daß der Herr und er Milchbrüder gewesen seien, denn sie habe beide an ihrer Brust gesäugt. Und Jesus habe ihm auch gesagt, daß sie zwar nicht einen gemeinsamen Vater besäßen, aber nun sei sein Vater auch der Vater des Jakobus geworden. Und durch ihn würden nun viele den Weg zum Vater finden, denn Jakobus werde ihnen die Offenbarung bringen, und die Himmel würden ihn preisen als den Ersten der Gerechten. Und er habe ihn umarmt und geküßt. Und Jakobus forderte dann die Juden auf: Sehet auf den, der redet, und suchet nach dem, der schweigt! Erkennet den, der hierher gekommen ist, und erkennet den, der von hier hinausgegangen ist! Und alle hörten es. Die Priester aber beschlossen, Jakobus zu steinigen, gingen hin und stießen ihn von der Zinne des Tempels herab. Unten aber traten sie ihn und warfen Steine auf ihn, als sie merkten, daß er noch lebte. Jakobus aber betete, solange Leben in ihm war.

Nach der zweiten Apokalypse des Jakobus aus Codex V
von Nag Hammadi

1. Die zweite Apokalypse des Jakobus ist in demselben Codex aufgezeichnet wie die erste, unmittelbar hinter ihr, obwohl sie von dem Offenbarungsempfänger ein anderes Bild entwirft. Jakobus wird deutlich als Milchbruder Jesu angeredet. Er hat allerdings nicht Joseph zum Vater, sondern einen Theudas.

Nur Jesus hat einen »Vater in der Ewigkeit«. Über seine Menschwerdung wird nicht weiter spekuliert. Aber in einer sehr zerstörten Passage wird »die Jungfrau« erwähnt, die auch für Jakobus zum Heilsweg wurde.

2. Im Gegensatz zur ersten Apokalypse tradiert die zweite den Tod des Jakobus innerhalb der schon bekannten Vorstellungen. Er wird von der Zinne des Tempels gestürzt und gesteinigt, nachdem man ihn noch aufrecht in eine Grube gestellt hat. Die Offenbarungsreden allerdings sind inhaltlich ähnlich. Der Erhöhte hat nur einen Scheinleib in den Händen der Schergen gelassen, und auch Jakobus wird keinen Schaden nehmen, wenn sie sich seines Leibes bemächtigen. Jakobus wird zum erlösten Erlöser, denn durch ihn werden viele den Weg zum wahren Heil, zur Gnosis finden.

3. Mythographisch relevant ist in dieser Apokalypse einmal natürlich die Verbindung von Gnosis und Herrenbruder, der deutlich in die Nachfolge Jesu eintritt. Relevant ist dann aber auch die Rolle seiner Mutter Maria, die in dieser Apokalypse deutlich zurücktritt, weil hier offensichtlich noch etwas von dem alten judenchristlichen Denken lebendig geblieben ist, das der Maria keine wesentliche Rolle zugebilligt hat. Die weibliche Rolle spielt in dieser Apokalypse der Geist. Literarisch interessant ist außerdem, daß in dem Schlußteil ein Gebet steht, das Böhlig zur Gattung der individuellen Vertrauenspsalmen zählt, und das ohne jede gnostische Formulierung auskommt. Hier könnte ein Stück christlicher Gebetsliteratur des 3. Jahrhunderts erhalten sein, das vielleicht schon vorher mit der Person eines Märtyrers verbunden war.

›facit‹

Wie bei kaum einer anderen Apostelgestalt wird bei Jakobus der Entwicklungsgang von der eigentlich blassen biblischen Schilderung bis zum Stellvertreter und Nachfolger Jesu deutlich. Jakobus wird für die Anhänger dieser letztgenannten gnostischen Schule selbst zum Erlöser. Innerhalb der orthodoxen kirchlichen Tradition versehen der Märtyrerglaube und der Reliquienkult eine ähnliche Funktion, denn die Leiden der Märtyrer vergrößern den Gnadenschatz der Kirche, aus dem Versöhnung des Sünders mit Gott möglich wird. Der Unterschied zwischen dem ersten und einzigen Erlöser der Bibel, nämlich Jesus Christus, und den durch ihn Erlösten wird ausgelöscht. Die Heiligen und Apostel werden selber zu Erlösern, werden jeweils selbst ein Christus, ein neuer Messias, nur daß jetzt der Entsendende nicht mehr Gott, sondern Christus heißt.

XVI
JOHANNES, APOSTEL UND EVANGELIST

(a)

Johannes, der Sohn des Zebedäus und Bruder des Jakobus, war wie
dieser ein Jünger des Täufers Johannes und wurde von ihm auf Jesus
verwiesen als den, der größer sei als der Täufer. Markus wußte, daß
Jesus die beiden Brüder, die er unmittelbar vom Fischfang berufen
hatte, ihm nachzufolgen, Donnersöhne nannte. Beide waren nämlich schnell bereit, die Mächte des Himmels zu bemühen, wenn sie
sich im Unrecht fühlten. Zu gerne hätten sie über ein Dorf in Samarien, das ihnen kein Obdach gewähren wollte, Feuer vom Himmel
fallen lassen.

Ihre Mutter gehörte auch zu der Jüngerschar Jesu und sorgte
sehr, daß ihre Kinder im Reiche Jesu ihren gebührenden Platz bekä-
men.

Johannes war der Jünger, den Jesus lieb hatte, und der bei dem
letzten Mahle an seiner Brust ruhte. Ihm vertraute Jesus in seiner

Sterbestunde seine Mutter an, damit er sie fortan wie seine eigene Mutter ehre und versorge.

Ihm war es vorbehalten, als erster den Herrn zu erkennen, nachdem die Jünger dessen Aufforderung gefolgt waren, an den See Genezareth bei Tiberias zu kommen. Zusammen mit Petrus war er dann Sprecher der Gemeinde Jesu in Jerusalem und ging später nach Ephesus, wo er eines natürlichen Todes starb.

Ihm wird die Urheberschaft am Evangelium des Johannes, der Offenbarung des Johannes und dreier Briefe im neutestamentlichen Textcorpus zugeschrieben.

> Nach Evangelium des Johannes 1, 35–39; Evangelium nach Markus 3, 17; Evangelium nach Lukas 9, 54; Evangelium nach Matthäus 20, 20–28; Evangelium nach Johannes 13, 23–25; 19, 26–27; 21, 7; Apostelgeschichte 3–4

1. Die biblischen Berichte über Johannes erhalten ihre Konturen durch die Beziehungen des Jüngers und Apostels zu seinem Herrn und Meister. Es ist aber sicher, daß Johannes eine Vorzugsstellung eingenommen hat. In dem sogenannten erweiterten Schluß des Johannes-Evangeliums wird die Besonderheit dieses Jüngers noch einmal unterstrichen, denn von ihm wird gesagt, daß er nicht sterben wird, bis Jesus wiederkommt, um sein Reich zu vollenden.

2. Vorbehaltlich, daß der Text im Evangelium nach Johannes 21, 24–25 mit zu dem ursprünglichen Johannes-Text gehört und keine nachträgliche Interpolation mit der Absicht ist, die schriftstellerische Tätigkeit des Apostels zu legitimieren, scheint klar zu sein, daß Johannes für die erste nachjesuanische Generation ein besonders glaubwürdiger Zeuge gewesen ist. Diesem Umstand ist zu verdanken, daß die apokryphen Johannes-Texte so weite Verbreitung gefunden haben.

3. Für die Lehre der johanneischen biblischen Texte symptomatisch ist das Beharren auf dem Liebesgebot: Denn das ist die Botschaft, die ihr von Anfang an gehört habt, daß wir uns untereinander lieben sollen (1. Johannesbrief 3, 11). Das steht auch hinter der Erklärung von Johannes 3, 16: Also hat Gott die Welt geliebt, daß er seinen eingeborenen Sohn gab, auf daß alle, die an ihn glauben, nicht verlorengehen, sondern das ewige Leben haben.

(b)

Johannes wurde durch einen Ruf Jesu nach Ephesus geschickt. Dieser Ruf erging an ihn an einem Morgen, zu einer frühen Stunde, und Johannes folgte ihm freudig: Nach deinem Willen gehe ich. Es geschehe, was du willst.

In Ephesus heilte er eine im Sterben liegende Frau und ließ auch ihren vor Kummer und Gram gestorbenen Mann wieder mit der Hilfe Gottes ins Leben zurückkommen. Darüber verbreitete sich der Ruf des Johannes in der ganzen Stadt, und viele Leute kamen herzu, um von ihm das Wort Gottes zu hören.

Lykomedes aber, der gerettete Mann, ließ im geheimen einen Maler kommen und von Johannes ein Bild malen. Das Bildnis stellte er auf und bekränzte es täglich mit Blumen und stellte auch einen Leuchter davor. Als Johannes nun einmal diesen Altar und sein Bild darauf entdeckte, es war aber schon das Bild eines alten Mannes, tadelte er den Lykomedes sehr, denn dieses Bild sei ja nur ein Abbild seines fleischlichen Leibes, aber sein wirkliches Bild könne Lykomedes selbst malen, wenn er sich mit Gottesfurcht und Menschenliebe wappne und daran gehe, die Not und das Elend in der Stadt zu lindern.

Johannes jammerte besonders das Schicksal der alten Frauen in der Stadt, und so ließ er alle, die von diesen Frauen krank oder leidend waren, in das Theater rufen. Der Stadtherr aber war besorgt, daß Johannes sich irgendeiner Magie oder eines Zaubers bedienen könnte. So befahl er, daß Johannes nur nackt und ohne irgendein Hilfsmittel in das Theater gehen dürfte. Und Johannes tat, wie ihm befohlen wurde, und redete eindringlich zu den Versammelten, denn es waren nicht nur die alten Frauen, sondern auch die verantwortlichen Männer der Stadt erschienen. Und nach dieser Rede heilte Johannes durch Gottes Macht alle Krankheiten. Da wurden viele Leute gläubig und folgten ihm als Jünger nach, unter ihnen Andronikus.

Andronikus aber war zunächst ein reicher und mächtiger Herr in Ephesus, der seine Frau Drusiana in ein Grabgewölbe eingeschlossen hatte, weil sie den Worten des Johannes geglaubt hatte und nicht mehr ihrem Manne zu Willen sein mochte. Johannes hatte er auch einschließen lassen. Durch das Gebet des Johannes bewegt, tat der Herr ein Wunder und bewahrte auf wunderbare Weise Drusiana und Johannes vor dem Tode. Der erzählte dem Andronikus, ihm und seinem Bruder Jakobus sei Jesus als ein kleiner Knabe und doch als ein erwachsener, kräftiger Mann erschienen, manchmal auch wie ein ehrwürdiger Greis. Verschiedentlich, wenn er zu Tische an der Brust Jesu lag, habe er das Gefühl gehabt, an einer Marmorbüste zu ruhen, aber an anderen Tagen sei es wie an der Mutter Brust gewesen. Ja, einmal habe er Jesus als verklärtes Wesen erkannt und doch zugleich wieder wie einen kleinen Mann. Und Johannes wußte auch zu berichten, daß er niemals auf ihren Wanderungen einen

Fußabdruck Jesu habe erblicken können und daß sie jedesmal zu Tisch von dem Brot satt geworden seien, das man vor den Platz Jesu gelegt habe. Und der habe es immer zuerst gesegnet und dann gebrochen und unter sie geteilt.

Am Abend vor seiner Verhaftung habe er mit ihnen einen Hymnus auf Gott gesungen.

Zur Stunde der Kreuzigung aber habe Jesus ihn aufgesucht auf dem Ölberg, wohin er sich vor Angst verkrochen hatte. Und dort habe ihm Jesus das Geheimnis seines Todes enthüllt, daß nämlich dort unten auf Golgatha ein Scheinleib gekreuzigt würde, während seine Erhöhung in die Himmel in dem Lichtkreuz stattfinde, das der Jünger nun sehen sollte.

So redete Johannes zu den Leuten in Ephesus. In dieser Stadt gab es aber den Tempel der Artemis, an dem die Stadt zu opfern pflegte. Johannes sah darin Abfall von Gott. Er ging also an dem großen Tempelfest hinauf und warnte die Leute vor dem falschen Gottesdienst und stellte sie vor die Wahl, er wolle durch sein Gebet den Tempel zum Einsturz bringen und ihrer vieler Tod verursachen oder sie sollten ihn durch ihr Gebet sterben lassen. Da schrien die Menschen alle auf, weil sie sich an seine vielen Wundertaten erinnerten. Doch Johannes betete zu Gott, und der Tempel fiel zusammen, der Altar barst und viele der Weihgaben wurden zerstört. Der Priester der Artemis aber wurde durch einen herabstürzenden Balken erschlagen. Da wurden viele gläubig und folgten Johannes in das Haus des Andronikus, nachdem sie noch die letzten Reste des Artemistempels eingerissen hatten. Den Leichnam des Priesters aber nahm ein Verwandter mit und legte ihn vor dem Haus des Andronikus nieder. Und Johannes sah in seinem Gesicht das Begehren des jungen Mannes, den Priester wieder erweckt zu sehen, da ließ er ihn in das Leben zurückkehren.

In Ephesus gab er auch einem alten Mann das Leben wieder, den der eigene Sohn umgebracht hatte, weil er sich der ewigen Belehrung des Vaters erwehren wollte. Den Jüngling aber ließ er zum Glauben kommen und veranlaßte ihn, bei ihm zu bleiben.

Einen anderen Jüngling, Kallimachus, gewann Johannes ebenfalls für den Glauben. Dieser war unsterblich in Drusiana, die Frau des Andronikus, verliebt und hatte, nachdem diese aus Gram über seine Begierden gestorben war, noch versucht, die Tote zu schänden. Aber der Herr war gekommen und hatte ihn vor der Vollendung dieses ruchlosen Vergehens bewahrt und den Gehilfen durch einen Schlangenbiß töten lassen. Diesem Kallimachus öffnete Johannes die Augen, daß der Herr selbst ihn bewahrt und ihm so die ewige Seligkeit bereitet habe. Und auch Drusiana erlangte durch die Fürbitte des Johannes ihr Leben wieder. Danach aber feierten sie alle dort in der Grabkammer mit dem Brotbrechen das Mahl des Herrn und dankten ihm für das Wunder.

Als es aber für Johannes Zeit zum Sterben geworden war, feierte er mit allen Gläubigen noch einen Gottesdienst und begab sich dann mit ein paar Treuen vor die Tore der Stadt, damit sie ihm dort ein Grab aushöben. Er selbst stand dabei und betete. Und als es tief genug war, stieg er hinab und starb dort.

Nach den Johannes-Akten, Auswahl aus der von Bonnet zusammengestellten Textfolge.

1. Die Acta Johanni sind nebst den Acta Pauli und den Acta Petri das umfangreichste apokryphe Apostelwerk. Die Johannes-Akten gehen auf kleinasiatische Quellen des 3. oder 4. Jahrhunderts zurück, die ihrerseits ältere Dichtungen aufgenommen haben. Das Schema des antiken Romans ist auch hier erhalten. Die Grundform bildet ein Reisebericht, ausgestattet mit zahlreichen Reden und vielen Wundertaten, die so gut erzählt werden, daß sie dabei ihre Unglaubwürdigkeit fast einbüßen. Sie sind ursprünglich griechisch geschrieben; die koptischen, äthiopischen, lateinischen und slawischen Fassungen sind Übersetzungen von unterschiedlichen Bearbeitungen. Eine Urschrift, aus der man eine überzeugende Rekonstruktion des gesamten Textes ableiten könnte, scheint es nicht gegeben zu haben.

2. Aus dem Abschiedsgebet des Johannes, wie auch schon aus Predigten, die der Apostel hält, geht hervor, daß er in der jungfräulichen Keuschheit das erstrebenswerte Leben sieht. Er dankt Jesus unaufhörlich dafür, daß er ihn vor jedem Verhältnis zu einer Frau bewahrt habe. Ferner plädiert er für absolute Askese, Armut und Bescheidenheit. Dieser Inhalt und vor allem die hypertrophe magische Betätigung des Johannes und seiner neugewonnenen Gemeindemitglieder hat das Verdikt der Kirchen herbeigeführt, die 787 auf dem Konzil in Nicäa beschlossen, das Buch zu verbrennen und jedermann zu verbieten, es zu lesen oder abzuschreiben. Dennoch sind mindestens drei Viertel des Textbestandes heute schon nachweisbar, und wieweit andere Fragmente apokrypher Apostelgeschichten sich nicht noch als Stücke der Johannes-Akten erweisen, bleibt abzuwarten.

3. Besondere Stilelemente enthält diese Dichtung nicht. Auffällig ist die Art und Weise der Darstellung, die allen Wundertaten immer

das Gebet zu Gott und zu Jesus als magisches Ritual vohergehen läßt. Formal erscheint so jedes Wunder als Element der kultisch erlaubten, der weißen Magie. Das hat aber die Dichtung dennoch nicht vor dem Verdammungsspruch der Kirche bewahrt.

4. Nicht aufgenommen in die Wiedergabe ist ein Bericht über eine Reise des Johannes nach Rom, seinen Besuch beim römischen Kaiser und die dort ausgesprochene Verbannung nach Patmos, der bei Bonnet in den ersten Kapiteln steht. Diese Reisegeschichte ist deutlich jünger und enthält eine Einleitung zur Apotheose des Johannes. Er soll den Schierlingsbecher trinken und überlebt auch noch ein anderes Ordal. Nicht aufgenommen sind auch die verschiedenen Berichte über die Apotheose selbst. Eine Version bezeugt, Johannes sei nach drei Tagen auferstanden. Vor dem leeren Grabe standen noch die Sandalen. Eine andere teilt mit, daß eine Quelle aus dem Grabe sprudelte, und noch eine andere Version berichtet, daß die Erde seines Grabhügels wundertätig sei.

5. Gewichtig ist für eine Mythologie, wie der Apostel Johannes in dieser Dichtung mit allen Attributen, die ein antiker Heros tragen kann, ausgestattet wird. Er besiegt den Tod, die List von Stadtoberen, entgeht den Nachstellungen schöner Frauen, dem Neid von Rivalen und erweist sich immer als der Gütige, Allverzeihende. Diese biblische Komponente ist in den Dichtungen nicht zu tilgen gewesen.

6. Gewichtig für die kirchliche Ablehnung waren sicher einmal die doketische Christologie der Johannes-Akten, dann aber auch die sehr unorthodoxe Praktizierung der kirchlichen Aufgaben durch die Protagonisten der Dichtungen. Das Herrenmahl wird ohne Wein gefeiert und kann überall eingenommen werden, wo es den Leuten gefällt. Taufen und Sakramentsfeiern sind ebenso wie Gesundbeten, Heilungswunder oder Sündenvergebung nicht an ein kirchliches Amt gebunden.

7. Die Gründe, die für die Ablehnung und Verteufelung durch die Kirche maßgeblich wurden, scheinen für die Manichäer ausschlaggebend gewesen zu sein, diese Dichtung in den eigenen Reihen zu tradieren. Mani hatte ja für die Electi seiner Kirche auch die strengste Askese und sexuelle Enthaltsamkeit gefordert und offensichtlich die Ritualisierung der kirchlichen Spiritualität nicht mitvollzogen. Das lebendige Interesse der Manichäer und anderer häretischer Gruppen an diesen Apostelakten war nur noch ein zusätzliches Argument für jene, die diesen Dichtungen keinen Platz innerhalb der christlichen Literatur gönnten.

8. Die Johannes-Akten haben in den monophysitischen Randprovinzen der byzantinischen Kirchen weitergelebt. Die äthiopische Fassung stammt vermutlich erst aus dem 14. Jahrhundert, und
die arabische scheint auf die koptische Fassung aus dem 7. Jahrhundert zurückzugehen.

(c)

Es geschah eines Tages, als Johannes und Jakobus, die Söhne des Zebedäus, zum Tempel hinaufgestiegen waren, daß einer der Priester
den Johannes nach dem Verbleib seines Meisters fragte. Johannes
aber antwortete: Er ging dorthin, von wo er gekommen ist. Aber
der Priester spottete nur darüber, und so ging Johannes traurig weg
vom Tempel und setzte sich auf einen Berg in der Wüste. Dort sann
er darüber nach, daß Jesu sie nicht über den Äon unterrichtet hatte,
zu dem er gegangen war. Und als Johannes dieses dachte, da öffneten sich die Himmel, und ein unirdisches Licht erstrahlte, und die
Erde erbebte. Und vor Johannes erschien ein Knabe und war doch
anzusehen wie ein Greis und hatte doch drei Gesichter. Und das
Lichtwesen sprach zu ihm: Fürchte dich nicht, ich bin der, der immer mit euch ist, der Vater, die Mutter, der Sohn.

Und nun höre zu und sage es deinen Geistesverwandten, daß
nämlich dieser Äon das Pneuma, der Geist, ist. Und das Pneuma ist
mehr als die Götter, es ist eine Herrschaft, über die niemand
herrscht.

Der Geist ist unbegreiflich, unsichtbar. Und aus ihm ist alles hervorgegangen, und zu ihm wird alles zurückkehren, die Geister und
Äonen und die Menschen, die ganze Schöpfung. Und das Pneuma
sandte Erleuchter hinab in die geschaffene Welt, um die Seelen über
die wahre Welt zu belehren und sie auf den Weg zurückzugeleiten,
der in die Unendlichkeit führt. Und es wird lange dauern, bis alle
Seelen den Weg zurückgefunden haben, und viele werden erneut geboren werden in kreatürlichen Existenzen.

Und du sollst deinen Geistesverwandten sagen, was ich dir jetzt als
Geheimnis mitteile und was du im verborgenen auch aufschreiben
sollst. Ich bin schon zum vollkommenen Äon hinaufgestiegen. Du
sollst das Geschriebene aber nicht für irgendeinen Lohn oder für ir-
gendeine Gegengabe weitergeben, sondern es sicher verwahren.

Und nachdem Jesus das gesagt hatte, gab er dem Johannes dieses
Mysterium und ward unsichtbar. Johannes aber ging zu seinen Mitjüngern und begann ihnen alles mitzuteilen, was er erfahren hatte.

Nach dem Apokryphon des Johannes aus dem Berliner
gnostischen Codex P. 8502.

1. Nach der ältesten Bezeugung einer Schrift mit dem gleichen Namen bei Irenäus um 180 scheint es sicher, daß diese Gattung christlicher Literatur in der Mitte des 2. Jahrhunderts entstanden ist. Sie ist eindeutig gnostisch und gehört zur Gruppe der Sethianischen Gnosis. In dieser Textgruppe bzw. gnostischen Schule ist der Sektengründer bzw. Heros der Gruppe Seth, der nachgeborene Sohn Adams. Diese Schrift ist im Corpus der Nag-Hammadi-Schriften noch dreimal vertreten. Dabei haben die Fassungen des Berliner Codex und des Codex III aus Nag Hammadi viel gemeinsam. Hervorstechend dabei ist, daß beide Fassungen wesentlich kürzer sind als die »Langversionen« der Codices II und IV. Die Rahmenhandlungen bleiben in allen Codices unverändert, verändert wurden, abgesehen von größeren Textverlusten, nur einzelne Passagen. Es scheint aber sicher zu sein, daß die Langversionen älter als die Kurzfassungen sind.

2. Alle vier Schriften sind uns nur in koptisch erhalten. Sie sind zwar in Ägypten geschrieben, gehen aber auf eine syrische Quelle zurück. Die meisten der in den Offenbarungsreden Jesu enthaltenen Begriffe lassen sich besser auf einem syrisch-mesopotamischen Hintergrund, zu dem die hellenistische Tradition gehört, erklären, als auf einem gräzisierten ägyptischen Boden. Es ist dasselbe gnostische Mysterium, das auch die beiden Versionen des Ägypterevangeliums aus Nag Hammadi und die Adams-Apokalypse darbieten. Die Seele des Menschen kann den Weg der Gnosis in unterschiedlichen Etappen zurück in die Unvergänglichkeit gehen.

3. Mythographisch wichtig ist die Rahmenhandlung. Hier wird der auferstandene Herr ganz ungeniert als Kronzeuge für eine gnostische Lehre benannt. Der Verfasser hat offensichtlich Kenntnisse in der kanonischen biblischen Literatur besessen und durfte davon ausgehen, daß Mitteilungen des Erhöhten genauso gewichtig waren wie die Lehren, die er zu Lebzeiten auf Erden verkündet hatte. Auch das kirchliche judenchristliche Bewußtsein, daß Lehre immer schriftbezogen sein müsse, wird sehr deutlich demonstriert. Die Figuren der alttestamentlichen Geschichten werden zu Trägern gnostischer Ideen und Prozesse gemacht.

4. Zudem darf nicht vergessen werden, daß es in der Mitte des 2. Jahrhunderts noch nicht überall einen kanonischen Text in den Kirchen gab und die Gemeinden und Bistümer noch sehr frei in der inhaltlichen Füllung ihrer Glaubensvorstellungen waren. Gnostiker zu sein bedeutete nicht, daß man nicht auch Mitglied einer

christlichen Gemeinde sein konnte. In weiten Teilen der alten Ökumene waren Christentum und Gnostizismus keinesfalls feindliche Brüder, mehrfach galten sie sicher als identisch. Entgegen allen Behauptungen von Konzilien, Päpsten und Synoden gab es in diesem Jahrhundert nie *die* Kirche mit der einen Lehre, sondern viele Kirchen mit sehr verschiedenen Lehren.

›facit‹

Johannes als Verfasser des nach ihm genannten 4. Evangeliums und der Offenbarung bot sich für christliche Dichter förmlich an als Prototyp des Offenbarungsmittlers. Wer auf der Insel Patmos in Visionen die Zukunft der irdischen Welt vorhersehen konnte, der war auch prädestiniert, die geheimsten Vorgänge in der Geschichte zu erfahren.

Es gehört nicht allein zu den christlichen, sondern allgemein zu antiken Vorstellungen, alte Texte als Gottesbeweise zu lesen und sie zu aktualisieren. Deshalb werden in die Vita heroica des Apostels die bekanntesten Tropen aufgenommen. Die Gnosis als ein philosophischer Versuch, den Ablauf der Weltgeschichte einsichtig zu machen, bedient sich dieser Tropen bei den narrativen Rahmenhandlungen.

XVII
THOMAS

Thomas war einer der zwölf Jünger und Apostel und trug den Beinamen Zwilling. Als Lazarus gestorben war und Jesus hinzog, um ihn wieder aufzuwecken, war er einer derjenigen, die verstanden hatten, was Jesus in dem Gleichnis vom Wandern in der Nacht gesagt hatte und vom Licht der Auferstehung.

Und ebenso verständig erwies sich Thomas auch, als Jesus in seinen Abschiedsreden davon sprach, daß er nun hingehen würde, um für sie eine zukünftige Stätte zu bereiten. Er wollte nämlich wissen, wo diese Stätte wäre und welcher Weg dahin führe.

Nach seinem Tode erschien Jesus den versammelten Jüngern und verlieh ihnen den heiligen Geist, durch den sie die Vollmacht erhielten, Sünden zu vergeben oder zu belassen. Aber Thomas war nicht dabei, und er wollte nicht glauben, was die anderen Jünger ihm erzählten. Doch eine Woche später, als wieder alle Jünger versammelt waren, und auch Thomas unter ihnen war, erschien Jesus wiederum

und rief den Thomas, damit er sich selbst überzeuge, daß die Nägel-
male in den Händen und die Wunde vom Lanzenstich in der Seite
Jesu fühlbar waren. Und da erst erkannte Thomas ihn an als seinen
auferstandenen Herrn und Gott.

Evangelium des Matthäus 10, 3; Evangelium nach Markus
3, 18; Evangelium nach Johannes 11, 16; 14, 5; 20, 25–28.

1. Die Nachrichten über den Apostel und Jünger Thomas sind etwas reicher als über Thaddäus oder Bartholomäus. Sie unterstreichen einen Charakterzug, der in der apokryphen Überlieferung bestimmend wurde. Thomas erweist sich als gründlicher, wenn auch
lange skeptischer Denker und Glaubender. In der Apostelgeschichte wird er kaum noch erwähnt.

2. Sein Beiname »Zwilling«, griechisch »Didymos«, hat erst in
der patristischen Exegese den Sinn von »Zwiespältiger« oder
»Zweifler« erhalten. Die Episode im Johannes-Evangelium von der
Auferstehungserscheinung Jesu rechtfertigt diese Erklärung nicht.
Man wird aus dem Beinamen nur schließen dürfen, daß Thomas einen Zwillingsbruder besessen hat, dessen Name verlorengegangen
ist und der vermutlich nicht zum Jüngerkreis gehört hat.

3. Der Kirchenvater Chrysosthomos erzählt, daß Thomas auch
die heiligen drei Könige getauft habe, die einstmals nach Bethlehem
gekommen waren, um Jesus anzubeten. Diese Legende ist singulär
und beruht auf der Konstruktion, daß Thomas Asien einschließlich
Indien missioniert habe.

(b)

Als noch alle Apostel in Jerusalem versammelt waren, entschieden
sie durch das Los, wer in welche Gebiete der Erde reisen sollte, um
dort das Evangelium von Jesus zu verkündigen. Dabei fiel Indien
dem Thomas zu. Doch Thomas wollte nicht dorthin gehen, weil er
sich als Hebräer für unfähig hielt, den Indern die Wahrheit zu predigen. Da erschien ihm der Herr in der Nacht und sagte ihm, daß er
ihn begleiten wolle. Thomas weigerte sich jedoch abermals. Nun
traf es sich, daß ein indischer Kaufmann einen Zimmermann
suchte. Da ging Jesus auf den Markt und gebärdete sich, als sei er
ein Zimmermann, der seinen Gesellen als Sklaven verkaufen wolle,
und er verkaufte den Thomas an diesen Händler, der ihn mit sich zu
Schiffe fortnahm.

Nach vier Tagen kamen sie nach Andrapolis. Als sie an Land gingen, veranstaltete der König gerade ein großes Fest anläßlich der
Vermählung seiner Tochter, zu dem alle eingeladen waren. So
mischten sich auch der Apostel und der Kaufmann unter die Gäste.

Thomas machte aber nicht alle Bräuche der Einwohner mit, weshalb einer ihn schlug. Der Apostel verfluchte den Mann daraufhin, daß Hunde kommen sollten und die Hand davontragen, die ihn geschlagen habe. Es war aber eine Flötenspielerin dort, die seine Sprache verstand und laut bekannte, daß er ein Gott sein müsse, denn bereits nach kurzer Zeit hatten Hunde die Hand dessen gebracht, der den Apostel geschlagen hatte. Vorher aber hatte Thomas ein Lied angestimmt, das nur die Flötenspielerin verstanden hatte. In diesem Liede hatte er ein Loblied auf die Keuschheit gesungen.

Als der König von dem Vorfall hörte, befahl er, daß man Thomas zu ihm brächte, damit er für seine Tochter bete. Thomas wollte das zunächst nicht tun. Aber der König zwang ihn, und so betete denn der Apostel über dem jungvermählten Paar. Dann verließ er mit allen anderen das Brautgemach. Als der Prinz sich nun der Braut näherte, sah er dort in Gestalt des Thomas den Herrn sitzen, der sie belehrte, daß sie klug beraten wären, nicht die Ehe zu vollziehen. Am nächsten Tag erfuhr der König von dem jungen Paar, daß sie jungfräulich zusammenleben wollten, da wurde er zornig und befahl, den Apostel zu suchen. Doch dieser ward nicht mehr gesehen, denn er war nach Indien weitergefahren. Die Flötenspielerin aber, die die Geschichte vernommen hatte, begab sich zu dem jungen Paar und lebte mit ihnen in der Gemeinschaft der Erlösten. Und sie überzeugten endlich auch den König, und es kamen viele zu dieser Gemeinde hinzu. Später aber folgte die Flötenspielerin dem Apostel nach Indien.

In Indien nun wurde Thomas dem König vorgestellt, und der beauftragte ihn, einen Palast zu bauen. Er gab ihm auch reichlich Gold und Silber dafür. Thomas aber ging in die Dörfer und Städte und verteilte die Gelder unter die armen Bewohner des Landes und predigte ihnen von dem Erlöser. Als nun nach der verabredeten Frist der König seinen Palast beziehen wollte, stellte sich heraus, daß nichts zu sehen war. Da forderte der König Rechenschaft von dem Apostel; der aber sagte ihm, den Palast könne der König nach seinem Tode beziehen. Da der Herrscher das nicht verstand, beschloß er, den Betrüger hinrichten zu lassen. In derselben Nacht aber verstarb des Königs Bruder und ward in den Himmel geführt. Als er dort an einem wunderschönen Palast vorbeikam und in ihn einziehen wollte, verweigerten ihm die Engel das und sagten, dieser Palast gehöre seinem Bruder, Thomas habe ihn für diesen gebaut. Da erbat sich der Prinz die Gnade, zu seinem Bruder zurückkehren zu dürfen, um den Palast für sich zu erbitten. Die Engel gewährten ihm den Wunsch, und der Prinz kehrte ins Leben zurück. Der König war nun sehr erstaunt, als er vernahm, welchen Schatz der Apostel Thomas für ihn im Himmel erworben hatte. Sofort ließ er den Apostel und den Kaufmann aus dem Gefängnis holen, und er selbst wie auch sein Bruder mit ihrem ganzen Hause glaubten dem Thomas. Der taufte sie und feierte mit ihnen das Herrenmahl. Nach ihrer Taufe mit dem heiligen Öl aber sahen sie den Erlöser in Gestalt eines schönen Jünglings.

Bald darauf rief der Herr den Thomas fort, damit er ein großes Wunder vollbringe. Es war nämlich nicht weit von der Stadt des Königs ein Drache, der einen Jüngling getötet hatte. Und diesen Jüngling, der ein gar liederliches Leben geführt hatte, wollte der Herr erwecken, damit alle an ihn glaubten. Thomas ging also hin und zwang den Drachen, das Gift, das mit dem Biß in den Jüngling eingedrungen war, selbst aufzusaugen. Der Drache tat es und starb, der Jüngling aber erwachte und führte fortan ein gottseliges Leben. Diese Geschichte verbreitete sich schnell im ganzen Land.

Das vierte Wunder, das Thomas vollbrachte, ereignete sich auf dem Rückweg in die Stadt. Es kam ein Esel auf ihn zu und bat ihn mit menschlichen Worten, auf ihm in die Stadt zu reiten. Denn er gehöre zu der Familie des Esels, der Bileam getragen habe, und auf einem seiner Vorfahren sei auch Jesus nach Jerusalem eingeritten. Thomas tat nach des Esels Wunsch und ritt auf ihm zurück. Aber vor der Stadt stieg er ab. Und der Esel verendete dort, weil er sein Leben erfüllt und einen Heiland getragen hatte. Danach vertrieb Thomas einen Dämon, der einer wunderschönen Frau, die keusch bleiben wollte, unaufhörlich nachstellte. Nachdem er den Dämon vertrieben hatte, taufte er die Frau mit dem heiligen Öle und feierte mit ihr und allen anderen, die das Siegel der Taufe empfangen hatten, das Herrenmahl.

Wenig später kam ein Jüngling zu ihm, der ein Mädchen erstochen hatte, weil er es nicht zu ertragen glaubte, daß sie noch fernerhin mit einem anderen Manne Geschlechtsverkehr ausübte; denn er selbst hatte beschlossen, auf den Apostel zu hören und fortan keusch zu leben. Das Mädchen aber hatte ihm darin nicht folgen wollen. Thomas heilte den Jüngling und ging mit ihm zu dem Hause, in dem die Mordtat geschehen war. Dort ließ er den Jüngling das Mädchen wieder auferwecken, und sie erzählte allen, daß sie nach ihrem Tode in der Hölle gewesen sei, wo alle Hurer und Ehebrecher lebten, und jetzt habe sie nur den einen Wunsch, der Apostel möge dafür sorgen, daß sie nicht wieder dorthin käme. Das hörten alle, die dabeistanden, und beschlossen, fortan ihr Leben zu ändern.

Ein andermal kam ein Kriegsoberer zu Thomas und bat ihn, er möge kommen und seine Frau und seine Tochter von den Dämonen befreien, die sich ihrer bemächtigt hatten. Da ging der Apostel hin. Und weil der Weg weit war und die Zugochsen des Hauptmanns müde wurden, befahl der Apostel dem Hauptmann, in seinem Namen ein paar Wildesel von dem Felde herbeizurufen. Die kamen auch und brachten den Apostel zu dem Ort, wo die Dämonen sich der Frauen bemächtigt hatten. Thomas aber trieb sie aus, und der älteste der Wildesel hielt den staunenden Leuten eine Predigt über die Kraft des höchsten Gottes.

Dann bekehrte der Apostel die Frau eines königlichen Verwandten, und fortan verweigerte sie ihrem Manne den ehelichen Gehorsam. Und der Einfluß des Apostels nahm zu, so daß auch die Königin und der Sohn des Königs ihm folgten und sich taufen ließen; aber der König und sein Verwandter schwuren Rache und ließen den Thomas vor Gericht stellen, denn sie befürchteten, daß er alle Leute ihres Reiches bereden würde, fortan nur noch wie Bruder und Schwester zusammenzuleben und nicht mehr für des Reiches Wohl zu wirken, sondern nur noch für das Reich der Himmel. Und so ließ der König den Apostel hinrichten. Thomas aber starb gern, denn der Tod war für ihn eine Befreiung. Und er erschien als Auferstandener den Brüdern und Schwestern und tröstete sie. Aber als der König das Grab öffnen ließ, war es leer. Später fand auch der König zum Glauben an den Erlöser.

Nach den Akten des Thomas

1. Die Thomas-Akten sind in einer älteren syrischen und in einer jüngeren griechischen Fassung erhalten und repräsentieren unter allen Apostelakten am reinsten die Gattung des antiken Romans. Entstanden sind sie in Syrien etwa in der Mitte des 3. Jahrhunderts. Seit dem 5. Jahrhundert, nach der manichäischen Phase, gilt Leucius Cheurinus als ihr Verfasser. Er ist aber vermutlich nur ihr Sammler und Redaktor.

2. Die Thomas-Akten wurden ursprünglich in syrischer Sprache geschrieben. Syrisch war während des zweiten bis vierten Jahrhunderts die in den Gemeinden des Nahen Ostens vorherrschende Kirchensprache. Die Thomas-Akten waren weit verbreitet. Bis in das vierte Jahrhundert gab es im byzantinischen Reich noch keine klare Trennung zwischen rechtgläubigen und häretischen Kirchen. Die antignostischen Streitschriften der apologetischen Väter dürfen

nicht als Zeugen für eine strukturelle und organisatorische Trennung benutzt werden, sondern nur als Argumente für das Unbehagen einiger Theologen angesichts dieser sehr virulenten Frömmigkeitsbewegung.

3. Die Thomas-Akten erhalten zahlreiche liturgische Texte. Die Mehrzahl von ihnen scheinen Epiklesen und Hymnen zu sein. Einige davon stammen eindeutig aus gnostizierenden Gruppen, wie etwa das berühmte Perlenlied (Kap. 108–114) oder das Brautlied (Kap. 6–8). Die Metaphorik in diesen Texten ist trotz ihrer Nähe zu biblischen Bildern nur für einen Gnostiker verständlich und nachvollziehbar, während die asketisch-enkratitischen Positionen in den Gebeten und Homilien zumindest auch noch für den volkskirchlich geprägten Christen verständlich waren. Verzicht auf Ehe und Sexualität, Verzicht auf Reichtum und Macht, Verachtung der äußeren Schönheit und Vernachlässigung des Äußerlichen waren für viele Menschen aus den unteren Schichten der Bevölkerung willkommenes Alibi zur Rechtfertigung ihrer Situation. Dieser Puritanismus verbindet übrigens alle Apostelakten.

4. Mythologisch bedeutsam an den Thomas-Akten ist vor allem die Anreicherung der Vita des Apostels mit den Wundertaten. Sie reichen von Totenauferweckung, Krankenheilung, Armenspeisung, Drachenbekämpfung und Dämonenaustreibung bis zur Ankündigung des Endgerichts und der Apotheose nach erlittenem Martyrium. Formal wird in den Predigten und Homilien immer betont, daß Jesus Christus der Herr und alleinige Urheber aller Wunder ist, und fast alle Praxeis oder Wunderberichte werden mit der »Versiegelung«, einer Salbung mit dem heiligen Öl als Bestandteil des Taufritals, und der Mahlfeier abgeschlossen. Die Mahlfeiern erfolgen nur mit Brot und Wasser; nur in zwei Berichten wird auch von der Verwendung von Wein gesprochen. Damit bleiben die Thomas-Akten im Rahmen der syrischen und judenchristlichen Tradition, die noch keine Transsubstantiation kennt.

5. Die Darstellung der Geschichte des Thomas enthält viele historisch anmutende Details, die aber bei näherem Hinsehen keine andere Funktion haben, als den Gang der Handlung zu motivieren. Sie sind gedichtet. Die gesamte Dichtung, obwohl sie in Indien spielt, enthält kein irdisches Kolorit, das für die Glaubwürdigkeit des Ortes notwendig gewesen wäre. Für einen Leser im Umfeld der syrischen Kulturprovinz war das auch nicht nötig. Solche Unmöglichkeiten wie der Verkauf des Apostels auf dem Sklavenmarkt in Jerusalem, von wo er am nächsten Tag schon auf das Schiff des Kauf-

manns verladen wurde, um nach Indien zu fahren, erweckten bei dem antiken Leser keine Bedenken. Denn es gehört zu den Topoi antiker Heroendichtungen, solche Wunder zu verwenden. Sie erhöhen die Glaubwürdigkeit und Bedeutung.

6. Das mythologische Grundkonzept der ganzen Dichtung wird allerdings vom Verfasser so geschickt benutzt, daß man es nur bei näherem Hinsehen erkennt. Man kann es in der gnostischen Idee sehen, daß die Erlösung des Menschen nur möglich ist, wenn seine Seele sich in einer heiligen Hochzeit mit dem Erlöser vermählt. Deshalb verhindert Thomas die Ehe zwischen dem jungen Thronfolgerpaar, trennt er die Ehen des Königs und seines Verwandten, verschmäht Thomas die Frauen und wird die Flötenspielerin eine Braut des Erlösers, bis Thomas selbst dem lichten Jüngling folgt. Die Manichäer, die die Thomas-Akten intensiv benutzt haben dürften, konnten in dieser Dichtung mit ihrer sublimen Erotik viele ihrer religiösen Grundideen wiederfinden.

7. Die Dichtung beschränkt sich auf die Tätigkeit des Apostels in der Mission. Deshalb enthält sie keine Hinweise auf sonstige Tätigkeiten in Jerusalem und auf dort erfolgte Begegnungen mit dem Auferstandenen. Eine andere ebenfalls gnostizierende Gruppe des syrischen Christentums mit stark griechischem Einfluß hat an die letzteren die Tradition von dem Offenbarungsempfänger Thomas geknüpft, der auch ein Evangelium und eine Apokalypse verfaßt hat.

(c)

Eines Tages erging die Stimme des Herrn an Thomas und sagte: Höre, Thomas, was ich, der Sohn Gottes und Vater aller Geister, dir über die Zeichen beim Untergang der Welt sagen werde. Wann das sein wird, das wissen die Fürsten der Engel nicht. Aber es wird ein Krieg, ein großer Weltkrieg, stattfinden, in den alle Völker der Erde verstrickt sind. Und am ersten Tage des siebentägigen Ereignisses wird eine Woge von Blut aus dem Norden über die Welt sich ergießen. Am zweiten Tage wird ein großes Erdbeben stattfinden und die Welt zerstören und mit Rauch bis an den Himmel erfüllen.

Am dritten Tage werden die Himmel zerbersten, und am vierten Tage wird alles, was Menschen erbaut haben, zerfallen und zerschmelzen, und die Erde wird einstürzen. Am fünften Tage aber wird die Sonne zerbersten, und es wird kein Licht mehr sein, und am sechsten Tage werde ich kommen mit den Engeln vom Himmel, und die Mauern des Paradieses werden niederfallen, und die Seelen der Heiligen werden an ihre Grabstätten gehen, und von dort werden sie sich verwandeln in Bilder der Engel und meines himmlischen Vaters und entrückt werden ins All auf einer Wolke aus Licht. Und am siebenten Tage werden die Engel noch untereinander streiten und jene in den Abgrund stoßen, die nicht dem Vater ähnlich werden können. Und wenn die sieben Tage vorüber sind, wird am achten Tage eine ganz leise Stimme eines Engels vom Osten ertönen und alle Engel und erwählten Heiligen zum Wolkenwagen Gottes rufen und jubeln, daß der Weltuntergang stattgefunden hat.

Nach der Thomas-Apokalypse

1. Die lateinische Thomas-Apokalypse, die in zahlreichen Abschriften bekannt geworden ist, während es nur wenige griechische gibt, scheint aus dem 5. oder 6. Jahrhundert zu stammen. Sie ist vermutlich im weströmischen Reich entstanden und ist eine kunstvoll konstruierte Zusammenfassung der biblischen Offenbarung des Johannes. Der Untergang wird analog der Schöpfung erzählt. Das 7-Tage-Schema bietet den Rahmen. Alle Topoi dieser Apokalypse entstammen dem kirchlichen Traditionsschatz.

2. Thomas ist zum Autor dieser Dichtung gewählt worden, weil er bei vielen kirchlichen Randgruppen als Autor anderer Schriften bekannt war. Außerdem wird er in der gnostischen Lehrschrift Pistis Sophia zusammen mit Matthäus und Philippus bestimmt, alle Reden des Lichtreiches aufzuschreiben. Er galt vielen deshalb als Autorität für die letzten Dinge.

3. Mythologisch wichtig ist, daß der Apostel Verfasser einer Apokalypse ist. Es gehört zum Bilde des Stellvertreters Jesu, als den sich die Apostel verstanden, auch eine Apokalypse, eine Lehre vom Ende der Welt, entworfen zu haben.

(d)

Nach der Auferstehung Jesu, als der Erlöser noch auf Erden weilte, unterhielt er sich einmal mit Thomas, und Matthäus war dabei und schrieb auf, was die beiden sprachen. Und Jesus sagte dem Thomas, daß er gut zuhören solle, damit er den anderen weitersagen könne, woher Jesus gekommen sei und wohin er gehen werde. Aber auch Thomas sei aus dem unendlichen Licht gekommen und werde dahin zurückkehren, denn er gehöre zu ihnen. Deshalb solle er die Lehre weitersagen, daß man sich von jeder Verunreinigung enthalten möge und nach der Gnosis streben, die zur Erlösung führt. Und es entstand ein reger Dialog zwischen Thomas und dem Erlöser. Und der Erlöser pries die Apostel und Erlösten, denn ihnen sei Ruhe im künftigen Himmelreich sicher. Und das war das Buch des Thomas, des Athleten.

Das Buch Thomas des Athleten, Nag Hammadi, Codex II, 7

1. Dieser koptische Text einer Offenbarung Jesu an den Thomas, der nach der altkirchlichen Praxis auch Judas Thomas oder Thomas Didymus genannt wird wie im koptischen Thomas-Evangelium aus dem gleichen Codex, ist vermutlich in der ersten Hälfte des 3. Jahrhunderts in Syrien, im Umfeld der Thomas-Akten und des Thomas-Evangeliums wie auch der Thomas-Apokalypse entstanden. Zwischen der koptischen Version und dem syrischen Original kann eine griechische Übersetzung gestanden haben.

2. Inhaltlich bringt diese gnostische Schrift nichts Neues. In dem ersten Teil der Schrift wird in dem Dialog erörtert, welche Rolle das Pleroma bei der Erlösung spielt und wie man den Weg zur Erlösung durch die Gnosis findet. Der zweite Teil ist nur eine Homilie des Erlösers. Wichtig ist, daß in dem Titel der Schrift ausdrücklich Thomas als »Athletes« (= Kämpfer) bezeichnet wird. Hier findet eine positive Interpretation der biblischen Zweiflerrolle statt.

3. Es gehört mit zum syrischen Umfeld, wenn der Apostel hier Judas Thomas genannt wird, wie er ja auch in den Thomas-Akten meistens nur noch Judas heißt. Im koptischen Umfeld scheint er nur Thomas genannt worden zu sein, wie die kirchlichen Lektionare ausweisen. Mythologisch wichtig ist seine Rolle als Dialogpartner des Erlösers. Es gehört offensichtlich zur gnostischen Typologie, daß Matthäus die Rolle des Schreibers zugewiesen wird, denn die Pistis Sophia 42 nennt ausschließlich Thomas und Philippus als Offenbarungsempfänger.

4. Das koptisch-gnostische Evangelium des Thomas (Nag Hammadi, Codex II 2) enthält keine Informationen über den Apostel außer der Eingangsformel, daß Didymus Judas Thomas die verschiedenen Aussprüche Jesu aufgeschrieben habe. Es ist vermutlich nicht mit der Schrift identisch, von der griechische Fragmente in den Oxyrhinchospapyri erhalten sind und von der die Kirchenväter einzelne Zitate überliefert haben. In dem vorliegenden Evangelium handelt es sich um eine Sammlung von 114 Worten Jesu, das heißt, gnostischen Lehrsätzen, formuliert als Spruchweisheiten, die mit der Autorität Jesu (»Und Jesus sprach«) und der des Thomas gedeckt werden sollen. Auch hier gilt, daß dieses Evangelium nicht als Fälschung angesehen werden kann, weil sich für den Gnostiker, der kein kanonisches Evangelium besaß, Jesus gar nicht anders artikulieren konnte.

›facit‹

Wie bei allen Apostelakten zeigen auch die Thomas-Akten, daß der Trend der Völker des byzantinischen Reiches nicht aufzuhalten war, die Apostel als markante Personen der Heilsgeschichte Jesu ihrerseits zu Heroen im Stile der antiken, vor allem der hellenistischen Romanliteratur zu machen.

Dabei verlieren diese Gestalten dann fast alle Ähnlichkeit mit den neutestamentlichen Figuren, mit denen sie nur noch die Namen teilen.

So wird aus dem grüblerischen und zweifelnden Thomas der neutestamentlichen Berichte der zuverlässige und kämpferische Offenbarungsmittler und Wundertäter Thomas, der über dieselben Gnadengaben verfügt wie Jesus Christus.

Die Frage, ob die einzelnen Apostel die authentischen Urheber der ihnen zugeschriebenen Schriften waren, wird in dieser frühchristlichen Periode im Sinne einer Mittlerschaft, der Gewißheit, daß diese Dichtungen aus der Überlieferung der jeweiligen Apostel hervorgegangen sind, beantwortet.

XVIII
PHILIPPUS

Zu den zwölf Aposteln zählte auch Philippus aus Bethsaida, der mit
Petrus und Johannes in diesem Ort von Jesus berufen wurde. Philippus brachte auch den Nathanael mit zu Jesus, weil er glaubte, den
gefunden zu haben, von dem Mose und die Propheten schon gesprochen hatten, Jesus, den Sohn des Joseph aus Nazareth. Nathanael war zwar skeptisch, daß aus Nazareth so etwas Gutes kommen
könnte, ging aber dennoch mit. Die Begegnung mit Jesus überzeugte ihn, daß dieser Rabbi Gottes Sohn und König von Israel sei.

Philippus kümmerte sich bei den Jüngern um äußere Dinge. Deshalb beauftragte Jesus ihn, Brot für die Menschen zu beschaffen,
die sich um seine Predigten scharten. An ihn wandten sich auch
wohl Leute, wenn sie Jesus sehen oder sprechen wollten, und er war
wohl auch sonst ein Sprecher der zwölf Jünger.

Evangelium nach Johannes 1, 43–49; 6, 5–7; 12, 20–22; 14,
7–10

1. Philippus, der in den anderen Evangelien nur in den Apostellisten erscheint, wird nur im vierten Evangelium näher beschrieben. Daraus darf geschlossen werden, daß die Überlieferungen dieses Evangeliums sich mit auf die Erinnerungen eines Philippisten stützen, während die anderen Evangelien sich auf andere Apostelschüler berufen.

2. Der Jünger Philippus ist zu unterscheiden von dem anderen Philippus, der aus der griechischen Anfängerschar der ersten Gemeinde in Jerusalem erwählt wurde, um für die griechischen Witwen und Waisen in der Gemeinde zu sorgen. Diesem Philippus schreibt die Apostelgeschichte (Kapitel 8 und Kapitel 21) missionarische Tätigkeiten in Samarien und Cäsarea zu und die Bekehrung des »Kämmerers aus dem Morgenlande«.

3. Das Johannes-Evangelium geht davon aus, daß Philippus in der jüdischen Heilsgeschichte gut bewandert war. Er argumentiert gegenüber dem Nathanael wie später Petrus oder Stephanus bei ihren Verhören in Jerusalem. Für ihn ist dieser Jesus der Messias Israels. Der von ihm geworbene Nathanael erscheint zwar nie in der Liste der Zwölf, wohl aber weiß das Johannes-Evangelium, daß er bei den Zwölfen war, als der auferstandene Jesus sich bei den Jüngern in Tiberias offenbarte.

(b)

Philippus genoß unter seinen Mitaposteln großes Ansehen. Zu oft hatte der Herr mit ihm allein geredet und ihm sein Vertrauen vor anderen geschenkt. Darüber hatten die Jünger oftmals gemurrt, aber der Herr hatte sie zurechtgewiesen.

Nach dem Tode Jesu blieb Philippus bei den anderen in Jerusalem und sorgte sich sehr um die Gemeinde. Niemand war fleißiger und treuer im Gebet als Philippus, der sich oft ereiferte, wenn er andere säumig fand. Schnell brauste er auch auf, wenn sich jemand ungebührlich verhielt oder wagte, etwas gegen die Lehre der Zwölf zu sagen. Mit Petrus und Johannes geriet er oftmals in Streit, und die Brüder riefen ihn oft Sohn des Donners. Der Donnersohn aber zog beim Losen um die Missionsgebiete Skythien und Phrygien.

Er war sofort bereit, dorthin zu gehen, und nahm mit sich seine Frau und seine Töchter, die beide fest im Glauben standen und freimütig das Wort Jesu verkündigten.

Als er jene Gebiete erreichte – seine Ankunft war bereits angekündigt worden – kamen ihm Eltern entgegen, die um ihren verstorbenen Sohn klagten. Philippus aber befahl ihnen, nicht zu trauern, sondern zu glauben, und sie würden ihren Sohn nicht tot sehen. Und sie gingen zurück und fanden ihren Sohn lebend. Ein anderes Wunder bewirkte er, als er in Hierapolis ein Götterbild des Mars vorfand, welches Jünglinge zum Opfer forderte. Es war darin nämlich ein Ungeheuer verborgen, das die Epheben fraß. Philippus aber kam hin und bedrohte den Drachen, daß er von der Stadt auszöge an einen wüsten Ort, wo keines Menschen Fuß hinginge. Und der Drache folgte ihm und ward nie mehr gesehen. Das Götterbild aber stieß Philippus um.

Dann machte er alle Kranken im Lande gesund und erweckte noch drei Jünglinge, die als letzte durch den Drachen getötet worden waren. Da wurden alle gläubig und baten Philippus, er möge bei ihnen bleiben. Philippus blieb bei ihnen ein reichliches Jahr. Er setzte vor seinem Weggang aber Priester und Diakone ein, die mit seinem Segen und seiner Vollmacht wirkten.

Unterwegs traf er auch auf Menschen, die nicht glaubten, daß Jesus der Sohn Gottes gewesen sei, sondern nur, daß er ein großer Prophet und Helfer für Israel war. Diese überwand Philippus durch seinen Glauben und ein Wunder, daß seine Töchter taten, die nämlich auch viele zum Glauben für Jesus gewannen. Seine Töchter feierten das Mahl und heilten viele, und so wurde offenkundig, daß der Herr wirklich selber gekreuzigt worden war und nicht nur ein Scheinleib.

Als Philippus aber schon sehr alt geworden war und sich die Zahl seiner Anhänger mehrte und die Frauen sich in großer Zahl weigerten, ihren Männern zu folgen, ergriffen ihn die Herren der Stadt und kreuzigten ihn.

Seine Töchter aber wurden später ihm zur Seite begraben.

Nach den Acta apostolorum apocrypha, II, 2, S. 1–99, ed. M. Bonnet, Nachdruck Hildesheim 1959.

1. Die Philippus-Akten sind nur in einzelnen Bruchstücken erhalten und das ganze Corpus ist derzeit nicht zu rekonstruieren. Die einzelnen von Bonnet zusammengestellten Texte ergeben zudem das Bild, als sei der Heros eine Komposition aus dem Apostel Philippus und dem Diakon Philippus aus der Apostelgeschichte, denn von dem allein wird angegeben, daß er Töchter hatte (nach Apostelgeschichte 21 hatte er vier Töchter, die unverheiratet waren und »weissagten«). Die älteste Fassung der Philippus-Akten wird griechisch geschrieben sein, die syrische Version gilt als jünger. Entstanden ist diese Philippus-Tradition möglicherweise im nördlichen Kleinasien. Sie ist sonst nur in die armenische Dichtung aufgenommen worden.

2. Eusebius erzählt in seiner Kirchengeschichte (III, 39, 9), daß Papias noch gewußt habe, daß auch die Töchter des Philippus einen Toten auferweckt hätten. Eusebius weiß auch von drei Töchtern des Philippus zu erzählen. Zwei waren mit ihrem Vater in Hierapolis, eine aber »im heiligen Geiste wandelnd« sei in Ephesus verstorben. Andere patristische Schriftsteller gehen davon aus, daß der Apostel Philippus ein enger Vertrauter Jesu und vermutlich auch weib- und kinderlos war und daß er Schreiber aller Reden Jesu war.

3. Mythographische Besonderheiten weisen die Philippus-Akten nicht auf. Der Apostel, auch wenn er mit Zügen des Diakonen Philippus ausgestattet ist, wird mit denselben Attributen versehen, die die Autoren der anderen älteren Apostelakten auch für ihre Heroen verwendet haben, die den Geschichten Jesu entlehnt sind und den jeweiligen Heros als einen Stellvertreter Christi erweisen sollen. Dazu zählen Dämonenaustreibung, Krankenheilung, Auferwekkung von Toten, Bekehrung von Mächtigen und Lehre vom Heil. Dabei fällt auf, daß letztere in den rudimentär erhaltenen Philippus-Akten sehr selten vorkommt.

4. Literaturwissenschaftlich ist festzustellen, daß die Philippus-Akten dieselben Topoi verwenden, die auch die anderen Apostelakten aus dem Motivschatz des antiken Romans entlehnt haben. Das sind: die Form des Reiseberichtes, Staunen erregende Erlebnisse und Taten der Heroen (griechisch ›praxeis‹ oder lateinisch ›acta‹), die Wiedergabe von Reden und Belehrungen über natürliche und übernatürliche Begebenheiten. Die Philippus-Akten gehören formal zum Typ des antiken Bildungsromans.

(c)

Als Jesus auferstanden war und einstmals alle Jünger versammelt waren, sagte Jesus zu Philippus: Höre zu, wenn ich mit dir rede, denn du und Thomas und Matthäus, ihr drei sollt alles aufschreiben, was ich nun noch sagen werde, und ihr sollt auch alles aufschreiben, was ihr in Zukunft noch erleben werdet. Du, Philippus, wirst noch viel zu tun und zu schreiben bekommen, die beiden anderen haben ja schon das erfahren, was sie zu schreiben haben. Du sollst aber das betonen dürfen und besonders herausstellen, was du für wichtig hältst.

Maria, die dabei war, dachte darüber nach und erinnerte sich, was Mose im Gesetz geschrieben hatte, daß nämlich durch zweier oder dreier Zeugen eine Sache als richtig bestätigt werden müsse. Und sie bat Jesus um die Bestätigung, daß Mose damit Thomas, Matthäus und Philippus gemeint habe.

Danach rief Jesus den Philippus und befahl ihm, sich niederzu-
setzen und aufzuschreiben, was er nun sagen wollte.
Und der Herr belehrte den Philippus über den Weg der Seele in
die Himmel.

Pistis Sophia. Kap. 42–43

1. Dieses koptisch-gnostische Werk gehört vermutlich »der Spät-
phase gnostischer Schriftstellerei« (K. Rudolph) aus dem Ende des
dritten Jahrhunderts an. Es ist eindeutig christlichen Ursprungs.
Von dem gesamten Text sind ähnlich wie bei den Andreas-Akten die
narrativen Teile kaum nennenswert. Sie bilden eigentlich nur das
Stützwerk für die zahlreichen Hymnen, Gebete und Lehrreden
über den Fall und die Rückkehr der Sophia in die himmlische Lichtwelt.

2. Innerhalb des verhältnismäßig geringen Anteils an Erzählstoff
nimmt Philippus eine unbedeutende Stellung ein, die weiblichen
Gestalten der Maria und der Maria Magdalena sind viel gewichtiger.
Für eine christliche Mythologie bedeutsam ist aber, daß auch die
Gnosis sich der biblischen Figur des Philippus bemächtigt hat, um
sie in das gnostische System einzufügen und ihr von dort den »richtigen und wahren Sinn« zu geben.

3. Der Ketzerbekämpfer Epiphanius (Panarion 26, 13) hat angemerkt, daß die Gnostiker ein »Evangelium nach Philippus« besitzen, und zitiert daraus auch eine Passage, die aber über Philippus
nichts aussagt. Nach anderen Kirchenvätern sollen die Manichäer
dieses Evangelium geschätzt haben. Es ist aber verlorengegangen.
Wichtig bleibt nur, daß offensichtlich jeder Apostel ein Evangelium
schreiben konnte und daß ein Evangelium inhaltlich nicht notwen-
digerweise von Jesus Christus handeln mußte, sondern von einem
Weg zum Heil, zur Erlösung. Bis in die Mitte des 3. Jahrhunderts
war der Begriff ›Evangelium‹ Kennzeichen für eine religiöse Dichtung schlechthin. Deshalb konnte auch der Verfasser des Philippus-
Evangeliums aus dem koptisch-gnostischen Corpus der Nag-Hammadi-Schriften, Codex II, Seite 51–86, den Jünger als Verfasser dieses Evangeliums nennen, das nur im Titel und einmal sehr beiläufig
im Text den Namen des Apostels erwähnt.

›facit‹

Die nachjesuanischen Aposteldichtungen, zu denen auch die Phi-
lippus-Dichtungen gehören, machen eines sehr deutlich, was oft
übersehen wird: Nachdem nämlich die Erwartungen unerfüllt blieben, daß Jesus noch zu Lebzeiten seiner Zeitgenossen wiederkom-

men und das Reich der Himmel bringen würde, und nachdem durch die paulinische Interpretation sich der Glaube ausgebreitet hatte, daß dieses Reich erst am Ende der Zeiten für den einzelnen und die Welt sichtbar werde, wird diese Endzeiterwartung in den Aposteldichtungen wieder aufgehoben. Die Geschichten der Apostel machen sichtbar, daß man keines anderen Helfers zum Heil mehr bedarf. Die Autoren der Aposteldichtungen bildeten wie die Gnosis eine Bewegung, die sich gegen die paulinische Theologie richtete.

XIX
ZWÖLF APOSTEL –
DIE KIRCHE

(a)

Aus denen, die ihm nachfolgten , wählte sich Jesus zwölf Männer aus, die bei ihm sein sollten und die er aussenden wollte, damit sie predigten. Sie sollten auch die Macht haben, Dämonen auszutreiben und Krankheiten zu heilen.

Und Simon gab er den Namen Petrus, aber dem Jakobus, dem Sohn des Zebedäus, und dessen Bruder Johannes gab er den Namen Donnersöhne.

Die anderen waren Andreas, Philippus, Bartholomäus, Matthäus, Thomas und Jakobus, der Sohn des Alphäus, und Thaddäus und Simon aus Kana und Judas Ischariot.

Diese Zwölf waren beständig bei Jesus, Judas Ischariot, der ihn verriet, schied als erster aus der Runde. An seine Stelle wählten die Apostel Matthias, damit die Zahl zwölf wieder erfüllt sei.

Diese waren dann nach dem Tode Jesu in Jerusalem beisammen, von wo sie auszogen, um das Evangelium von Jesus Christus zu verkündigen.

Nach dem Evangelium des Markus Kap. 3, 13–19; Apostelgeschichte 1, 21–26.

1. Diese Liste aus dem Markus-Evangelium deckt sich nicht mit der Liste aus dem Matthäus-Evangelium (10, 2–4), weil es dort keinen Mann mit Namen Thaddäus gibt, wohl aber einen Lebbäus. In der lukanischen Tradition (Evangelium nach Lukas 6, 16 und Apostelgeschichte 1, 13) heißt dieser zwölfte Apostel Judas, Sohn des Jakobus. Diese Unterschiede sind auf unterschiedliche Traditionsströme zurückzuführen. Es wird angenommen, daß Lukas sich auf paulinische Informationen stützt, während Matthäus sich mehr auf petrinische judenchristliche Überlieferungen verlassen hat. Markus scheint der historischen Wirklichkeit am nächsten gewesen zu sein.

2. Es hat nicht an Versuchen gefehlt, den Bartholomäus mit dem im Johannes-Evangelium erwähnten (1, 46 und 21, 2) Nathanael zu identifizieren und die drei Bewerber um den zwölften Rang, Thaddäus, Lebbäus und Judas, Sohn des Jakobus, für drei Namen einer Person zu halten. Dabei gehen die Begründungen weit auseinander. Die einen meinen, Judas, Sohn des Jakobus, sei der richtige Name, und Thaddäus (Gottmächtiger) wie auch Lebbäus (Koseform von Herz, Herzchen) seien Beinamen gewesen. Da die neutestamentlichen Schriften auch sonst bei Nennung der Apostel zwischen Beinamen und richtigem Namen wechseln, scheint diese Möglichkeit nicht ganz ausgeschlossen. Die alte Kirche hat sich für diese Lösung entschieden, weil sie es für undenkbar hielt, daß die Evangelien als älteste Urkunden an einer so wichtigen Stelle irren könnten.

(b)

Nachdem Jesus von den Toten auferstanden war, kamen zwölf Jünger und sieben Frauen, die ihm auch gefolgt waren, nach Galiläa. Sie gingen auf den Berg, den man Ort der Ernte und Freude nennt. Dort dachten sie darüber nach, was für einen Heilsplan der Erlöser denn nun habe und wie das wahre Wesen des Alls beschaffen sei. Sie dachten auch darüber nach, was der Erlöser mit ihnen vorhabe und über den Charakter der Vorsehung und die Vorzüge der Mächte.

Da erschien ihnen der Erlöser. Aber er erschien ihnen nicht in der Gestalt, wie sie ihn immer vor Augen gehabt hatten, sondern er sah aus wie ein großer Engel des Lichtes. Seine Gestalt war unbeschreibbar und nur vergleichbar seiner Erscheinungsweise auf dem Ölberg (der Verklärung?). Und Jesus sagte zu ihnen: Friede sei mit euch. Aber alle wunderten sich und fürchteten sich. Der Erlöser beruhigte sie jedoch und fragte sie, worüber sie nachdächten und grübelten. Und Philippus erzählte ihm, wie sie sich uneins wären in der Erklärung dessen, was das wahre Wesen des Alls sei und wie der göttliche Heilsplan aussehe. – Da belehrte sie der Erlöser und sagte ihnen, daß sie es nicht auf die Weise versuchen sollten wie die Philosophen und Theologen vor ihnen, denn so würden sie nie die Wahrheit ergründen. Aber er werde es ihnen mitteilen, denn außer ihm, dem Gesandten, könne es ihnen niemand erklären. Und er sagte ihnen, daß er von den oberen Orten des großen Lichtes gekommen sei und aufgebrochen habe das Grab der räuberischen Welt und nun in seinen Jüngern den Tropfen des himmlischen Lichtes in den Menschen wieder erweckt habe, damit er reichlich Frucht trage und zurückkomme in die oberen Orte des Lichtes zu unbeschreiblicher Freude, Herrlichkeit, Ehre und Gnade. Denn er werde ihnen das Wissen über den Vater des Alls mitteilen; und wer den Vater des Alls in heiligem Wissen erkenne, werde zu ihm kommen und damit zur Ruhe. Ich aber, sagte der Erlöser, bin gekommen, um euch zu sagen, daß alle anderen, die von sich behaupten, sie seien Götter, überhebliche Narren sind. Und ich gebe euch die Kraft, alle ihre Pläne unwirksam zu machen und ihr Joch zu zerbrechen, ich gebe euch die Gewalt über alle Dinge, denn ihr seid die Kinder des Lichtes und könnt ihre Macht unter eure Füßte treten. Nachdem der Erlöser das gesagt hatte, entschwand er. Sie aber freuten sich sehr und begannen von dem Tage an, das Evangelium von Gott zu predigen, dem ewigen Vater des bis in Ewigkeit Unendlichen.

Nach Sophia Jesu Christi, Kopt. Papyrus Berolinensis 8502.

1. Von dieser koptisch-gnostischen Schrift gibt es auch eine fast gleiche Version im Codex III von Nag Hammadi. Derselbe Codex enthält auch ein Exzerpt der Sophia Jesu Christi im sogenannten Eugnostosbrief, von dem es wiederum ein Duplikat in Codex V gibt. Die Sophia Jesu Christi stammt aus dem Anfang des 3. Jahrhunderts. Die ursprüngliche Fassung wurde vermutlich in griechischer Sprache abgefaßt, denn es gibt einen griechischen Papyrus von Oxyrhinchos, der etwa um 300 geschrieben ist, und einen Teil enthält. Der Berliner Text ist vorzüglich erhalten und bietet keine Verständnisschwierigkeiten.

2. Die Situation, die Szenerie sozusagen, ist durch die biblischen Traditionen vorgegeben: Jesus erscheint zwölf Jüngern und sieben Frauen auf dem Berg der Verklärung (Markus 9, 2–8 und 16, 7). Der Inhalt der Offenbarungsreden steht in keinem Verhältnis zu dem Inhalt dessen, was die kanonischen Evangelien von dem Erdenleben Jesu und seinen Reden berichten. Diese Abweichung vom Historischen bot dem gnostischen Erzähler keine Schwierigkeit. Er führt die Dichtung mit der Fragestellung ein, die die Kirchen des

2. Jahrhunderts weithin bis in das 3. Jahrhundert beschäftigte: wie denn der Heilsplan Gottes mit der Welt aussehe und wie das All beschaffen sei, dem sich die Menschen gegenüber sahen, nachdem sich das Wort des Erlösers nicht bewahrheitet hatte, daß viele seiner Zeitgenossen »den Tod nicht schmecken werden, bis der Sohn des Menschen in seiner Königsmacht kommen wird«.

3. Mythographisch wichtig ist die Zwölfzahl der Jünger und die Zahl Sieben für die Frauen. Hier geht es nicht mehr um die Erinnerung an alle Namen der Apostel, im Text treten nicht alle als Fragesteller auf, und auch von den Frauen werden nicht alle genannt. Aber die übliche gnostische Zahlenmystik sieht in den Zahlen Zwölf und Sieben die Vollkommenheit, das heißt, alle Männer und Frauen waren da, die es hören sollten, und alle lehren nun dasselbe. Denn das gehört zum mythologischen wie religionsgeschichtlichen Topos: Die Gnostiker lehren nicht, was der historische Jesus gesagt hat, sondern was der auferstandene Erlöser offenbart.

4. Die Lehre des auferstandenen Erlösers ist natürlich gnostisch geprägt. Die Gnosis erweist sich auch hier als Protest gegen die kirchliche Praxis, die eschatologische Heilserwartung in eine Sozialutopie zu verwandeln und die Lösung der Konflikte auf das Welt- und Zeitende zu verschieben. Die Gnostiker haben aber jetzt schon die Kompetenz, alle Mächte unter ihre Füße zu treten. Diese Machtzuweisung war für die Kirche versuchlich, denn sie leitete ihren Herrschaftsanspruch im Mittelalter unter anderem aus einem Jesuslogion (Matthäus 18, 18 und Parallelen) mit ähnlicher Intention ab.

Die Rahmenerzählung dieser Schrift ist literaturwissenschaftlich als Äthiologie zu werten. Sie begründet nur den Autoritätsanspruch. Das bedeutet auch, daß die Hauptsache nicht in der Rahmenhandlung, sondern in den Reden liegt.

(c)

Als die falschen Apostel Simon und Kerinth auftraten und die Gemeinden verwirrten, offenbarte Jesus den Aposteln, die in Jerusalem versammelt waren, einen Brief, den sie an alle Gemeinden schreiben sollten, damit niemand sich diesen falschen Aposteln anschlösse und so sein Leben verliere. Und so schrieben die Apostel Johannes, Thomas, Petrus, Andreas, Jakobus, Philippus, Bartholomäus, Matthäus, Nathanael, Judas Zelotes und Kephas an die Kirchen im Osten und Westen, im Norden und Süden, alles, was sie schon bisher geschrieben und erzählt hatten, und dazu das, was der Herr ihnen nach seiner Auferstehung an Großem, Wunderbarem und Neuem offenbart hatte. Und so lehrten sie, daß Jesus Christus, Herr und Heiland, Gott und Sohn Gottes, von Gott, dem Schöpfer der ganzen Welt, gesandt sei. Und sie referierten alles, was zu berichten war: von der wunderbaren Lernfähigkeit des Knaben, vom Weinwunder bei der Hochzeit in Kana, von der Heilung der blutflüssigen Frau und daß er den Lazarus auferweckt habe; er sei wirklich gekreuzigt worden, wie sie selber bezeugen könnten, und nicht ein Scheinleib, wie die Irrlehrer meinten. Und er sei wirklich von den Toten auferstanden und sei ihnen leibhaftig erschienen und nicht etwa in einem geistigen Leibe oder als Gespenst herumgegeistert.

Und sie belehrten die Gemeinden auch über das, was der Auferstandene ihnen gesagt hatte über seine Ankunft in der irdischen Welt: wie er in wechselnder Gestalt durch alle Engelreiche gegangen sei und schließlich in der Gestalt des Gabriel selbst in die Mutter Maria eingegangen, denn Gott habe ihm die Macht gegeben, jederzeit jedermanns Gestalt annehmen zu können. Und so sei er selbst als sein eigener Diener und Knecht auf der Welt erschienen. Und so sei er auch immer im Vater und der Vater in ihm, und er werde nach 150 Jahren zwischen dem Passahfest und Pfingsten wiederkommen. Und er habe ihnen auch ein neues Gebot gegeben, nämlich Liebe untereinander und gegenüber den Feinden zu üben, und nicht einem anderen etwas anzutun, was man selbst sich nicht wünsche. Und ferner habe er die Apostel und die Frauen belehrt, daß sie sich nicht fürchten oder ängstigen sollten, denn Gott habe Freude an ihnen und ihrer Arbeit und werde sie segnen und alle in das Reich der Himmel gelangen lassen, denen sie das Evangelium predigten. Und ihrer aller Ort würde oben im Himmel sein, eine Ruhe ohne Jubel oder Trauer, ohne Essen und Trinken, ja, sie würden mit ihm verklärt werden. Und er habe sie über das Gericht belehrt, bei dem er ein gerechtes Urteil sprechen werde ohne Ansehen der Person; sie aber, die Apostel, seien ja Kinder des Lichtes und rein von aller Bosheit und aller Feindschaft und würdig des ewigen Lebens. Und dann habe der Herr ihnen befohlen, hinzugehen und allen Völkern und den zwölf Stämmen Israels das Wort vom Gerichte Gottes zu verkündigen.

Er habe sie aber auch über die Zeichen belehrt, die dem Gericht Gottes vorhergehen würden, und über das Gericht und die Strafen.

Dann aber habe er sie alle zu Vätern, Dienern und Lehrern aller Menschen ernannt, so wie er Vater, Lehrer und Diener aller Menschen gewesen sei. Aber sie sollten auch wissen, daß es bei dem Gericht Begnadete und Ausgeschlossene geben werde, und es sei nutzlos, für die Ausgeschlossenen zu beten, denn dieses Urteil Gottes sei endgültig und unumstößlich.

Und nachdem er dies gesagt hatte, habe er mit den Worten geendet: Nach drei Tagen und drei Stunden wird der Vater, der mich gesandt hat, kommen, und ich werde mit ihm gehen. Aber schon als er noch so geredet habe, hätten sich die Himmel gespalten, es habe geblitzt und gedonnert, und die Erde sei erbebt. Eine lichte Wolke aber habe sich dem Erlöser genähert und ihn fortgenommen. Und es seien vieler Engel Stimmen zu hören gewesen, die sich zu einem großen Gottesdienst gerüstet hätten.

Nach der Epistula apostoloum

1. Dieser apokryphe Apostelbrief ist in koptischer und äthiopischer Sprache erhalten. Entstanden sein könnte er in der griechischen Diaspora in Ägypten im zweiten Jahrhundert. Die äthiopische Fassung geht auf die koptische zurück. Man hat gemeint, ohne es begründen zu können, daß Teile dieser Schrift auch in anderen apokryphen Dichtungen verwendet worden sind. Man wird aber nach wie vor davon ausgehen müssen, daß im zweiten Jahrhundert die auch in dieser Schrift auftretenden Fragen und Probleme so allgemein kirchlich waren, daß selbst ähnliche Formulierungen noch keine direkten Abhängigkeiten markieren.

2. Mythologisch ist neben dem Umstand, daß hier noch nichts von der Mitwirkung des Heiligen Geistes bei der Sendung des Sohnes und von einem trinitarischen Denken bemerkbar ist, vor allem wichtig, daß der Verfasser den Versuch unternimmt, das aus dem kanonischen, also allgemeinkirchlichen Glauben stammende Wissen gegen gnostische Irrlehrer zu formulieren.

3. Typologisch gehört der Apostelbrief zu den theologischen Streitschriften. Die Gegner Simon Magus und Kerinth, zwei Repräsentanten gewichtiger gnostischer Schulen, werden nicht nur in der Einleitung genannt, sondern auch in den Abhandlungen über die christologische Grundfrage, ob der Erlöser wirklich selber den Kreuzestod erlitten habe oder an seiner Stelle ein Scheinleib getötet worden sei.

4. Im mythologischen Kontext erhalten die eingangs genannten Apostel ein besonderes Gewicht. Auffällig ist, daß nicht die Zwölfzahl (es fehlen Thaddäus, Jakobus Minor und Simon aus Kana) hergestellt wird. Die Nennung des Kephas, für den neutestamentlichen Sprachgebrauch (siehe XIX a) ein Beiname des Petrus, kann für Simon stehen. Daß Nathanael hier als Apostel genannt ist, während Thaddäus und Lebbäus fehlen, mag damit zusammenhängen, daß

diese beiden für die apokryphen Dichtungen völlig unbekannt geblieben sind.

5. Wichtig für das Verständnis der Kirche ist auch die Aussage Jesu über die Apostel und Diener bzw. Lehrer und Väter der Kirchen. Sie sind vollmächtig wie der Erlöser selbst. Jeder Unterschied zwischen ihnen wird nach dieser Belehrung aufgehoben. So wie Jesus in sich die Gegensätze von Himmel und Erde, Gott und Mensch vereinigte (vgl. auch die Johannes-Akten, siehe XVI b), können die Christen in sich beides verbinden. Mythologisch ist diese Schrift jedenfalls eine Etappe auf dem Wege zur Vergottung der kirchlichen Amtsinhaber, der Diakone, Lehrer und Väter, wobei letzteres synonym gebraucht sein wird für Priester.

(d)

Das erste Evangelienbuch schrieb Matthäus, das zweite Markus, der es so verfaßt hat, als sei er zugegen gewesen. Das dritte Evangelienbuch schrieb Lukas nach der Himmelfahrt Christi, denn Paulus hatte ihn zu diesem Zwecke herangezogen. Lukas hat den Herrn nicht persönlich gesehen und beginnt so zu erzählen, wie ihm die Ereignisse zugänglich waren, mit der Geburt des Johannes. Das vierte Evangelium stammt von dem Jünger Johannes. Als ihn seine Mitjünger, die Bischöfe, aufforderten zu schreiben, wollte er, daß alle Apostel drei Tage fasten und sich dann erzählen sollten, was einem jeden offenbart worden sei. In derselben Nacht aber erging das Wort des Herrn an Andreas: Johannes solle alles allein schreiben, und die anderen hätten es nur zu prüfen.

Und so können zwar in den verschiedenen Evangelienbüchern auch manche Unterschiede gefunden werden, aber für den Glauben der Kirche ist nichts zu befürchten, denn alles ist durch den einen regierenden Geist gesagt, der alles erklärt hat, die Geburt und das Leiden Jesu, seinen Umgang mit seinen Jüngern und seine zwiefache Ankunft bei den Menschen, die erste bei seiner Geburt, die zweite aber bei seiner Wiederkehr in königlicher Macht. Die »Taten der Apostel« aber hat Lukas für den »besten Theophilos« aufgeschrieben, darunter alle Ereignisse, deren Zeuge er war. Da ist es verständlich, daß er das Leiden des Petrus nicht dargestellt hat und auch nicht die Reise des Apostel Paulus von Rom nach Spanien. Das folgende erklären die Briefe des Paulus denen, an die sie gerichtet sind: Zuerst hat Paulus an die Korinther geschrieben wegen der Häresie ihrer Parteienbildung und Spaltungen, dann an die Galater, denen er die Beschneidung untersagt, dann an die Römer, denen er erklärt, daß »Christus die Regel der Schriften und ihr Prinzip sei«.

Die Reihenfolge aber ist: Korinther, Epheser, Philipper, Kolosser, Galater, Thessalonicher und Römer, danach wurden noch jeweils ein zweiter Brief an die Korinther und an die Thessalonicher nötig. Wenn Paulus auch nur an sieben Gemeinden geschrieben hat, so gelten seine Briefe doch der ganzen Kirche, wie ja auch Johannes seine Offenbarung an sieben Gemeinden richtet, aber doch zu allen reden will. Außerdem gibt es einen Brief des Paulus an Philemon und einen an Titus und zwei an Timotheus, die doch auch zur Belehrung der ganzen katholischen Kirche verfaßt wurden.

Es ist zwar auch noch ein gefälschter Brief des Paulus an die Laodizäer und einer an die Alexandriner da und anderes mehr, was nicht in die Lehre der katholischen Kirche aufgenommen werden kann. Aber ein Brief des Judas und zwei des Johannes, die sollen in Ehren gehalten werden.

… Auch von den Offenbarungen nehmen wir nur die des Johannes und die des Petrus an, auch wenn einige die letztere nicht in den Kirchen lesen lassen wollen. Den »Hirten des Hermas« aber soll man vorlesen, jedoch nicht als eine Schrift der Propheten und Apostel, denn deren Reihe ist abgeschlossen. Und er ist ja auch erst kürzlich von Hermas hier in Rom verfaßt worden, als sein Bruder Pius hier Bischof war. Von Arsinous, Valentinus und Miltiades und denen, die ein neues Psalmbuch für Marcion verfaßt haben, oder von Basilides nehmen wir nichts an …

Nach dem Canon Muratori

1. Zu den wichtigsten Zeugen für die Entstehung des Kanons der biblischen neutestamentlichen Schriften gehört der nach seinem Entdecker Muratori genannte Text aus einem Palimpsest des 8. Jahrhunderts, der einen Einblick gibt in die Überlegungen in Rom etwa im 3. Jahrhundert, welche Schriften man in den Kirchen vorlesen kann. Abgesehen von der Reihenfolge der paulinischen Briefe, der Römerbrief wird als letzter genannt, sind ungefähr alle neutestamentlichen Texte erwähnt. Es fehlen nur der 3. Johannesbrief, der Hebräer- und der Jakobusbrief. Beachtlich ist, daß die Petrus-Apokalypse noch nicht unter dem Verdikt steht.

2. Mythographisch wichtig ist der Umstand, daß hier in einem Text, der eine Einführung in eine Ausgabe biblischer Texte gewesen sein kann, begründet wird, warum diese Bücher gewählt wurden. Entscheidend scheint nur ihr apostolischer Ursprung zu sein, nicht ihre literarische Qualität.

3. Mythologisch nicht unwichtig ist die Mitteilung über die Entstehung des Johannes-Evangeliums. Johannes will, daß alle Apo-

stel, sie werden schon Bischöfe genannt, nach dreitägigem Fasten erzählen sollen, was ihnen offenbart wurde. Aber Jesus gebietet dem Andreas, Johannes solle allein schreiben, und die anderen den Text lediglich überprüfen. Das Relevante an dieser Stelle ist nicht die Einführung der Zensur, wonach alle anderen prüfen sollen, was der eine schreibt, sondern die verhinderte Aufnahme von neuartigen Texten, die den Mitjüngern und Bischöfen in den dreitägigen Fasten offenbart worden sein könnten. Hier wird der antignostische Vorbehalt sichtbar, der Protest gegen alles, was nach der Himmelfahrt Jesu bzw. nach seiner Auferstehung durch direkte Eingebung an neuen Einsichten gewonnen wurde. Richtig kann nur sein, was die Augenzeugen aus ihrer Erinnerung an Jesus berichten können. Unwichtig bleibt dabei der kleine Schönheitsfehler, daß diese Position ihrerseits eine Offenbarung an Andreas war.

4. Innerhalb einer kirchlichen Mythologie gebührt diesem Text, dem man auch noch das sogenannte Decretum Gelasianum anfügen könnte, eine gewisse Aufmerksamkeit. Er bescheinigt nämlich ein Selbstbewußtsein der Kirche in Rom und ihres Bischofs, das seinerseits dem der gnostischen Schriftsteller und der Dichter der apokryphen Apostelakten in nichts nachsteht und das nur deshalb maßstabbildend wurde, weil eine der ersten Reichssynoden mit kaiserlicher Unterstützung einen Ausrottungsfeldzug gegen alle jene Schriften beschloß, die von der katholischen und apostolischen Kirche abgelehnt wurden. Im Decretum Gelasianum werden sie alle aufgeführt. Dieser Papst Gelasius I, der zwischen 492–496 die römische Kirche regierte, rechnete offensichtlich damit, daß noch zum Ende des 5. Jahrhunderts viele der aufgeführten Dichtungen im Umlauf waren, die heute zu den wichtigsten Zeugen der spätantiken christlichen Literatur gehören.

›facit‹

Die Zwölf Apostel waren Kronzeugen für das Wirken Jesu und von ihm bevollmächtigte Stellvertreter. Aus ihrer biblischen Funktionsgleichheit mit Jesus hat die Dichtung eine gleiche Qualität abgeleitet. Sie besitzen nun dieselbe Weisheit und Vollmacht wie ihr einstiger Rabbi. Darin besteht zwischen den verschiedenen kirchlichen Gruppen der ersten Jahrhunderte kein Unterschied. Jede Partei nimmt die Apostel für ihre Interessen in Anspruch. Als dichterische Gestalten stehen sie für Differenzen, die die verschiedenen sozialen und ökonomischen Gruppen der christlichen Gemeinden der ersten Jahrhunderte bewegten.

XX
NACH-
BEMERKUNG

Die meisten der hier vorgestellten Dichtungen gehören zu denen, von denen die Bischöfe und Konzilien der alten Kirche meinten, man solle sie nicht lesen.

Das Interesse der Kirche an diesen Dichtungen erlosch in dem Maße, wie in ihnen die antiken literarischen Topoi die frommen Fabeln überwucherten und sich verselbständigten. Es erlosch aber auch, weil der Geist in diesen Dichtungen nicht »Geist von ihrem Geist« war. Den christlichen Autoren ging es jedoch nicht um eine die ganze damalige Ökumene, das war die bewohnte Welt des byzantinischen Reiches, bestimmende Lehre einer Institution, sondern um die literarische Bewältigung gesellschaftlicher und humaner Widersprüche, die in der spätantiken Ehepraxis genauso aufbrachen, wie in der Verteilung von Reichtum und Armut, Macht und Ohnmacht, Hunger und Überfluß, Frieden und Krieg.

Die apokryphen Apostelakten zeigten dafür Lösungen. Man darf es als sehr realistische Darstellungen poetischer Lösungen oder poetische Darstellungen realistischer Lösungen ansehen, wenn die Apostel Könige und Mächtige unterwarfen oder Drachen und Ungeheuer anderer Art vertrieben. In dieser poetischen Welt lebte der Geist des Protests gegen eine Bewegung, die das nicht eingelöste Versprechen der Wiederkunft Christi ummünzte in ein Jüngstes Gericht am Ende der Zeiten und die Vollendung seines Reiches auf Erden lediglich als Utopie einer anderen Welt verstand. Gegen diese Lehre und die mit ihr verbündete Kunst und Literatur stand diese apokryphe Dichtung auf und feierte ihre alten Könige und Heroen nun mit den Namen der christlichen Apostel und Märtyrer. Augustins Meisterwerk »Vom Gottesstaat« sah die metaphysisch überlegene Macht zwar auch in der institutionalisierten Kirche, die als Abglanz und Inkarnation der »himmlischen Gottesbürgerschaft« hier auf Erden galt, aber der Bauer am Stadtrand von Ephesus wurde dadurch nicht gesund. Und so drängte sich die alte Überlieferung von den Helden wieder auf und verbarg sich unter dem Schutzmantel der Heiligen.

Dann gab es jene, die im blinden Vertrauen auf die Erkenntnisse der Philosophen meinten, mit einer geheimen Lehre die Mächte dieser Welt zu überwinden; das war die Ausgangsposition der Gnostiker. Es bedurfte nicht erst kirchlicher Zensur und kaiserlicher Polizei, um diesen Irrglauben zum Scheitern zu bringen, als könne man die Welt verändern, indem man sich auf ihre geistige Ablehnung und Ignorierung beschränkt. Die Gnostiker starben, wie sie gelebt hatten, im verborgenen. Nur die Polemik der Kirchenväter gegen diesen, wie sie meinten, nächst den Juden ärgsten Feind und Bündnispartner des Teufels hat den Eindruck hervorgerufen, sie seien wirklich so einflußreich und bedrohlich für die Kirchen gewesen, die sich doch in jener Zeit gerade mühten, ihre staatliche Unbedenklichkeitserklärung zu erhalten, und alles taten, um politisch nicht aufzufallen.

Und doch konnten sie sich letztlich nicht dieses apokryphen Gedankengutes erwehren. In die Heiligenleben und Viten der Märtyrer, in die gottesdienstlichen Lesungen an den Jahrestagen der Heiligen, dieser unübersehbar gewordenen Literatur des byzantinischen Kaiserreiches, sickerte es ein, langsam und fast unmerklich. Und selbst die Legenda aurea, jenes schon gereinigte und für den frommen Normalverbraucher von allen aufrührerischen und häretischen Gedanken gesäuberte Heiligenbilderbuch, ist voll davon.

Die Christen, die hier geschildert wurden, waren nicht feige, duckmäuserische Heimlichtuer, sondern offensichtlich Frauen und

Männer, die gegen Unrecht und Unzucht, gegen Habsucht und Machtgier aufgestanden waren. Und es gesellte sich aus diesem reichen Legendenschatz das Wissen dazu, daß diese Diener Christi, weise und klug und mächtig wie er, besser als »die Mächte der Finsternis« mit den Dingen dieser Welt umzugehen wußten. Die waren doch alle im Irrtum befangen, der Fürst dieser Welt, die Kaiser und Könige, die Archonten allzumal, sie waren doch von der Finsternis umhüllt und bedurften der Erleuchtung durch das »Licht der oberen Orte«. Es waren nur zwei Jahrhunderte nach dem Tode Jesu vergangen, der arm und rechtlos gestorben war und den Seinen ein ähnliches Los vorhergesagt hatte, und schon regierten die ersten Bischöfe in der Nachfolge dieser Apostel mit Umsicht ihre Herden und verlangten Gehorsam »im Namen des Herrn«.

Der Geist des Widerspruchs aber lebte weiter. Er wurde zwar von den Kaisern an den Rand des Reiches verdrängt, aber er sickerte von dort wieder ein. Die Bogomilen und Paulizianer in den Balkanländern wie die alten Kirchen im Osten, die sich dem Terror von Rom und Byzanz nicht beugten, sie bewahrten in ihren Synaxaren und Literaturen diese apokryphen Schriften. Sicher war ihre Dichtung nicht von der Meisterschaft der Großen am Hofe der römischen Cäsaren, aber neben den Hofdichtern der byzantinischen Kaiser mit ihren zwar rhythmisch genauen Hexametern und sorgfältigen griechischen Satzkonstruktionen konnten sie allemal bestehen, denn inhaltlich unterschieden sie sich wohltuend durch die sorglosere Art des Umgangs mit ihren Protagonisten. In den »facit« genannten kurzen Zusammenfassungen am Ende jedes Kapitels ist versucht worden, den dichterischen Entwicklungsweg der einzelnen Figuren zu skizzieren. Das muß hier nicht wiederholt werden. Festgehalten sei aber noch einmal, daß sich die ja weithin unbekannten Autoren der christlichen Heroen bemächtigt haben, um an ihren Taten und Reden die eigenen Ängste und Hoffnungen darzustellen. Die Ähnlichkeit der verschiedenen Apostelakten und die Auswechselbarkeit der Autoren bei gnostischen Redetexten oder apokryphen Logiensammlungen ist ohnehin eher ein Beleg für gleichzeitig an verschiedenen Orten auftretende Fragen und Problemstellungen als für eine literarische Abhängigkeit.

Für den Dichter war der Christus, der in den weiten Himmelsfernen weilte, weniger wichtig als ein Erlöser, der Andreas, Petrus oder Philippus heißen konnte. Diese Jünger gebärdeten und verhielten sich wie Christus, sie schufen sich ihren Himmel und ihre Erde selber. Himmel und Hölle waren so nicht nur Bilder für ein »Jenseits«, sondern recht eigentlich für das »Diesseits« vom Tod, weniger Glaube als Hoffnung. Den Gnostikern entwand das Christentum die Bilderwelt für die Vorstellungen vom Himmelreich als dem erstrebenswerten Zufluchtsort aus diesem irdischen Jammertal, dessen Wirklichkeit alle Leser und Hörer nur allzugut kannten.

Natürlich war das Bild Jesu als Weltenlehrer und Weltenlenker, als oberster Richter und Herr, der Ausdruck einer ungeduldigen Sehnsucht nach Recht und Wahrheit, die mehr erwartete als das, was Fürsten, Könige und Fronvögte boten. Aber in der Hand der Bischöfe und Diener Christi veränderte sich nichts. Diese beriefen sich auf ihre von Jesus Christus verbürgte Schlüsselgewalt über Himmel und Erde. Und nur zu gern schlüpften Bischöfe und Konzile in die Rolle derer, die von ihrem Herrn und Erlöser alles »Wissen über die Welt und was sie im Innersten zusammenhält« erhalten haben. Ohne Scham und Häme muß man sagen, daß die poetischen Bilder des Mythos, Bilder einer überzeugenden Metaphorik, die die Welt in Veränderung begriff, auch als geeignete Bausteine einer Metaphysik verwendet wurden, die den Machtanspruch des Himmels und damit der Kirche über die Erde und die ihr Verhafteten begründete. Mythische Metaphern für Liebe und Leid, Frieden und Krieg sind niemals vor einem metaphysischen Mißbrauch geschützt. In der Einleitung wurde schon darauf hingewiesen. Dem metaphysischen Mißverständnis ist auch die als »apokryph« diffamierte Literatur des byzantinischen römischen Reiches nicht entgangen.

Dieses Reich war polymorph und polyglott und alles andere als einheitlich. Nicht einmal Ritus und Kultus der einen christlichen Kirche waren Allgemeingut. Die berühmte Einheit des Reiches beruhte lediglich auf einer »Harmonie der Widersprüche«. Uniformität war nicht machbar. Sie stieß auf Widerstand. Skythien und Mazedonien standen für Andreas auf als Heros eponymos, und Rom und Italien für Petrus und Paulus. Alle Synoden, die zu einen versuchten, schufen neue Häresien. »Daß auch Konzile irren können« und nicht nur ein römischer Bischof, war ungeschriebener Grundsatz schon vor der Zuspitzung im europäischen 16. Jahrhundert.

Und so bleibt als Fazit dieser Mythologie die Einsicht, daß es keine christliche Uridee gegeben hat; denn schon das biblische Neue Testament ist sich in der Auffassung so einig nicht, daß der Zimmermannssohn Jesus aus Nazareth der Gottessohn und Gott selber war. Die christlichen Dichtungen der ersten Jahrhunderte lebten jedoch davon, daß er zum Christus und Gott verwandelt und in die Höhen des Himmels entrückt wurde, weshalb an seiner Stelle nun andere Christen die großen Wunder vollbringen und die Welt heilen konnten, die durch das Kommen Jesu nicht heil geworden war. Durch das Eingreifen der Heiligen wurde sie es.

Die vorliegenden Dichtungen sind keine religiösen Texte. Sie sagen wenig oder gar nichts aus über Gott oder Jesus Christus, aber sehr viel über das Denken und Fühlen der Menschen.

Diese Texte sind auch nicht als Utopie zu verstehen. Sie handeln von dem »hic et nunc«. Sie sind sehr menschlich: Auch da, wo sie langatmige Reden, Gebete und Hymnen zitieren, ersetzen sie keine religiöse Agende mit Gebetsformularen für den kultisch-rituellen Gebrauch, sie fabulieren aber über den Zustand der Welt.

Diese Dichtungen haben dem Ungehorsam von Dichtern und Lesern ihr Überleben verdankt. Darüber nachzudenken verlangt ein apokryphes Logion aus dem koptischen Thomas-Evangelium, das seine Kirchenkritik in ein geläufiges antijüdisches Bild faßt:

Jesus hat gesagt: Pharisäer und Schriftgelehrte empfingen die Schlüssel der Erkenntnis. Sie haben sie aber versteckt. Sie selbst sind nicht in das Reich der Erkenntnis eingedrungen und haben die daran gehindert, die hineingehen wollten. Ihr aber seid klug wie die Schlangen und rein wie die Tauben. (Logion 39)

ANHANG

Die Quellen

Akten des Thomas XVII b, VI k

Text bei M. Bonnet, Acta Apostolorum Apokrypha II/2, Leipzig 1898, Neudruck 1959.

Deutsche Übersetzung von G. Bornkamm, bei Hennecke-Schneemelcher II, S. 297–372.

Andreas-Akten XIV b

Text und franz. Übersetzung bei J. Flamion, Les actes d' André et les textes apparantés, in: Recueil de travaux d'histoire et de philologie, Louvain 1911.

Deutsche Übersetzung von M. Hornschuh, bei Hennecke-Schneemelcher II, 281–297.

1. APOKALYPSE DES JAKOBUS AUS NHC V/3 XV e

Text und Übersetzung bei A. Böhlig/P. Labib, Koptisch-gnostische Apokalypsen aus Codex V von Nag Hammadi, in: WZ der MLU Halle, Sonderband 1963, S. 34–55.

2. APOKALYPSE DES JAKOBUS AUS NHC V/4 XV f

Text und Übersetzung bei A. Böhling/P. Labib, a.a.O. siehe 1. Apokalypse des Jakobus, S. 66–85

APOKALYPSE DES PETRUS AUS AKHMIN VII e, XI c

Text bei U. Bourant, Mémoires publieés par les membres de la mission archéologique francaise au Caire,

Tom IX, Paris 1892.

Deutsche Übersetzung von Ch. Mauerer bei Hennecke-Schneemelcher II, S. 469–483. Dort auch die deutsche Übersetzung der äthiopischen Version von Duensing.

APOKALYPSE DES PAULUS (KOPT.-GNOST.) NHC V/2 XIII c

Text und Übersetzung bei Böhlig/Labib, a.a.O. (siehe 1. Apokalypse des Jakobus), S. 19–26.

APOKALYPSE DES PETRUS AUS NHC VII/3 XII f

Text bei The Facsimile Edition of the Nag Hammadi Codices, Codex VII, Leiden 1972.

Englische Übersetzung von R. Bullard bei J. Robinson (Hrsg.), The Nag Hammadi Library, Repr. 1984, S. 340–345.

APOKALYPSE DES THOMAS XVII c

Text bei A. Bihlmeier, Revue Bénédictine 28 (Louvain 1911), S. 272–276.

Engl. Übersetzung bei M. R. James, Journal of Theological Studies 11, Oxford 1910, S. 288–290, und deutsche Übersetzung von A. de Santos Otero bei Hennecke und Schneemelcher II, S. 569–572.

Apokryphon des Jakobus NHC I/2 XV c

Text bei The Facsimile Edition of the Nag Hammadi Codices, Codex I, Leiden 1977.

Englische Übersetzung von F. E. Williams bei J. M. Robinson (Hrsg.), The Nag Hammadi Library in Englisch, S. 29–36.

Apokryphon des Johannes NHC II 1 und III 1, IV 1, VI d, VII b, XVI c

Text bei The Facsimile Edition of the Nag Hammadi Codices, Codex II, Leiden 1974; Codex III, Leiden 1976.

Engl. Übersetzungen von F. Wisse bei J. Robinson (Hrsg.), The Nag Hammadi Library in Englisch, S. 99–116.

Der koptische Text mit deutscher Übersetzung des Berliner Textes bei W. Till/H.-M. Schenke, Die gnostischen Schriften des koptischen Papyrus Berolinensis 8502, TU 60, Berlin 1972.

ARABISCHES KINDHEITSEVANGELIUM III e

Lat. Text bei K. Tischendorf, Evangelia apokrypha, Leipzig 1876, S. 103 bis 233. Text und englische Übersetzung bei E. A. W. Budge, History of the Blessed Virgin Mary and the History of the Likeness of Christ, 2 Bände, London 1899.

Deutsche Übersetzung in Auszügen von O. Cullmann bei Hennecke-Schneemelcher I, S. 305–306.

BARTHOLOMÄUS-EVANGELIUM IV e X c

Text und Übersetzung bei N. Bonwetsch, Die apokryphen Fragen des Bartholomäus, Göttinger Gelehrte Nachrichten 1897.

Übersetzung auch von F. Scheidmüller bei Hennecke-Schneemelcher I, S. 360–372.

Bücher des Jesû VIII 1

Text und Übersetzung bei C. Schmidt, Gnostische Schriften in koptischer Sprache aus dem Codex Brucianus, TU 8, Leipzig 1892.

Canon Muratori XIX d

Text und Kommentar (Übersetzung) bei Theodor Zahn, Geschichte des neutestamentlichen Kanon II 1, Erlangen–Leipzig 1890, S. 1–143.

CREDO (Apostolicum, Athanasianum, Nicänum-Konstantinopolitanum) X a, b, c

Text bei H. Denzinger, Enchiridion Symbolorum, 30. Auflage, Freiburg 1955.

Text und deutsche Übersetzung in: Die Bekenntnisschriften der Ev. luth. Kirche, 2. Aufl., Göttingen 1955, Bd. 1, S. 21–30.

Ebioniten (Ebionäer-Evangelium) II d

Text bei Epiphanius, Panarion 30 (Ancoratus und Panarion), ed. K. Holl, Bd. I, GCS 25, Leipzig 1915.

Deutsch von Ph. Vielhauer bei Hennecke-Schneemelcher I, S. 102–104.

Epistula Apostolorum III f I XI c

Text und Übersetzung bei C. Schmidt, Gespräche Jesu mit seinen Jüngern nach der Auferstehung, TU 43, Leipzig 1910.

Evangelium Veritatis aus NHC I/3 und XII/2

Text bei The Facsimile-Edition of the Nag Hammadi Codices, Codex I, Leiden 1977.

Codex XII in dem Sammelband Codices XI, XII and XIII, Leiden 1973. Deutsche Übersetzung von H.-M. Schenke, Die Herkunft des sogenannten Evangelium Veritatis, Berlin 1958.

Ginza, Linker VII c

Text bei H. Petermann, Thesaurus sive liber magnus vulgo, Liber Adami appellatus, Leipzig 1867.

Übersetzung von M. Lidzbarski, Ginza, Der Schatz oder das Große Buch der Mandäer, Göttingen 1925.

Hebräer-Evangelium

Nur nach der Rekonstruktion von Ph. Vielhauer bei Hennecke-Schneemelcher I, S. 107–108.

KINDHEITSEVANGELIUM DES THOMAS I c, III c, III d, IV b, V c

Text bei K. Tischendorf, Evangelia apokrypha, Leipzig 1876, I, S. 140–157.

Übersetzt von O. Cullmann bei Hennecke-Schneemelcher, I, S. 290 bis
300.

LATEINISCHES KINDHEITSEVANGELIUM (Arundel-Handschrift) II h
Text und engl. Übersetzung bei M. R. James, Latin Infancy Gospels, London 1927.
Deutsche Übersetzung von O. Cullmann bei Hennecke-Schneemelcher
I, S. 309–310.

LEGENDA AUREA des Jacobus de Voragine XII e, XIII d, XIV d
Übersetzung von R. Bentz, Berlin 1963, Nachdruck der zweibändigen
Ausgabe von 1917–1921.

MANICHÄISCHES BET- UND BEICHTBUCH
Hrsg. von W. Henning, Berlin 1937, Text und Übersetzung.

MANICHÄISCHES PSALMBUCH III f, III i, IV d, XIV c
Text und Übersetzung bei C. A. C. Allberry, A Manichaean Psalm-Book,
Stuttgart 1938.

Manichäisch-parthischer Hymnus VII s
Text und Übersetzung bei E. Waldschmidt/W. Lenz,
Die Stellung Jesu im Manichäismus, in: Abhandlungen der Preußischen
Akademie der Wissenschaften, Nr. 4, Berlin 1926.

MITTELPERSISCHER BEMA-HYMNUS VI e
Bei F. C. Andreas, Mitteliranische Manichaica aus Chinesisch-Turkestan
I, Sitzungsberichte der Preußischen Akademie der Wissenschaften, Berlin
1932, S. 1–50.

Nag-Hammadi Texte
In: The Facsimile Edition of the Nag Hammadi Codices, published under
the auspices of the Department of Antiquities of the Arab Republic of
Egypt, in conjunction with the United Nations Educational, Scientific an
Culturell Organization, Editorial Board: S. Farid, G. Garitte, V. Girgis,
S. Giversen, A. Guilaumont, R. Kasser, M.Krause, P. Labib, G. Mehrez,
G. Mokhtar, H-Ch. Puech, G. Quispel, J. M. Robinson. H. M. Schenke,
T. Säve-Söderbergh, R. McL. Wilson, Leiden, 1972–1984.
Codex I, 1977, Codex II 1974, Codex III 1976, Codex IV 1975, Codex V
1975, Codex VI 1972, Codex VII 1972, Codex VIII 1978, Codex IX and X,
1977; Codices XI, XII and XIII, 1973.
Engl. Übersetzung: The Nag Hammadi Library in Englisch, Translated
by members of the Coptic Gnostic Library project of the Institute for Antiquity and Christianity, J. M. Robinson (Director), Reprint 1984, Leiden.

Neues Testament
Text: Novum Testamentum Graece, ed. Nestle – Aland, 23. Ausgabe,
1967.
Übersetzung: Die Heilige Schrift des Alten und Neuen Testaments, Berlin 1985.

Nikodemus-Evangelium II c, XI b, V c, V e
Text bei K. Tischendorf, Evangelia apokrypha, Leipzig 1876, S. 210–486.
Übersetzt von F. Scheidweiler bei Hennecke-Schneemelcher I, S. 333 bis
353.
Kopt. Text bei A. Revillout, Les Apocryphes Coptes II,
Patrologia Orientalis IV/2, Louvian 1913,
übersetzt auch von F. Scheidweiler, a. a. O.

Oden Salomos V g

Text bei W. Bauer, Die Oden Salomos, in: Kleine Texte für Vorlesungen und Übungen, Nr. 64, hrsg. von Hans Lietzmann, Berlin 1933.

Paulus-Akten (Acta Pauli) IV g, X f, XIII b

Text bei C. Schmidt, Praxeis Paulou, Acta Pauli nach dem Papyrus der Hamburger Staats- und Universitätsbibliothek, unter Mitarbeit von W. Schubart, Berlin 1936.

Übersetzt von W. Michaelis, Die Apokryphen zum Neuen Testament, Bremen 1955, S. 268–317.

Paulus-Apokalypse VI h, VII f, VIII f

Text und engl. Übersetzung bei M. R. James (Hrsg.), Apocrypha anecdota, in: Texts and Studies, Vol. II/3, Cambridge 1893. Übersetzt von H. Duensing bei Hennecke-Schneemelcher II, S. 539–567.

Petrus-Akten (Acta Petri) XI b

Text bei M. Bonnet, Acta Apostolorum apocrypha I, Leipzig 1893, S. 45 bis 103.

Übersetzt von W. Michaelis, Die Apokryphen zum Neuen Testament, Bremen 1955, S. 317–379.

Petrus-Evangelium V f

Text bei U. Bouriant, Memoires publiés par les membres de la mission archéologie francaise au Caire, Bd. IV, Paris 1892.

Übersetzt von A. von Harnack, Bruchstücke des Evangeliums und der Apokalypse des Petrus, TU 9, 1893,

und von Ch. Maurer, bei Hennecke-Schneemelcher I, S. 119–124.

Philippus-Akten (Acta Philippi) XVI b

Text bei M. Bonnet, Acta Apostolorum apocrypha, Bd. II/2, Leipzig 1898.

Pistis Sophia III g, XVIII c

Text bei C. Schmidt, Pistis Sophia, Coptica 2, Kopenhagen 1925.

Übersetzt von W. Till, Koptisch-gnostische Schriften, Bd. 1, 3. Aufl., Berlin 1959.

Protevangelium des Jakobus II d, X b, XI c

Text bei K. Tischendorf, Evangelia apokrypha, Leipzig 1876, S. 1–50.

Übersetzt von W. Michaelis, Die Apokryphen zum Neuen Testament, 2. Aufl., Bremen 1958, S. 62–95.

Pseudoclementinische Recognitiones XII d

Text bei B. Rehm, Bd. I, Homilien, GCS 42, Berlin 1953.

Übersetzt von J. Irmscher, bei Hennecke-Schneemelcher II, S. 375–398.

Pseudo-Matthäus-Evangelium X d

Text bei K. Tischendorf, Evangelia apokrypha, Leipzig 1876, S. 51–112.

Franz. Übersetzung bei E. Amann, Le Protévangile de Jaques, Straßburg 1910, S. 272–339.

Deutsche Übersetzung in Auszügen von O. Cullmann bei Hennecke-Schneemelcher I, S. 306–309.

Pseudo-Titusbrief VI e, VII e

Text von D. de Bruyne, Revue Benedictine 37 (Louvain 1925), S. 47–72.

Deutsche Übersetzung von A. de Santos Otero bei Hennecke-Schneemelcher II, S. 90–109.

Rheginusbrief NHC I/4

auch »Traktat über die Auferstehung« genannt.

Text bei Facsimile-Edition of the Nag Hammadi Codices, Leiden 1977.

Engl. Übersetzung von M. Peel bei Robinson, Nag Hammadi Library in English, S. 50–53.

Sibyllinische Orakel I d, II e, IV f
Text und Übersetzung bei P. Lieger, Christus im Munde der Sibylle, Wien 1911.
Übersetzung mit Kommentar auch bei A. Kurfess, Christliche Sibyllinen, München 1951. Dessen Übersetzung auch bei Hennecke-Schneemelcher II, S. 498–528.

Sophia Jesu Christi XIX b
Text und Übersetzung bei W. Till, Die gnostischen Schriften des koptischen Papyrus Berolinensis 8502, TU 60, Berlin 1955; 2. verb. Auflage, bearb. von H. M. Schenke, Berlin 1972.

Thomas Athletes NHC VII/7 XVII d
Text bei Facsimile-Edition of the Nag Hammadi Codices, Codex II, Leiden 1974.
Engl. Übersetzung von D. Turner bei J. Robinson (Hrsg.), The Nag Hammadi Library in Englisch, S. 188–194.

Vita Joanni des Serapion X e, XI b
Text und englische Übersetzung bei A. Mingana, Woodbroke Studies, Edition and Translation of Christian Documents in Syriac and Garshuni with Introduction by Rendell Harris, Bulletin of John Rylands Library, Manchester 1927, S. 329 ff.

Erläuterung wichtiger Sachbegriffe

Adyton – (griech.) Bezeichnung für einen Tempelraum, der für ↑ Laien und nichtpriesterliche Kultbeamte unzugänglich ist.

Altar – (griech.) Bezeichnung für die Stelle in Tempeln, kultischen Orten und Plätzen, die für die Opferung von Gaben für Götter bestimmt ist. Geopfert werden in der Antike Tiere oder Teile von Tieren neben Pflanzen und deren Teilen, wozu auch Wein und Milch zu zählen sind. Menschenopfer kommen nicht mehr vor. Mit der Entwicklung der sakramentalen Theologie in den Kirchen wird aus dem urchristlichen Abendmahlstisch, um den die Gemeindeglieder saßen oder lagen, auch in den Kirchen der Altar, auf dem im Meßopfer die Opferung Christi auf unblutige Weise wiederholt wird. Die Elemente Brot und Wein werden durch die Konsekration (Transsubstantiation) zu Leib und Blut Christi. In bestimmten christlichen Kirchen und vor allem in dem sich auf Zwingli berufenden Strom der Reformation des 16. Jahrhunderts wird der Altar abgeschafft und wieder durch den urchristlichen Tisch ersetzt.

Apokalyptik, Apokalypsen, apokalyptisch – (griech.) Die Apokalyptik ist die Formenwelt der antiken Kunst und Kultur, die Einsichten in die menschlichen Ordnungen (der Gesellschaft und der Kirche wie auch des Einzelschicksals) als Mitteilungen oder Enthüllungen bzw. Offenbarungen eines Gottes ausgibt. Die Empfänger der Offenbarungen gelten zumeist auch als deren Verfasser. In das biblische Neue Testament ist nur die Apokalypse des Johannes als letztes Buch der Bibel aufgenommen. Inhaltlich erscheinen die meisten Apokalypsen als Offenbarungen zukünftiger Ereignisse (↑ Eschatologie).

Apokryphen, apokryphisch – (griech.) werden die Schriften genannt, die nicht kanonisch sind, das heißt von der Kirche nicht anerkannte theologische Schriften. Diese Apokryphen sind dem Bestreben der Kirchen, sie auszurotten, weithin zum Opfer gefallen. Nur in den Randgebieten des römischen Reiches und als Zitate in den ↑ Apologien der Kirchenväter sind sie nachweisbar und erhalten. In den häretischen Gruppen wie der Gnosis waren sie eine anerkannte Literaturgattung. Ihre wissenschaftliche Bearbeitung kann auf eine nunmehr fast hundertjährige Geschichte zurückblicken.

Apologeten, apologetisch – (griech.) werden in der Forschung die Vertreter der altkirchlichen Theologen genannt, die sich vor allem für die als orthodox anerkannte Lehre der Kirche einsetzten und sie verteidigten gegen Ketzer und Häretiker. Gegner waren für die Kirchen das Judentum und vor allem die als »häretisch« beschimpften Gruppen. Zu den hervorragenden Apologeten der Alten Kirche zählten Origenes (Contra Celsum), Clemens von Alexandria, Eusebius von Cäsarea und Tertullian. In deren Schriften sind zumeist durch Zitate die Werke ihrer Gegner erkennbar.

Apostel, apostolisch – (griech.) bezeichnet im Profangriechisch einen mit Vollmachten versehenen Boten oder Gesandten. Im Neuen Testament werden mit diesem Amtsbegriff die zwölf von Jesus berufenen Jünger genannt (Markus 6, 30 und Matthäus 10, 2) wie auch die ersten Missionare der Kirche von Jerusalem (Apostelgeschichte 14, 4).

Ätiologie – (griech.) ist die Lehre von den Ursachen bestimmter Erscheinungsformen in der Natur oder der Gesellschaft. Als Erzählung bilden sie in der Antike eine besondere literarische Gattung, die legendäre, mythische und auch etymologische Elemente verwenden kann.

Diakon, diakonisch – (griech.) bezeichnet die Funktion in der Kirche, die mit der sozialen Betreuung der Gemeindemitglieder beauftragt ist. Im Profangriechischen bezeichnet der Begriff eigentlich den Diener, der im Auftrage seines Herrn einem anderen etwas Gutes tut, wie z. B. das Bedienen bei Tisch.

Diaspora – (griech.) Die Zerstreuung der Juden in die Völkerwelt durch die Babylonier und später die Römer (durch Auswanderung) wie die Vereinzelung der ersten Christen und Gemeinden in die römische Ökumene werden mit diesem Begriff bezeichnet, der aus dem technischen Arsenal der Landwirtschaft stammt; der Same wird zerstreut.

Enkratie, enkratitisch – (griech.) bezeichnet die Selbstbeherrschung und Mäßigung, im besonderen die sexuelle Enthaltsamkeit (lat. continentia). In den ersten drei Jahrhunderten u. Z. war dies eine Strömung in der Christenheit, die sie mit der Gnosis und der stoischen Ethik teilte: Verzicht auf Sexualität, Verzicht auf Erwerb von irdischen Gütern oder wissenschaftlichen Kenntnissen galt als vorbildlich.

Eschatologie, eschatologisch – (griech.) bezeichnet 1. die Lehre von den letzten Zeiten und Ereignissen auf der Welt und in der Nachwelt des Kosmos. In ihr wird in Form einer Vorwegnahme der Zukunft die radikalste Kritik an der Gegenwart geübt. Sie ist die Negation der Negation der Gegenwart. Die Eschatologie erwartet den Umbruch entweder durch das direkte Eingreifen Gottes oder eines von ihm Gesandten (Messias, Christus, Menschen- oder Davidsohn, Gottesknecht); 2. bezeichnet sie aber auch als Lehre von den Letzten Dingen das Dasein des Individuums nach dem Tode. Sie beschreibt die Existenz des Menschen als ewiges Dasein in der Hölle oder im Paradies.

Evangelium, evangelisch – (griech.) ist im biblischen Neuen Testament die Bezeichnung für »die gute Nachricht« von dem Kommen Jesu als Erlöser und Messias. Das war zunächst nur die mündliche Botschaft. Im 2. Jahrhundert wurde der Begriff auf die Berichte über das Wirken Jesu beschränkt. Seitdem ist er nur noch als literaturwissenschaftlicher Begriff für eine Reihe von Dichtungen der Spätantike gebräuchlich. Im kirchlichen Sprachgebrauch wird damit auch sonst die Mitte des christlichen Glaubens angegeben.

Gnosis, gnostisch – (griech.) ist ein Wissen um göttliche Geheimnisse, das einer auserwählten Schar vorbehalten ist. Um die Zeitenwende gab es zahlreiche Gruppen, die solch ein Wissen tradierten. Die Gruppenbewegung des 1. bis 4. Jahrhunderts, also die christlich beeinflußte, wird Gnostizismus genannt. Allgemeines, für alle gnostischen Gruppen zutreffendes Kennzeichen ist der kosmische Dualismus, der den Kosmos als verderbt und teuflisch im Gegenüber zu dem jenseitigen Reich des Lichtes sieht. Der Gnostiker weiß, daß er selbst göttlicher Natur ist. Dieses Wissen (Gnosis) gibt ihm die Möglichkeit, aus dieser Welt, dem Reich der Finsternis, in das Reich des Lichtes zu gelangen, zu dem er ursprünglich bereits gehörte.

Heros, heroisch – (griech.) ist ein gottähnliches menschliches Wesen. Mythische Stammväter, heilige Könige oder große Männer werden zu Heroen; Heroen können zu Göttern, und Götter können zu Heroen werden.

Kennzeichnend für den Heros ist, daß er Dinge vollbringen kann, die Menschen nicht vollbringen können. Das gilt für Christen wie für die ↑ Propheten und ↑ Apostel.

Hypostasie – (griech.) bezeichnet als philosophischer Begriff eine Wesenheit, eine Realität, eine Wirklichkeit, die von einem Subjekt ausgeht; z. B. hat die Sonne eine tödliche Wirksamkeit und auch eine wärmende, belebende Wirksamkeit. Innerhalb der Theologie haben die kirchlichen Dogmatiker mit diesem neuplatonischen Vokabular die Trinität zu erklären gesucht. Gott ist nur *ein* Wesen, *ein* Sein (griech. eine usia), erscheint aber in drei Wirklichkeiten, dem Vater, dem Sohn Jesus Christus und dem Heiligen Geist.

Kanon, kanonisch – (griech.) bezeichnet die von der Kirche anerkannte Liste der biblischen Schriften des Alten und Neuen Testaments, die als Urkunden göttlicher Offenbarung gelten. Für die westlichen Kirchen gilt bis heute die Festlegung des Konzils von Florenz 1442, für die orthodoxen der Kanon des Athanasius von 367 u. Z., der allerdings im wesentlichen dem von Florenz gleicht. Nur die syrische orthodoxe Kirche hat andere Texte.

Kirche – (griech.) Das Wort ist aus der byzantinischen Wortbildung »Haus des Herrn« (oikia kyriake) hervorgegangen und als Lehnwort in die Missionssprachen eingedrungen. Der »Herr« war immer Christus, der auferstandene Jesus. Aus der ursprünglichen Bezeichnung für ein Gebäude ist der Begriff auch auf die Gemeinde der Christen übergegangen, die in der Bibel sonst mit dem hebräischen *Qahal* oder dem griechischen *ekklesia* bezeichnet wird, was Versammlung bedeutet.

Konzil, konziliar – (lat.) bezeichnet die Zusammenkunft der Vertreter aller Kirchen, die für alle Kirchen verbindliche Antworten auf Fragen der Lehre, des Verhaltens und der Ordnungen geben sollen. Die ersten Konzile wurden von den byzantinischen Kaisern einberufen und auch geleitet. Ihren Bemühungen vor allem hat diese Form kirchlicher Meinungsbildung ihr Entstehen zu verdanken. Von den zahlreichen »Zusammenschlüssen«, wie man das Wort übersetzen könnte, wurden von allen Kirchen nur sieben anerkannt. Das letzte und siebente gesamtchristliche fand 787 in Nicäa (Nikaia) in Kleinasien gegenüber Konstantinopel statt und beendete den sogenannten Bilderstreit.

Kultus, kultisch – (lat.) bezeichnet den gesamten Formenreichtum einer Kirche oder Religionsgemeinschaft, mit dem sie ihr Verhältnis zum Gott »pflegt«. Deshalb gehören Kirchengebäude, Kirchenordnungen mit ihrer Ämterlehre, Gottesdienstordnungen, Lebensordnungen dazu. Der ↑ Ritus ist nur ein Teilgebiet des Kultus.

Logos – (griech.) bezeichnet im Profangriechisch die Erzählung oder auch die Nachricht, aber ebenso Rechnung, Beleg, Zahl und Wert, speziell auch das Wort. Im Sprachgebrauch des biblischen Neuen Testaments ist der Begriff als Synonym für Geist wie schon in vorchristlicher theosophischer Spekulation auf Gott übertragen worden. Der Logos war eine ↑ Hypostase Gottes, Gott selbst (Johannes 1, 1 und 1. Korinther 1, 17–18).

Laie – (griech.) Von dem Nomen *laos* für Volksgemeinschaft abgeleitet, bezeichnet der Begriff im Gegensatz zu dem mit einem Amt (politisch wie kultisch) Beauftragten den, der von diesem Beauftragten abhängig ist und keine besonderen geistlichen oder politischen Rechte hat. Kirchenrechtlich bezeichnet er einen durch keine kirchliche Weihe aus der Masse der Gemeindeglieder besonders ausgezeichneten Menschen.

Messe – (lat.) Aus der Schlußformel des Gottesdienstes nach dem römischen ↑ Ritus (ite missa est) ist der Begriff übergegangen auf alle Gottesdienste, die in dieser Kirche mit der Feier des Abendmahls, heute auch Hochamt genannt, verbunden sind.

Ogdoas – (griech.) Dieser gnostische Begriff »Achtheit« bezeichnet in mehreren gnostischen Schulen die höchste, erstrebenswerte Daseinsweise in den gnostischen Systemen. In die Ogdoas zu gelangen bzw. ihr anzugehören ist die höchste Seinsform und entspricht etwa dem philosophischen Summum esse oder dem entsprechenden theologischen Summum bonum.

Öl, Ölung – Der Brauch, Menschen mit einem heiligen Öl zu salben, geht auf einen altorientalischen Brauch zurück. Könige werden mit der Salbung kultisch gereinigt. Im altkirchlichen Gebrauch gehört zum Taufritual die Salbung, durch sie wird der Gesalbte aufgenommen in das königliche Haus des Davidsohnes Christus. Heute wird die Salbung als Sakrament noch in verschiedenen Kirchen zu unterschiedlichen Zwecken gebraucht.

Parusie – (griech.) bedeutet Ankunft bzw. Anwesenheit. Die ersten Christen erwarteten noch zu ihren Lebzeiten Jesus Christus auf Erden zurück, damit er sein Reich vollenden würde. In der Erinnerung an seine erste Geburt in Bethlehem erhielt diese Ankunft dann die Bedeutung »Wiederkunft«. Religionsgeschichtlich ist diese Parusieverzögerung – diese Wiederkunft ereignete sich nicht – der Ansatzpunkt für den Heiligen- und Heroenkult. Heilige und Märtyrer ersetzten durch ihre Taten den in der Transzendenz weilenden Christus.

Patristik, patristisch – (lat.) Unter diesem Sammelbegriff verbirgt sich die Wissenschaft von der Lehre und Wirkungsgeschichte der großen Theologen und Philosophen, die als »Väter« der Kirche galten. Die ältesten sind die apostolischen Väter, die den Aposteln am nächsten waren und mit ihnen noch Verbindungen gehabt haben sollen, etwa Clemens von Rom, Ignatius von Antiochia oder Papias und Polykarp.

Prophet, prophetisch – (griech.) ist ein hellenistischer Ausdruck für den hebräischen *Nabi*. Transzendente Götter, die nicht mehr unmittelbar als Personen mit den Menschen verkehren, bedürfen solcher Mittler, die ihren Willen verkünden. Deshalb gilt auch Moses als Prophet. Die Bibel kennt priesterliche Propheten wie Elia oder Elisa und auch reine Wanderprediger wie Amos oder Jeremia. Mit den ihren Lebensbildern entlehnten Tropen oder Motiven (Erweckung von Toten, Krankenheilungen, Vertreibung von Dämonen, wunderbaren Speisungen) werden sowohl das Leben Jesu beschrieben wie auch die Taten der Apostel.

Protevangelium – (griech.) Dieser Ausdruck »Erstes Evangelium« wurde zunächst angewendet auf das, wie man meinte, »erste Evangelium in der Bibel«, den Abschnitt im 1. Buch Mose Kapitel 3, 15, wo »der Same des Weibes der Schlange den Kopf zertritt«, was ein Hinweis auf das Leben Jesu sein sollte. Das apokryphe Evangelium des Jakobus, das auch so genannt wurde und vor allem eine Sammlung von Marienlegenden enthält, beanspruchte mit diesem Titel, den Anfang aller Evangelien zu bilden. Sachlich verständlich wird dieser Begriff dadurch, daß es die Geschichte der Mutter Jesu erzählt.

Pharisäer – (hebr.) werden im Neuen Testament die Mitglieder einer jüdischen Bewegung zur Zeit Jesu genannt, die aus den Asidäern, den Glaubenseiferern der Makkabäerzeit, hervorgegangen war. Ihre Gegner waren die Hasmonäerdynastie, die in römischer Abhängigkeit Judäa regierte, und die Sadduzäer, die nicht so rigoros die Befolgung des jüdischen Gesetzes verlangten.

Ritus, rituell – (lat.) ist der Begriff für den in bestimmten Formen ablaufenden Gottesdienst mit seinen einzelnen liturgischen Elementen. Der griechische Begriff dafür ist Liturgie. Kirchenrechtlich bedeutet der Begriff zudem auch noch die Gesamtheit aller liturgischen Gebräuche innerhalb einer Kirche, z.B. unterscheidet sich der armenische Ritus vom griechisch-byzantinischen oder dem koptischen (alexandrinischen) Ritus.

Sadduzäer – (hebr.) werden die nach ihrem theologischen Vorbild, dem von König Salomo eingesetzten Priester Zaddok, benannten Mitglieder einer jüdischen Bewegung zur Zeit Jesu genannt, die lehrten, daß den Juden alles erlaubt sei, was nicht im Gesetz ausdrücklich verboten war. Für sie war nur die Torah, das Gesetz des Mose, verbindlich. Alle weiteren Zusätze und Ergänzungen lehnten sie ab. Sie standen zu Hasmonäern, Römern und Andersgläubigen in freundlicherem Verhältnis als die ↑ Pharisäer. Sie leugneten und bestritten den Glauben an Engel und Dämonen und die Auferstehung der Toten.

Sakrament, sakramental – (lat.) ist eine heilige Handlung, die nur von einem heiligen Spender (sacerdos als Begriff für Priester) ausgeteilt werden kann. Die Kirchen haben aus dem Formenschatz antiker Religionen sieben Sakramente übernommen und sie mit Worten Jesu aus den Evangelien verbunden (Taufe, Firmung, Abendmahl, Buße, Krankensalbung [früher letzte Ölung genannt] Weihen und Eheschließung). Diese Siebenzahl gilt nicht in allen Kirchen. Die protestantischen kennen nur zwei, Taufe und Abendmahl. In manchen orthodoxen Kirchen gelten Buße, Ölung und Firmung nicht als Sakramente, sondern als Sakramentalien, das heißt den Sakramenten ähnliche Handlungen.

Samaritaner (Samariter), samaritanisch – werden die Nachkommen der Bewohner des alten Reiches Israel, der Nordhälfte des früheren salomonischen Reiches, nach Samaria, der Hauptstadt dieses Reiches, genannt. Seit der Mitte des 4. Jahrhunderts v.u.Z. leben sie auch religiös eindgültig von den Juden getrennt. Sie haben nur die fünf Bücher Mose als Heilige Schrift anerkannt und feiern auch heute noch das Passahfest mit Opfern nach dem alten Ritus. Es gibt noch heute bei Nablus in Palästina Angehörige dieser konservativen jüdischen Sekte.

theophor – (griech.) bedeutet bei der Kennzeichnung von Namen und Begriffen, daß diese einen Gottesnamen als Bestandteil haben. Syntaktisch sind solche Namen eigentlich Satznamen: Johannes (hebr. Jochanan) bedeutet eigentlich »Jahwe ist freundlich«.

Aufstellung ergänzender und weiterführender Literatur

Allgemeines und Lexika
Reallexikon für Antike und Christentum, hrsg. von Ernst Dassmann, Carsten Colpe u. a., Stuttgart 1950 ff.
Lexikon für Theologie und Kirche, hrsg. von Martin Buchberger, 2. Auflage, Freiburg 1957–1967.
Lexikon der Antike, hrsg. von Johannes Irmscher in Zusammenarbeit mit Renate Johne, 9. bearbeitete Auflage, Leipzig 1987.
Theologisches Wörterbuch zum Neuen Testament, hrsg. von G. Kittel und G. Friedrich, Stuttgart 1938–1978.
Religion in Geschichte und Gegenwart, hrsg. von Kurt Galling, in Gemeinschaft mit Hans Freiherr von Campenhausen u. a., 3. Auflage, Tübingen 1957–1962.
Christliche Ikonographie in Stichworten, hrsg. von H. Sachs, E. Badstübner, H. Neumann, Leipzig 1973

Zur Literatur
A. Baumstark, Geschichte der syrischen Literatur, Bonn 1922.
A. von Harnack, Geschichte der altchristlichen Literatur bis Eusebius, Bd. II 1, Leipzig 1897, u. Bd. II 2, Leipzig 1904.
M. Dibelius, Geschichte der urchristlichen Literatur, Neudruck München 1975.
Ph. Vielhauer, Geschichte der urchristlichen Literatur. Einleitung in das Neue Testament, die Apokryphen und die Apostolischen Väter, Berlin/New York 1975.
H. G. Beck, Kirche und theologische Literatur im byzantinischen Reich, München 1959.

Zu den Religionen
R. Bultmann, Das Urchristentum im Rahmen der antiken Religionen, Zürich 1949.
B. Spuler (Hrsg.), Die Religionsgeschichte des Orients in der Zeit der Weltreligionen, Handbuch der Orientalistik I/8/2, Leiden 1961.
J. Leipoldt u. W. Grundmann (Hrsg.), Umwelt des Urchristentums, Bd. I bis III, 6. Aufl., Berlin 1981.
Bilderatlas zur Religionsgeschichte, hrsg. von A. Haas, Lieferung 9–11, Die Religionen in der Umwelt des Urchristentums Leipzig 1925.
H. G. Beck, Geschichte der orthodoxen Kirche des byzantinischen Reiches, Göttingen, 1980.

Zur allgemeinen Geschichte
K. Roth, Geschichte des byzantinischen Reiches, Berlin-Leipzig 1919.
G. Ostrogorski, Geschichte des byzantinischen Staates, 3. Auflage, München 1963.
W. D. Hauschild, Der römische Staat und die frühe Kirche, Gütersloh 1974.
K.-M. Fischer, Das Urchristentum (Kirchengeschichte in Einzeldarstellungen I/1) Berlin 1985.
K. W. Tröger, Das Christentum im 2. Jahrhundert (Kirchengeschichte in Einzeldarstellungen I/2), Berlin 1988.

F. Winkelmann, Die östlichen Kirchen in der Epoche der christologischen Auseinandersetzungen (Kirchengeschichte in Einzeldarstellungen I/6) Berlin 1980.

Zu Spezialfragen
W. Beltz, Gott und die Götter, 5. Auflage, Berlin 1988.
O. Gigon, Die antike Kultur und das Christentum, Gütersloh 1966.
P. Stockmeier, Glaube und Kultur, Studien zur Begegnung von Chrsitentum und Antike, Düsseldorf 1983.
N. Brox (Hrsg.), Pseudepigraphie in der heidnischen und jüdischen christlichen Antike, (Wege der Forschung 84), Darmstadt 1977.
K. Rudolph, Die Gnosis, Wesen und Geschichte einer spätantiken Religion, Leipzig 1980.

Register der Personen- und Ortsnamen

Abbildungen

Schutzumschlag, Vorderseite
  Jugendlicher Christus
  Enkaustische Malerei auf Zedernholz, H. 11 cm, B. 10,5 cm
  Akhmin, Ägypten, 5./6. Jahrhundert
  Staatliche Museen zu Berlin/DDR, Frühchristlich-byzantinische
  Sammlung
  Inv.-Nr. 6113
  Foto: Staatliche Museen zu Berlin/DDR

Schutzumschlag, Rückseite
  Gewandeinsatz: Paulus und Petrus vor einem Rebenstock
  Wolle auf Leinen, H. 38 cm. B. 34 cm
  Ägypten, 5. Jahrhundert
  Staatliche Museen zu Berlin/DDR, Frühchristlich-byzantinische
  Sammlung
  Inv.-Nr. 6847
  Foto: Staatliche Museen zu Berlin/DDR

1 Apsismosaik aus Ravenna (Ausschnitt): Erzengel Gabriel, H. 432 cm
  Ravenna, San Michele in Affricisco, 6. Jahrhundert
  Staatliche Museen zu Berlin/DDR, Frühchristlich-byzantinische
  Sammlung
  Inv.-Nr. 6642
  Foto: Staatliche Museen zu Berlin/DDR

2 Erzengel Raphael,
  Elfenbein, H. 12,3 cm, B. 5,2 cm
  Ägypten, 6./7. Jahrhundert
  Staatliche Museen zu Berlin/DDR Frühchristlich-byzantinische
  Sammlung
  Inv-.Nr. 3776
  Foto: Staatliche Museen zu Berlin/DDR

3 Erzengel Michael,
  H. 180 cm
  Faras, Nubien, 2. Hälfte des 10. Jahrhunderts
  Muzeum Narodowje, Warszawa
  Inv-.Nr. 149671
  Foto: Staatliche Museen zu Berlin/DDR

4 Dose mit Darstellung des lehrenden Christus in der Mitte der Apostel
  Elfenbein, H. 12 cm, ø des Bodens 14,6 cm
  Antiochia, zweite Hälfte des 4. Jahrhunderts
  Staatliche Museen zu Berlin/DDR, Frühchristlich-byzantinische
  Sammlung
  Inv-.Nr. 563
  Foto: Staatliche Museen zu Berlin/DDR

5 Christus reitet auf einem Esel, begleitet von zwei Engeln
  Kalkstein, H. 42 cm, B. 61 cm
  Ägypten, Amba Schenute bei Sohag, 6./7. Jahrhundert
  Staatliche Museen zu Berlin/DDR, Frühchristlich-byzantinische
  Sammlung
  Inv.-Nr. 4131
  Foto: Staatliche Museen zu Berlin/DDR

6 Teil einer Ikone mit Festbildern auf dem Deckel eines Evangeliars: Geburt,
  Taufe, Kreuzigung und Kreuzabnahme Christi
  Elfenbein, H. 14,7 cm, B. 12,4 cm
  byzantinisch, wohl um 970
  Quedlinburg, Stiftskirche
  Foto: Klaus G. Beyer

7 Mosaikikone: Kreuzigung Christi
  H. 36,5 cm, B. 30 cm (mit Rahmen)
  Sizilien (?), 12. Jahrhundert (?)
  Staatliche Museen zu Berlin/DDR, Frühchristlich-byzantinische
  Sammlung
  Inv.-Nr. 6431
  Foto: Staatliche Museen zu Berlin/DDR

8 Teil der diptychonförmigen Ikone: Höllenfahrt Christi
  Elfenbein, H. 11,3 cm, B. 12,2 cm
  byzantinisch, Mitte des 10. Jahrhunderts
  Dresden, Grünes Gewölbe
  Foto: Klaus G. Beyer

9 Grabstele: Darstellung einer Maria lactans (stillenden Madonna)
  Kalkstein, H. 55 cm, B. 34 cm
  Medinet el Fajum, 5./6. Jahrhundert
  Staatliche Museen zu Berlin/DDR, Frühchristlich-byzantinische
  Sammlung
  Inv.-Nr. 4726
  Foto: Staatliche Museen zu Berlin/DDR

10 Buchdeckel mit Darstellung der Einführung Mariens in den Tempel
  Elfenbein, H. 15 cm, B. 13,2 cm
  byzantinisch, 10. Jahrhundert (?)
  Staatliche Museen zu Berlin/DDR, Frühchristlich-byzantinische
  Sammlung
  Inv.-Nr. 2551
  Foto: Staatliche Museen zu Berlin/DDR

11 Verkündigung der Maria (Ausschnitt)
  Wolle auf Leinen, GH. 48,5 cm, GB 11 cm
  Ägypten, 6./7. Jahrhundert
  Staatliche Museen zu Berlin/DDR, Frühchristlich-byzantinische
  Sammlung
  Inv.-Nr. 6958
  Foto: Staatliche Museen zu Berlin/DDR

12 Maria glykophilousa (süß küssende Maria)
Tempera auf Holz, H. 15,5 cm, B. 13,8 cm
italo-byzantinische Malerei, 8. Jahrhundert
Staatliche Museen zu Berlin/DDR, Frühchristlich-byzantinische
Sammlung
Inv.-Nr. 11311
Foto: Staatliche Museen zu Berlin/DDR

13 Ikone: Johannes und Paulos
Elfenbein, H. 25 cm, B. 13,4 cm
byzantinisch, Mitte des 10. Jahrhunderts
Dresden, Grünes Gewölbe
Foto: Klaus G. Beyer

14 Diptychonförmige Schreibtafel, Medaillon mit Brustbild des heiligen
Thomas auf einer der Außenseiten
Elfenbein, H. 25,4 cm, B. 11 cm
byzantinisch, Mitte des 10. Jahrhunderts
Halberstadt, Domschatz
Foto: Klaus G. Beyer

15 Plakette mit Darstellung des Apostels Johannes
Kupfer, ø 14,3 cm
Syrien (?), 10./11. Jahrhundert
Staatliche Museen zu Berlin/DDR, Frühchristlich-byzantinische
Sammlung
Inv.-Nr. 6592
Foto: Staatliche Museen zu Berlin/DDR

16 Eucharistisches Tuch für den Kelch
Purpurseide, bestickt mit farbiger Seide, Goldfaden und echten Perlen,
H. 46 cm, B, 40 cm
byzantinisch, Ende des 12. Jahrhunderts
Halberstadt, Domschatz
Foto: Klaus G. Beyer

Inhaltsverzeichnis